Riyad As Saliheen

BOOK OF MISCELLANY
(Chapters 1-30)
Hadith (1-247)

PART I/6

Riyad As Saliheen

BOOK OF MISCELLANY

(Chapters 1-30)

Hadith (1-247)

PART I/6

Yahya Bin Sharaf Al-Nawawi

LIGHT PUBLISHING

1 2 3 4 5 6 7 8 9 10

All rights reserved. No part of this publication may be reproduced, stored in a retrieval system or transmitted in any form or by any means – electronic, mechanical, photocopying, recording or otherwise – without written permission from the publisher.

© Light Publishing 2023

Abu Zakariya Yahya bin Sharaf An-Nawawi

Riyad As Saliheen - Part 1/6

ISBN 978-1-915570-37-6

www.lightpublishing.co.uk

بسم الله الرحمن الرحيم

CONTENTS

THE BOOK OF MISCELLANY   11

Chapter 1
Sincerity and Significance of Intentions and all
Actions, Apparent and Hidden [1-12 of 1896]   13

Chapter 2
Repentance [13-24 of 1896]   23

Chapter 3
Patience and Perseverance [25-53 of 1896]   43

Chapter 4
Truthfulness [54-59 of 1896]   65

Chapter 5
Watchfulness [60-68 of 1896]   69

Chapter 6
Piety [69-73 of 1896]   79

Chapter 7
Firm Belief and Perfect Reliance on Allah
[74-84 of 1896]   83

Chapter 8
Uprightness and Steadfastness [85-86 of 1896]   91

Chapter 9
    Pondering over the Great Creation of Allah, The passing away of Life of the World, the Horrors of the Day of Requital and Laxity of One's Nafs [86-86 of 1896]   93

Chapter 10
    Hastening to do Good Deeds [87-94 of 1896]   95

Chapter 11
    The Struggle (in the Cause of Allah) [95-111 of 1896]   103

Chapter 12
    Urging towards increasing Good Actions in later part of Life [112-116 of 1896]   115

Chapter 13
    Numerous ways of doing Good [117-141 of 1896]   121

Chapter 14
    Moderation in Worship [142-152 of 1896]   135

Chapter 15
ooThe Righteous conduct on Regular base
[153-155 of 1896]   145

Chapter 16
    Observing the Sunnah and the manners of its obedience [156-167 of 1896]   149

Chapter 17
    Obedience to the command of Allah is an obligatory duty [168-168 of 1896]   159

Chapter 18
    Prohibition of heresies in religion [169-170 of 1896]   163

Chapter 19
    Heretics doing desirable or undesirable deeds
    [171-172 of 1896]   167

Chapter 20
    Calling to right guidance and forbidding depravity
    [173-176 of 1896   171

Chapter 21
    Assistance towards righteousness and piety
    [177-180 of 1896]   175

Chapter 22
    Giving Counsel [181-183 of 1896]   179

Chapter 23
    Enjoining Good and forbidding Evil
    [184-197 of 1896]   181

Chapter 24
    Chastisement for one who enjoins good and forbids
    evil but acts otherwise [198-198 of 1896]   191

Chapter 25
    Discharging the Trusts [199-202 of 1896]   193

Chapter 26
    Unlawfulness of Oppression and Restoring Others Rights
    [203-221 of 1896]   199

Chapter 27
    Reverence towards the Sanctity of the Muslims
    [222-239 of 1896]   209

Chapter 28
    Covering Faults of the Muslims [240-243 of 1896]   217

Chapter 29
> Fulfillment of the needs of the Muslims
> [244-245 of 1896]   219

Chapter 30
> Intercession [246-247 of 1896]   221

THE BOOK OF
MISCELLANY

CHAPTER 1

Sincerity and Significance of Intentions and all Actions, Apparent and Hidden

[1-12 of 1896]

في جميع الأعمال والأقوال البارزة والخفية الإخلاص هو: إفراد الله سبحانه وتعالى بالقَصْدِ، وهو أن يريد العبد بطاعته التقرُّب إلى الله دون شيء آخر. قَالَ اللهُ تَعَالَى: ﴿وَمَا أُمِرُوا إلا لِيَعْبُدُوا اللَّهَ مُخْلِصِينَ لَهُ الدِّينَ حُنَفَاءَ وَيُقِيمُوا الصَّلاةَ وَيُؤْتُوا الزَّكَاةَ وَذَلِكَ دِينُ الْقَيِّمَةِ﴾ [البينة (5)]. أي: وما أُمِرَ أهل الكتاب وغيرهم إلا بِعِبَادة الله وحده لا شريك له، وإقام الصلاة، وإيتاء الزكاة، والحنفاء هم: المائلون عن جميع الأديان إلى دين الإسلام. ﴿وَذَلِكَ دِينُ الْقَيِّمَةِ﴾، أي: الملة المستقيمة. وَقَالَ تَعَالَى: ﴿لَنْ يَنَالَ اللَّهَ لُحُومُهَا وَلا دِمَاؤُهَا وَلَكِنْ يَنَالُهُ التَّقْوَى مِنْكُمْ﴾ [الحج (37)]. أي: لن يصل إلى الله لحوم الهدايا والضحايا، ولا دماؤها، ولكن يصله منكم النية والإخلاص. قال ابن عباس: كان أهل الجاهلية يلطخون البيت بدماء البُدْن، فأراد المسلمون أن يفعلوا ذلك، فنزلت هذه الآية. وَقَالَ تَعَالَى: ﴿قُلْ إِنْ تُخْفُوا مَا فِي صُدُورِكُمْ أَوْ تُبْدُوهُ يَعْلَمْهُ اللَّهُ﴾ [آل عمران (29)]. أي: فهو العالِم بخفيّات الصدور، وما اشتملت عليه من الإخلاص أو الرياء.

Allah, the Exalted, says: “And they were commanded not, but that they should worship Allah, and worship none but Him Alone (abstaining from ascribing partners to Him), and perform As-Salat (Iqamat-as-Salat) and give Zakat, and that is the right religion.” (98:5) “It is neither their meat nor their blood that reaches Allah, but it is piety from you that reaches Him.” (22:37) “Say (O Muhammad ﷺ: Whether you hide what is in your breasts or reveal it, Allah knows it”. (3:29)

[1] وعن أمير المؤمنين أبي حَفْصٍ عمرَ بنِ الخطابِ بنِ نُفَيْلِ بنِ عبدِ العُزّى بن رياحِ بنِ عبدِ اللهِ بن قُرْطِ بن رَزاحِ بنِ عدِي بنِ كعب بنِ لُؤَيٍّ بنِ غالبٍ القُرشيِّ العَدويِّ قالَ: سَمِعتُ رَسُولَ اللهِ يقُولُ: «إنَّمَا الأَعْمَالُ بالنِّيَّاتِ، وَإِنَّمَا لِكُلِّ امرِئٍ مَا نَوَى، فَمَنْ كَانَتْ هجرته إلى الله ورسوله، فهجرته إلى الله ورسوله، ومن كانت هِجْرَتُهُ لِدُنْيَا يُصيبُهَا، أَوْ امْرَأَةٍ يَنْكِحُهَا، فَهِجْرَتُهُ إلى مَا هَاجَرَ إِلَيْه». مُتَّفَقٌ عَلَى صِحَّتِهِ. رَوَاهُ إمَامَا الْمُحَدِّثِينَ، أبو

عَبْدِ اللـه مُحَمَّدُ بْـنُ إِسْـمَاعيلَ بْـن إبراهِيمَ بْن المُغِـيرَةِ بْـنِ بَرْدِزْبهْ الجُعْفِـيُّ البُخَـارِيُّ، وَأَبُو الحُسَـيْنِ مُسْـلمُ بْنُ الحَجَّاجِ بْنِ مُسْـلمٍ الْقُشَـيْرِيُّ النَّيْسَـابُورِيُّ رضي اللهُ عنهما فِي صحيحيهما اللَّذَيْـنِ هـما أَصَحُّ الكُتُـبِ المصنفةِ.هـذا حديث عظيم، جليـل القدر كثير الفائـدة. قال عبد الرحمـن بـن مهـدي رحمـه اللـه تعـالى: ينبغـي لـكل مـن صنَّـف كتابًـا أن يبتدئ فيـه بهذا الحديـث، تنبيهًـا للطالـب عـلى تصحيـح النيـة. وقال الشـافعي رحمـه الله تعـالى: يدخل في سـبعين بابًـا مـن العلـم. وقـال البخـاري رحمـه اللـه تعـالى: بـاب مـا جـاء أن الأعـمال بالنية والحسـبة ولـكل امـرئ مـا نـوى، فدخـل فيـه: الإيمـان، والوضـوء، والصـلاة، والـزكاة، والحج، والصـوم، والأحـكام. قولـه: «إنمـا الأعمال بالنيـات»، إنما للحصـر، أي: لا يعتـد بالأعمال بدون النيـة. «وإنمـا لـكل امـرئ ما نـوى». قال ابـن عبد السـلام: الجملـة الأولى لبيان مـا يعتبر مِنَ الأعـمال، والثانيـة لبيـان مـا يترتـب عليها. انتهـى. والنية: هـي القصد، ومحلها القلـب. قوله: «فمـن كانـت هجرتـه إلى الله ورسـوله، فهجرته إلى الله ورسـوله»، أي مـن كانت هجرته إلى اللـه ورسـوله نيـة وقصدًا، فهجرته إلى الله ورسـوله حكـمًا وشرعًا. «ومن كانـت هجرته لدنيا يصيبهـا أو امـرأةٍ ينكحهـا فهجرتـه إلى مـا هاجر إليـه». قال ابـن دقيق العيد: نقلـوا أن رجلاً هاجـر مـن مكـة إلى المدينـة لا يريد بذلـك فضيلة الهجـرة، وإنما هاجر ليتزوج امرأة تسـمى أم قيـس، فلهـذا خـص في الحديـث ذكـر المرأة دون سـائر ما ينوى به. قـال الحافظ ابن حجر العسـقلاني: مـن نـوى بهجرتـه مفارقـة دار الكفر وتزوج المـرأة معًا، فلا تكـون قبيحة ولا غير صحيحـة، بـل هـي ناقصة بالنسـبة إلى مـن كانت هجرتـه خالصة. واللـه أعلم.

1. Narrated 'Umar bin Al-Khattab ﷺ, reported: Messenger of Allah ﷺ said, "The deeds are considered by the intentions, and a person will get the reward according to his intention. So whoever emigrated for Allah and His Messenger, his emigration will be for Allah and His Messenger; and whoever emigrated for worldly benefits or for a woman to marry, his emigration would be for what he emigrated for". [Al-Bukhari and Muslim].

Intention according to An-Nawawi: It means that goodness which ceased to continue by the cessation of emigration can still be obtained by Jihad and by intending accomplishing good deeds.

[4] وعـن أبي عبـدِ اللـهِ جابـر بـن عبـدِ اللـهِ الأنصـاريِّ رَضي اللـهُ عنهـما قَـالَ: كُنَّا مَـعَ النَّبيِّ فِي غَـزَاةٍ، فَقَـالَ: «إنَّ بالمدِينَـةِ لَرِجَـالاً ما سِرْتُـمْ مَسِـيراً، وَلا قَطَعْتُـمْ وَادِيـاً، إلا كَانُـوا مَعَكـمْ حَبَسَـهُمُ الْمَـرَضُ». وَفي رِوَايَـةٍ: «إلا شَرَكُوكُـمْ في الأجْـرِ». رواهُ مسـلمٌ.ورواهُ البخاريُّ عن أنسٍ قَـالَ: رَجَعْنَـا مِـنْ غَـزْوَةِ تَبُـوكَ مَعَ النَّبـيِّ فقـال: «إنَّ أقْوامـاً خَلْفَنَا بالْمَدِينَةِ مَا سَـلَكْنَا شِـعْباً وَلا وَادِيـاً، إلا وَهُـمْ مَعَنَـا؛ حَبَسَـهُمُ العُـذْرُ».في هذا الحديث: دليل عـلى أن من صحت نيته،

وعـزم عـلى فعـل عمـل صالـح وتركه لعـذر، أن لـه مثل أجـر فاعله.

4. Jabir bin Abdullah Al-Ansari (May Allah be pleased with them) reported: We accompanied the Prophet ﷺ in an expedition when he said, "There are some men in Al-Madinah who are with you wherever you march and whichever valley you cross. They have not joined you in person because of their illness." In another version he said: "They share the reward with you." [Muslim].

It is narrated by Bukhari from Anas bin Malik ﷺ: We were coming back from the battle of Tabuk with the Prophet ﷺ when he remarked, "There are people whom we left behind in Al-Madinah who accompanied us in spirit in every pass and valley we crossed. They remained behind for a valid excuse."

[5] وعـن أبي يَزيـدَ مَعْـنِ بـنِ يَزيـدَ بـنِ الأخنـسِ وهو وأبـوه وَجَـدُّه صحابيُّون قَـالَ: كَانَ أبي يَزيـدُ أخْـرَجَ دَنَانِـيرَ يَتَصَدَّقُ بِهَا، فَوَضعَهَا عِنْدَ رَجُلٍ في المَسْجِدِ، فَجِئْتُ فأخَذْتُهـا فَأَتَيْتُهُ بِهَا. فقـالَ: واللـهِ، مَـا إيَّـاكَ أرَدْتُ، فَخَاصَمْتُـهُ إلى رسـولِ اللـهِ فَقَالَ: «لَكَ مَـا نَوَيْتَ يَا يزيـدُ، ولَكَ مـا أخَـذْتَ يَـا مَعْـنُ». رواهُ البخـاريُّ. في هـذا الحديث: دليـل على أن من نـوى الصدقة على محتـاج، حصـل لـه ثوابهـا، ولـو كان الآخـذ ممن تلزمـه نفقته، أو غـير أهل لها، كـما في قصة الـذي تصدَّق عـلى ثلاثة.

5. Ma'n bin Yazid bin Akhnas (May Allah be pleased with them) (he, his father and his grandfather, all were Companions) reported: My father set aside some dinars for charity and gave them to a man in the mosque. I went to that man and took back those dinars. He said: "I had not intended you to be given." So we went to Messenger of Allah ﷺ, and put forth the matter before him. He said to my father, "Yazid, you have been rewarded for what you intended." And he said to me, "Ma'n, you are entitled to what you have taken." [Al-Bukhari].

[6] وعـن أبي إسحاقَ سَـعدِ بـنِ أبي وَقَّـاصٍ مالـكِ بـنِ أُهَيْـب بـنِ عبـدِ منـافِ ابنِ زُهـرَةَ بنِ كلابِ بـنِ مُـرَّةَ بـنِ كعـبِ بـنِ لُؤَيٍّ القُـرشِيِّ الزُّهـريِّ أَحَـدِ العَشَرَةِ المشـهودِ لهم بالجنـةِ قَالَ: جـاءَنِي رسـولُ اللـهِ يَعُـودُنِي عَـامَ حَجَّـةِ الـوَدَاعِ مِـنْ وَجَـعٍ اشْـتَدَّ بي، فقُلْـتُ: يَـا رَسُـولَ اللهِ! إنِّي قَـدْ بَلَـغَ بِي مِـنَ الوَجَـعِ مَـا تَـرَى، وَأَنَـا ذُو مـالٍ وَلا يَرِثُنِـي إلا ابْنَـةٌ لي، أفأتَصَـدَّقُ بِثُلُثَـيْ

مَالِي ؟ قَالَ: «لا»، قُلْتُ: فالشَّطْرُ يَا رَسُولَ اللهِ ؟ فقَالَ: «لا»، قُلْتُ: فالثُّلُثُ يَا رَسُولَ اللهِ ؟ قَالَ: «الثُّلُثُ، والثُّلُثُ كَثيرٌ - أَوْ كبيرٌ - إنَّكَ إنْ تَذَرْ وَرَثَتَكَ أغنِيَاءَ خيرٌ مِنْ أنْ تَذَرهُمْ عَالَةً يتكفَّفُونَ النَّاسَ، وَإنَّكَ لَنْ تُنفِقَ نَفَقَةً تَبْتَغي بِهَا وَجهَ اللهِ إلا أُجِرْتَ عَلَيْهَا حَتَّى مَا تَجْعَلُ في فِيِّ امْرَأَتِكَ»، قَالَ: فَقُلتُ: يَا رسولَ اللهِ، أُخلَّفُ بعدَ أصْحَابي ؟ قَالَ: «إنَّكَ لَنْ تُخلَّفَ فتَعملَ عَمَلاً تبتغي بِهِ وَجْهَ اللهِ إلا ازْدَدتَ بِهِ دَرَجةً ورِفعَةً، وَلَعلَّكَ أنْ تُخلَّفَ حَتّى يَنتَفِعَ بِكَ أقْوَامٌ وَيُضَرَّ بِكَ آخرونَ. اللَّهُمَّ أَمْضِ لأصْحَابي هِجْرَتَهُمْ ولا تَرُدَّهُمْ عَلَى أعقَابهِمْ، لكنِ البَائِسُ سَعدُ بْنُ خَوْلَةَ». يَرْثي لَهُ رَسُولُ اللهِ أنْ مَاتَ بِمَكَّةَ. مُتَّفَقٌ عليهِ.في هذا الحديث: مشروعية عيادة المريض. وفيه: الإنفاق على من تلزمه مؤنتهم، والحث على الإخلاص في ذلك. وفيه: أن من ترك مالاً قليلاً، فالاختيار له: ترك الوصية، وإبقاء المال للورثة، ومن ترك مالاً كثيراً، جاز له الوصية بالثلث فما دون. والله أعلم.

6. Abu Ishaq Sa'd bin Abu Waqqas ﷺ (one of the ten who had been given the glad tidings of entry into Jannah) narrated: Messenger of Allah ﷺ visited me in my illness which became severe in the year of Hajjat-ul-Wada' (Farewell Pilgrimage). I said, "O Messenger of Allah, you can see the pain which I am suffering and I am a man of means and there is none to inherit from me except one daughter. Should I give two-thirds of my property in charity?" He ﷺ said, "No". I asked him, "Then half?" He said, "No". Then I asked, "Can I give away one-third". He said, "Give away one-third, and that is still too much. It is better to leave your heirs well-off than to leave them poor, begging people. You will not expend a thing in charity for the sake of Allah, but you will be rewarded for it; even the morsel of food which you feed your wife". I said, "O Messenger of Allah, would I survive my companions?" He said, "If you survive others and accomplish a thing for the sake of Allah, you would gain higher ranking and standing. You will survive them... your survival will be beneficial to people (the Muslim) and harmful to others (the enemies of Islam). You will survive others till the people will derive benefit from you, and others would be harmed by you." Messenger of Allah ﷺ further said, "O Allah, complete for my Companions their emigration and do not cause them to retract." Sa'd bin Khaulah was unfortunate. Messenger of Allah ﷺ lamented his death as he died in Makkah. [Al-Bukhari and Muslim].

[7] وعـنْ أبي هريـرةَ عبـدِ الرحمنِ بـنِ صخـرٍ قَـالَ: قَـالَ رَسُـولُ اللـه: «إنَّ اللـه لا ينْظُـرُ إلى أجْسَـامِكُمْ، ولا إلى صُوَرِكـمْ، وَلَكـن ينْظُرُ إلى قُلُوبِكمْ». رواه مسـلم.في هـذا الحديث: الاعتناء بحـال القلـب وصفاتـه، وتصحيـح مقاصـده، وتطهيـره عـن كل وصـف مذمـوم؛ لأن عمـل القلـب هـو المصحح للأعـمال الشرعيـة، وكـمال ذلـك بمراقبة اللـه سـبحانه وتعالى.

7. Abu Hurairah ﷺ narrated: Messenger of Allah ﷺ said, "Allah does not look at your figures, nor at your attire but He looks at your hearts and accomplishments". [Muslim].

[8] وعـن أبي مـوسى عبـدِ اللـهِ بـنِ قيسٍ الأشـعريِّ قَالَ: سُـئِلَ رسـولُ الله عَـنِ الرَّجُـلِ يُقاتلُ شَـجَاعَةً، ويُقَاتِـلُ حَمِيَّـةً، ويُقَاتِـلُ رِيَاءً، أَيُّ ذلِكَ في سـبيلِ الله ؟ فقال رَسُـول اللـه: «مَنْ قَاتَلَ لِتَكـونَ كَلِمَـةُ اللـهِ هـي العُلْيَا، فَهوَ في سـبيلِ اللـهِ». مُتَّفَـقٌ عَلَيهِ.قال ابن عبـاس: كلمة الله: «لا إلـه إلا اللـه».وفي هـذا الحديـث: أن الأعـمال إنمـا تحتسـب بالنيـة الصالحـة. وفيـه: ذم الحـرص عـلى الدنيـا، وعـلى القتال لحـظ النفس في غـير الطاعة.وفيـه: أن الفضل الـذي يورد في المجاهديـن مختـص بمـن قاتل لإعـلاء دين الله. قال ابـن أبي جمـرة: إذا كان الباعث الأول قصـد إعـلاء كلمـة اللـه لم يـضره مـا انضـاف إليه.قـال الحافـظ: القتال يقع بسـبب خمسـة أشـياء: طلـب المغنـم، وإظهـار الشـجاعة، والريـاء، والحميـة، والغضـب، وكل منهـا يتناولـه المـدح والـذم، فلهـذا لم يحصل الجـواب بالإثبـات ولا بالنفي.

8. Abu Musa Al-Ash'ari ﷺ reported that Messenger of Allah ﷺ was asked about who fights in the battlefield out of valour, or out of zeal, or out of hypocrisy, which of this is considered as fighting in the cause of Allah? He said: "He who fights in order that the Word of Allah remains the supreme, is considered as fighting in the cause of Allah". [Al-Bukhari and Muslim].

[9] وعـن أبي بَكـرَةَ نُفيـع بـنِ الحارثِ الثقفـيِّ أنَّ النَّبيَّ قَالَ: «إذَا التَقَى المُسـلِمَان بسَـيْفَيهِمَا فالقَاتِـلُ وَالمَقْتـولُ في النّـارِ». قُلـتُ: يـا رَسُـولَ اللهِ، هـذا القَاتِلُ فَمَا بَـالُ المقْتُولِ ؟ قَـالَ: «إنَّهُ كَانَ حَريصـاً عَـلَى قتـلِ صَاحِبـهِ». مُتَّفَـقٌ عليـهِ. في هـذا الحديث: العقاب عـلى من عزم على المعصيـة بقلبه، ووطّن نفسـه عليها.

9. Abu Bakrah Ath-Thaqafi ﷺ reported: The Prophet ﷺ said: "When two Muslims are engaged in a combat against each other with their sword's and one is killed, both are doomed to Hell". I said, "O Messenger of Allah! As to the one who kills, it is under-

standable, but why the slain one?" He ﷺ replied: "He was eager to kill his opponent". [Al-Bukhari and Muslim].

[10] وعن أبي هريرةَ قَالَ: قالَ رَسُول الله: «صَلاةُ الرَّجلِ في جماعةٍ تزيدُ عَلَى صَلاتهِ في بيتهِ وصلاته في سُوقِهِ بضْعاً وعِشرِينَ دَرَجَةً، وَذَلِكَ أنَّ أحَدَهُمْ إذَا توَضَّأ فأَحْسَنَ الوُضوءَ، ثُمَّ أتَى المَسْجِدَ، لا يَنْهَزُهُ إلا الصَلاةُ، لا يُرِيدُ إلا الصَّلاةَ: لَمْ يَخْطُ خُطْوَةً إلا رُفِعَ لَهُ بِهَا دَرَجَةٌ، وَحُطَّ عَنْهُ بها خَطِيئَةٌ حَتَّى يَدْخُلَ المَسْجِدَ، فإذا دَخَلَ المَسْجِدَ كَانَ في الصَّلاةِ مَا كَانَتِ الصَّلاةُ هِي تَحْبِسُهُ، وَالمَلائِكَةُ يُصَلُّونَ عَلَى أحَدِكُمْ مَا دَامَ في مَجْلِسِهِ الَّذِي صَلَّى فِيهِ، يَقُولُونَ: اللَّهُمَّ ارْحَمْهُ، اللَّهُمَّ اغْفِرْ لَهُ، اللَّهُمَّ تُبْ عَلَيهِ، مَا لَم يُؤْذِ فيه، مَا لَمْ يُحْدِثْ فِيهِ». مُتَّفَقٌ عليه، وهذا لفظ مسلم. وقوله: «يَنْهَزُهُ» هُوَ بِفَتْحِ اليَاءِ والْهَاءِ وبالزَّاي: أيْ يُخْرِجُهُ ويُنْهضُهُ. قوله: «لا يريد إلا الصلاة»، أي: في جماعة، وفيه: إشارة إلى اعتبار الإخلاص. وفي هذا الحديث: إشارة إلى بعض الأسباب المقتضية للدرجات، وهو قوله: «وذلك أنه إذا توضأ، فأحسن الوضوء، ثم خرج إلى المسجد، لا يخرجه إلا الصلاة، لم يخط خطوة إلا رُفعت له بها درجة، وحط عنه بها خطيئة». ومنها: الاجتماع والتعاون على الطاعة، والألفة بين الجيران، والسلامة من صفة النفاق، ومن إساءة الظن به. ومنها: صلاة الملائكة عليه، واستغفارهم له، وغير ذلك.

10. Abu Hurairah ﷺ reported that: The Messenger of Allah ﷺ said: "The reward for Salat performed by a person in congregation is more than 20 times greater than that of the Salat performed in one's house or shop. When one performs Wudu' perfectly and then proceeds to the mosque with the sole intention of performing Salat, then for every step he takes towards the mosque, he is upgraded one degree in reward and one of his sins is eliminated until he enters the mosque, and when he enters the mosque, he is considered as performing Salat as long as it is the Salat which prevents him (from leaving the mosque); and the angels keep on supplicating Allah for him as long as he remains in his place of prayer. They say: 'O Allah! have mercy on him; O Allah! forgive his sins; O Allah! accept his repentance'. This will carry on as long as he does not pass wind". [Al-Bukhari and Muslim].

[11] وعن أبي العبَّاسِ عبدِ اللهِ بنِ عباسِ بنِ عبد المطلب رضِيَ اللهُ عنهما، عن رَسُول الله فيما يروي عن ربهِ تبارَكَ وتعالى قَالَ: «إنَّ اللهَ كَتَبَ الحَسَنَاتِ والسَّيِّئَاتِ ثُمَّ بَيَّنَ ذلِكَ، فَمَنْ هَمَّ بحَسَنَةٍ فَلَمْ يَعْمَلْهَا كَتَبها اللهُ تَبَارَكَ وتَعَالى عِنْدَهُ حَسَنَةً كامِلَةً، وَإنْ هَمَّ

بِهَا فَعَمِلَهَا كَتَبَهَا اللهُ عَشْرَ حَسَنَاتٍ إلى سَبْعِ مئةِ ضِعْفٍ إلى أَضْعَافٍ كَثِيرَةٍ، وإنْ هَمَّ بِسَيِّئَةٍ فَلَمْ يَعْمَلْهَا كَتَبَهَا اللهُ عِنْدَهُ حَسَنَةً كَامِلَةً، وَإنْ هَمَّ بِهَا فَعَمِلَهَا كَتَبَهَا اللهُ سَيِّئَةً وَاحِدَةً». مُتَّفَقٌ عليهِ. هذا حديث شريف عظيم، بيَّن فيه النبي مقدار ما تفضَّل الله به عزَّ وجلّ على خلقه من تضعيف الحسنات، وتقليل السيئات. زاد مسلم بعد قوله: «وإن همَّ بها فعملها كتبها الله سيئة واحدة». «أو محاها، ولا يَهْلِك على الله إلا هالكٌ». قال ابن مسعود: ويلٌ لمن غلبت وحداته عشراته. قال العلماء: إنَّ السيئة تعظم أحيانًا بشرف الزمان أو المكان، وقد تضاعف بشرف فاعلها وقوة معرفته، كما قال تعالى: ﴿يَا نِسَاءَ النَّبِيِّ مَن يَأْتِ مِنكُنَّ بِفَاحِشَةٍ مُّبَيِّنَةٍ يُضَاعَفْ لَهَا الْعَذَابُ ضِعْفَيْنِ وَكَانَ ذَٰلِكَ عَلَى اللَّهِ يَسِيراً * وَمَن يَقْنُتْ مِنكُنَّ لِلَّهِ وَرَسُولِهِ وَتَعْمَلْ صَالِحاً نُّؤْتِهَا أَجْرَهَا مَرَّتَيْنِ وَأَعْتَدْنَا لَهَا رِزْقاً كَرِيماً﴾ [الأحزاب (30، 31)].

11. 'Abdullah bin 'Abbas (May Allah be pleased with them) reported: Messenger of Allah ﷺ said that Allah, the Glorious, said: "Verily, Allah (SWT) has ordered that the good and the bad deeds be written down. Then He explained it clearly how (to write): He who intends to do a good deed but he does not do it, then Allah records it for him as a full good deed, but if he carries out his intention, then Allah the Exalted, writes it down for him as from ten to seven hundred folds, and even more. But if he intends to do an evil act and has not done it, then Allah writes it down with Him as a full good deed, but if he intends it and has done it, Allah writes it down as one bad deed". [Al-Bukhari and Muslim].

[12] وعن أبي عبد الرحمن عبدِ الله بنِ عمرَ بن الخطابِ رضيَ اللهُ عنهما، قَالَ: سمعتُ رسولَ الله، يقول: «انطَلَقَ ثَلاثَةُ نَفرٍ مِمَّنْ كَانَ قَبْلَكُمْ حَتَّى آوَاهُمُ المَبيتُ إلى غَارٍ فَدَخلُوهُ، فانْحَدرَتْ صَخْرَةٌ مِنَ الجَبَلِ فَسَدَّتْ عَلَيْهِمُ الغَارَ، فَقالُوا: إنَّهُ لا يُنْجِيكُمْ مِنْ هذِهِ الصَّخْرَةِ إلا أنْ تَدْعُوا اللهَ بصَالِحِ أعْمَالِكُمْ. قَالَ رجلٌ مِنْهُمْ: اللَّهُمَّ كَانَ لِي أَبَوانِ شَيْخَانِ كبيرانِ، وكُنْتُ لا أَغْبِقُ قَبْلَهُمَا أهْلاً ولا مالاً، فَنَأَى بِي طَلَبُ الشَّجَرِ يَوْماً فلم أرِحْ عَلَيْهِمَا حَتَّى نَامَا، فَحَلَبْتُ لَهُمَا غَبُوقَهُمَا فَوَجَدْتُهُما نَائِمَينِ، فَكَرِهْتُ أنْ أُوقِظَهُمَا وَأنْ أغْبِقَ قَبْلَهُمَا أهْلاً أو مالاً، فَلَبَثْتُ - والْقَدَحُ عَلَى يَدِي - أنْتَظِرُ اسْتِيقَاظَهُما حَتَّى بَرِقَ الفَجْرُ والصِّبْيَةُ يَتَضَاغَوْنَ عِنْدَ قَدَمِيَّ، فاسْتَيْقَظَا فَشَرِبا غَبُوقَهُما. اللَّهُمَّ إنْ كُنْتُ فَعَلْتُ ذلِكَ ابِتِغَاءَ وَجْهِكَ فَفَرِّجْ عَنَّا مَا نَحْنُ فِيهِ مِنْ هذِهِ الصَّخْرَةِ، فانْفَرَجَتْ شَيْئاً لا يَسْتَطِيعُونَ الخُرُوجَ مِنْهُ. قَالَ الآخر: اللَّهُمَّ إنَّهُ كانَتْ لِيَ ابْنَةُ عَمٍّ، كَانَتْ أَحَبَّ النّاسِ إليَّ - وفي رواية: كُنْتُ أُحِبُّها كأشَدِّ مَا يُحِبُّ الرِّجَالُ النساءَ - فَأَرَدْتُهَا عَلَى نَفْسِهَا فامْتَنَعَتْ منِّي حَتَّى أَلَمَّتْ بها سَنَةٌ مِنَ السِّنِينَ فَجَاءتْنِي فَأَعْطَيْتُهَا عِشْرِينَ وَمئةَ دينارٍ عَلَى أنْ تُخَلِّيَ بَيْنِي وَبَيْنَ نَفْسِهَا فَفَعَلَتْ،

حَتَّى إذَا قَدَرْتُ عَلَيْهَا - وفي روايةٍ: فَلَمَّا قَعَدْتُ بَينَ رِجْلَيْهَا، قالتْ: اتَّقِ اللهَ وَلا تَفُضَّ الخَاتَمَ إلا بِحَقِّهِ، فَانصَرَفْتُ عَنْهَا وَهيَ أَحَبُّ النَّاسِ إليَّ وَتَرَكْتُ الذَّهَبَ الَّذِي أعْطَيتُها. اللَّهُمَّ إنْ كُنْتُ فَعَلْتُ ذلِكَ ابْتِغاءَ وَجْهِكَ فافْرُجْ عنَّا مَا نَحْنُ فيهِ، فانْفَرَجَتِ الصَّخْرَةُ، غَيْرَ أَنَّهُمْ لا يَسْتَطِيعُونَ الخُرُوجَ مِنْهَا. وَقَالَ الثَّالِثُ: اللَّهُمَّ اسْتَأْجَرْتُ أُجَرَاءَ وأَعْطَيْتُهُمْ أجْرَهُمْ غيرَ رَجُلٍ واحدٍ تَرَكَ الَّذِي لَهُ وَذَهَبَ، فَثَمَّرْتُ أجْرَهُ حَتَّى كَثُرَتْ مِنهُ الأمْوَالُ، فَجَاءنِي بَعدَ حِينٍ، فَقَالَ: يَا عبدَ اللهِ، أَدِّ إلَيَّ أجْرِي، فَقُلْتُ: كُلُّ مَا تَرَى مِنْ أجْرِكَ: مِنَ الإبلِ وَالبَقَرِ والْغَنَمِ والرَّقيقِ، فقالَ: يَا عبدَ اللهِ، لا تَسْتَهْزِئْ بي ! فَقُلْتُ: لا أَسْتَهْزِئُ بِكَ، فَأَخَذَهُ كُلَّهُ فاسْتَاقَهُ فَلَمْ يتْرُكْ مِنهُ شَيئاً. اللَّهُمَّ إنْ كُنتُ فَعَلْتُ ذلِكَ ابتِغَاءَ وَجْهِكَ فافْرُجْ عَنَّا مَا نَحنُ فِيهِ، فانْفَرَجَتِ الصَّخْرَةُ فَخَرَجُوا يَمْشُونَ». مُتَّفَقٌ عليهِ. في هذا الحديث: فضل الإخلاص في العمل، وأنه ينجي صاحبه عند الكرب. وفيه: فضل بر الوالدين وخدمتهما، وإيثارهما على الولد والأهل، وتحمُّل المشقة لأجلهما. وفيه: العفة والانكفاف عن الحرام مع القدرة. وفيه: فضل حسن العهد وأداء الأمانة، والسماحة في المعاملة.

12. 'Abdullah bin 'Umar bin Al-Khattab (May Allah be pleased with them) narrated that: He heard Messenger of Allah ﷺ as saying: "Three men, amongst those who came before you, set out until night came and they reached a cave, so they entered it. A rock fell down from the mountain and blocked the entrance of the cave. They said: 'Nothing will save you from this unless you supplicate to Allah by virtue of a righteous deed you have done.' Thereupon, one of them said: 'O Allah! I had parents who were old, and I used to offer them milk before any of my children or slaves. One day, I went far away in search of grazing and could not come back until they had slept. When I milked as usual and brought the drink I found them both asleep. I hated to disturb them and also disliked to give milk to my children before them. My children were crying out of hunger at my feet but I awaited with the bowl in my hand for them to wake up. When they awoke at dawn, they drank milk. O Allah! If I did so to seek Your Pleasure, then deliver us from the distress caused by the rock'. The rock moved slightly but they were unable to escape. The next said: 'O Allah! I had a cousin whom I loved more than any one else (in another version he said: as a man can love a woman). I wanted to have sexual intercourse with her but she refused. Hard pressed in a year of famine, she approached me. I gave her one hundred and

twenty dinars on condition that she would yield herself to me. She agreed and when we got together (for sexual intercourse), she said: Fear Allah and do not break the seal unlawfully. I moved away from her in spite of the fact that I loved her most passionately; and I let her keep the money I had given her. O Allah! If I did that to seek Your Pleasure, then, remove the distress in which we are.' The rock moved aside a bit further but they were still unable to get out. The third one said: 'O Allah! I hired some labourers and paid them their wages except one of them departed without taking his due. I invested his money in business and the business prospered greatly. After a long time, he came to me and said: O slave of Allah! Pay me my dues. I said: All that you see is yours - camels, cattle, goats and slaves. He said: O slave of Allah! Do not mock at me. I assured him that I was not joking. So he took all the things and went away. He spared nothing. O Allah! If I did so seeking Your Pleasure, then relieve us of our distress.' The rock slipped aside and they got out walking freely". [Al-Bukhari and Muslim].

CHAPTER 2

Repentance [13-24 of 1896]

قَالَ العلماءُ: التَّوْبَةُ وَاجبَةٌ مِنْ كُلِّ ذَنْب، فإنْ كانتِ المَعْصِيَةُ بَيْنَ العَبْدِ وبَيْنَ اللهِ تَعَالَى لا تَتعلَّقُ بحقّ آدَمِيٍّ فَلَهَا ثَلاثَةُ شُرُوط:أحَدُها: أنْ يُقلِعَ عَنِ المَعصِيَةِ.والثَّانِي: أَنْ يَنْدَمَ عَلى فِعْلِهَا.والثَّالثُ: أنْ يَعْزِمَ أَنْ لا يعُودَ إِلَيْهَا أَبداً. فَإنْ فُقِدَ أَحَدُ الثَّلاثَةِ لَمْ تَصِحَّ توبَتُهُ. وإنْ كَانَتِ المَعْصِيةُ تتَعلقُ بآدَمِيٍّ فَشُرُوطُهَا أرْبَعَةٌ: هذِهِ الثَّلاثَةُ، وأنْ يَبْرَأَ مِنْ حَقّ صَاحِبِها، فَإنْ كَانَتْ مالاً أَوْ نَحْوَهُ رَدَّهُ إلَيْه، وإنْ كَانَت حَدَّ قَذْفٍ ونَحْوَهُ مَكَّنَهُ مِنْهُ أَوْ طَلَبَ عفْوَه، وإنْ كَانْت غِيبَةً استَحَلَّهُ مِنْهَا. ويجِبُ أنْ يَتُوبَ مِنْ جميعِ الذُّنُوبِ، فَإنْ تَابَ مِنْ بَعْضِها صَحَّتْ تَوْبَتُهُ عِنْدَ أهْلِ الحَقِّ مِنْ ذلِكَ الذَّنْبِ وبَقِيَ عَلَيهِ البَاقي. وَقَدْ تَظَاهَرَتْ دَلائِلُ الكتَابِ والسُّنَّةِ، وإجْمَاعِ الأُمَّةِ عَلَى وُجوبِ التَّوبةِ. التوبة: الرجوع عن معصية الله تعالى إلى طاعته، وطلب الاستحلال مِنَ المقذوف ونحوه إن بلغه ذلك، و إلا كفى الاستغفار، كما قال النبي: «كفارةُ من اغتبته أن تستغفر له» قَالَ الله تَعَالَى: ﴿وَتُوبُوا إِلَى اللَّهِ جَمِيعاً أَيُّهَ الْمُؤْمِنُونَ لَعَلَّكُمْ تُفْلِحُونَ﴾ [النور (31)]. (لعل) في الأصل للترجي، وفي كلام الله تعالى للتحقيق؛ لأنَّ وعده واقع والآية تدل على وجوب التوبة من الصغائر والكبائر. وَقالَ تَعَالَى: ﴿فَقُلْتُ اسْتَغْفِرُوا رَبَّكُمْ إِنَّهُ كَانَ غَفَّاراً﴾ [نوح (10)]. وهذه الآية أيضًا تدل على وجوب الاستغفار من جميع الذنوب. وَقالَ تَعَالَى: ﴿يَا أَيُّهَا الَّذِينَ آمَنُوا تُوبُوا إِلَى اللَّهِ تَوْبَةً نَصُوحا﴾ [التحريم (8)]. قال عمر بن الخطاب رضي الله عنه: التوبة النصوح أن يتوب من الذنب، ثم لا يعود إليه، كما لا يعود اللبن في الضرع.

Scholars said: It is necessary to repent from every sin. If the offense involves the Right of Allah, not a human, then there are three condition to be met in order that repentance be accepted by Allah:

1- To desist from committing it.
2- To feel sorry for committing it.
3- To decide not to recommit it.

Any repentance failing to meet any of these three conditions, would not be sound.

But if the sin involves a human's right, it requires a fourth condition, i.e., to absolve onself from such right. If it is a property, he should return it to its rightful owner. If it is slandering or backbiting, one should ask the pardon of the offended.

One should also repent from all sins. If he repents from some, his repentance would still be sound according to the people of sound knowledge. He should, however, repent from the rest. Scriptural proofs from the Book and the Sunnah and the consensus of the scholars support the incumbency of repentance.

Allah, the, Exalted says:

"And all of you beg Allah to forgive you, O believers, that you may be successful". (24:31)

"Seek the forgiveness of your Rubb, and turn to Him in repentance". (11:3)

"O you who believe! Turn to Allah with sincere repentance!". (66:8)

[13] وعن أبي هريرةَ قَالَ: سمعْتُ رسولَ الله يقول: «والله إنِّي لأَسْتَغْفِرُ الله وأَتُوبُ إلَيْه في اليَوْمِ أَكْثَرَ مِنْ سَبْعِينَ مَرَّةً». رواه البخاري. في هذا الحديث: تحريض للأمة على التوبة والاستغفار. قال ابن بطال: الأنبياء أشد الناس اجتهادًا في العبادة، لما أعطاهم الله تعالى من المعرفة، فهم دائبون في شكره، معترفون له بالتقصير.

13. Abu Hurairah ﷺ reported: I heard Messenger of Allah ﷺ saying: "By Allah, I seek Allah's forgiveness and repent to Him more than seventy times a day." [Al-Bukhari].

[14] وعن الأَغَرِّ بنِ يسار المزنِيِّ قَالَ: قَالَ رَسُول الله: «يَا أَيُّهَا النَّاسُ، تُوبُوا إلى اللهِ واسْتَغْفِرُوهُ، فإنِّي أتُوبُ في اليَومِ مئةَ مَرَّةٍ». رواه مسلم. في هذا الحديث أيضًا: وجوب التوبة والاستغفار، واستمرار ذلك في كل وقت، وعلى كل حال.

14. Al-Agharr bin Yasar Al-Muzani ﷺ narrated that: The Messen-

ger of Allah ﷺ said: "Turn you people in repentance to Allah and beg pardon of Him. I turn to Him in repentance a hundred times a day". [Muslim].

[15] وعـن أبي حمـزةَ أنـسِ بـنِ مالـكٍ الأنصـاريِّ - خـادمِ رسـولِ الله - قـالَ: قَالَ رَسُـولُ الله: «للـهُ أفْـرَحُ بِتَوْبَـةِ عَبْـدِهِ مِـنْ أَحَدِكُـمْ سَـقَطَ عَـلَى بَعِـيرِهِ وقـد أضلَّـهُ في أرض فَـلاةٍ». مُتَّفَـقٌ عليـه.وفي روايـة لمُسْـلم: «للهُ أَشَـدُّ فَرَحـاً بِتَوبَةِ عَبْدِهِ حِينَ يتوبُ إِلَيْـهِ مِنْ أَحَدِكُـمْ كَانَ عَلَى رَاحِلَتـهِ بـأرضِ فَـلاةٍ، فَانْفَلَتَـتْ مِنْـهُ وَعَلَيْهَا طَعَامُهُ وَشَرَابُـهُ فأَيِسَ مِنْهَا، فَأَتى شَـجَرَةً فاضطجَعَ فِي ظِلِّهَـا وقـد أيِـسَ مِـنْ رَاحلَتـهِ، فَبَينَـما هُوَ كَذَلِـكَ إِذْ هُـوَ بِها قائِمَةً عِنـدَهُ، فَأَخَـذَ بِخِطامِهَا، ثُـمَّ قَـالَ مِـنْ شِـدَّةِ الفَـرَحِ: اللَّهُـمَّ أنْـتَ عَبـدِي وأنا رَبُّـكَ ! أَخْطَـأَ مِنْ شِـدَّةِ الفَـرَحِ». في هذا الحديـث: محبـة اللـه تعـالى لتوبـة عبـده حين يتـوب إليـه، وأنـه يفرح بذلـك فرحًا شـديدًا يليـق بجلالـه. وفيـه: أنَّ ما قاله الإنسـان في حال دهشـته وذهوله لا يؤاخذ بـه. وفيه: ضرب المثـل بمـا يصـل إلى الأفهـام مـن الأمور المحسوسـة. وفيـه: بركة الاستسـلام لأمر اللـه تعالى.

15. Anas bin Malik Al-Ansari ﷺ the servant of the Messenger of Allah narrated: Messenger of Allah ﷺ said, "Verily, Allah is more delighted with the repentance of His slave than a person who lost his camel in a desert land and then finds it (unexpectedly)". [Al-Bukhari and Muslim].

In another version of Muslim, he said: "Verily, Allah is more pleased with the repentance of His slave than a person who has his camel in a waterless desert carrying his provision of food and drink and it is lost. He, having lost all hopes (to get that back), lies down in shade and is disappointed about his camel; when all of a sudden he finds that camel standing before him. He takes hold of its reins and then out of boundless joy blurts out: 'O Allah, You are my slave and I am Your Rubb'.He commits this mistake out of extreme joy".

[16] وعـن أبي مـوسَى عبـدِ اللـهِ بـنِ قَيـسٍ الأشْـعريِّ عن النَّبـيّ، قَـالَ: «إنَّ الله تَعَالَى يَبْسُـطُ يَـدَهُ بالليـلِ لِيَتُـوبَ مُـسِيءُ النَّهَـارِ، ويَبْسُـطُ يَـدَهُ بالنَّهَـارِ لِيَتُـوبَ مُـسِيءُ اللَّيـلِ، حَتَّـى تَطْلُعَ الشَّـمْسُ مِـنْ مَغْرِبِهـا». رواه مسـلم.في هـذا الحديـث: طلـب مـن اللطيـف الـرؤوف الغافر لعبـاده أن يتوبـوا، ليتـوب عليهم.

16. Abu Musa Al-Ash'ari ﷺ reported: The Prophet ﷺ said: "Allah, the Exalted, will continue to stretch out His Hand in the night so

that the sinners of the day may repent, and continue to stretch His Hand in the daytime so that the sinners of the night may repent, until the sun rises from the west". [Muslim].

[17] وعـن أبي هُريـرةَ قَـالَ: قَـالَ رَسُـولُ اللـهِ: «مَنْ تَـابَ قَبْلَ أنْ تَطْلُعَ الشَّـمْسُ مِـنْ مَغْرِبِها تَـابَ اللـهُ عَلَيهِ». رواه مسـلم. قبول التوبة مسـتمر ما دام بابها مفتوحًا، فـإذا أغلق لم تقبل. قـال اللـه تعـالى ﴿يَـوْمَ يَـأْتِي بَعْضُ آيَـاتِ رَبِّـكَ لا يَنفَعُ نَفْسـاً إِيمَانُهَا لَـمْ تَكُنْ آمَنَـتْ مِن قَبْلُ أَوْ كَسَـبَتْ فِي إِيمَانِهَـا خَيْراً﴾ [الأنعـام (158)]، يعنـي: إذا طلعـت الشـمس مـن مغربهـا، لم ينفـع الكافـر إيمانه، ولا العـاصي توبته.

17. Abu Hurairah ﷺ narrated: Messenger of Allah ﷺ said, "He who repents before the sun rises from the west, Allah will forgive him". [Muslim].

[18] وعـن أبي عبـد الرحمـن عبـد الله بن عمَرَ بـنِ الخطابِ رضيَ اللهُ عنهما عـن النَّبي، قَالَ: «إنَّ اللـه يَقْبَـلُ تَوبَـةَ العَبْـدِ مَا لَـمْ يُغَرْغِرْ». رواه الترمـذي، وَقالَ: «حديث حسـن». الغرغرة: وصـول الـروح الحلقـوم. قال الله تعالى ﴿وَلَيْسَـتِ التَّوْبَـةُ لِلَّذِيـنَ يَعْمَلُونَ السَّـيِّئَاتِ حَتَّى إِذَا حَـضَرَ أَحَدَهُـمُ الْمَـوْتُ قَـالَ إِنِّي تُبْـتُ الآنَ وَلا الَّذِيـنَ يَمُوتُـونَ وَهُـمْ كُفَّـارٌ أُوْلَـئِكَ أَعْتَدْنَا لَهُمْ عَذَابـاً أَلِيـماً﴾ [النسـاء (18)]، وقال تعـالى: ﴿فَلَمَّا رَأَوْا بَأْسَـنَا قَالُوا آمَنَّا بِاللَّهِ وَحْـدَهُ وَكَفَرْنَا بِمَا كُنَّـا بِـهِ مُشْرِكِـينَ * فَلَمْ يَـكُ يَنفَعُهُمْ إِيمَانُهُمْ لَمَّا رَأَوْا بَأْسَـنَا﴾ [غافـر (84، 85)].

18. 'Abdullah bin 'Umar bin Al-Khattab (May Allah be pleased with them) reported that: The Prophet ﷺ said, "Allah accepts a slave's repentance as long as the latter is not on his death bed (that is, before the soul of the dying person reaches the throat)". [At-Tirmidhi, who categorised it as Hadith Hasan].

[19] وعـن زِرِّ بـن حُبَيْـشٍ، قَـالَ: أَتَيْـتُ صَفْـوَانَ بْنَ عَسَّـالٍ أَسْأَلُهُ عَنِ الْمَسْـحِ عَـلَى الخُفَّيْنِ، فَقَـالَ: مـا جـاءَ بـكَ يَـا زِرُّ ؟ فقُلْـتُ: ابتِغاء العِلْـمِ، فقـالَ: إنَّ المَلائكَةَ تَضَـعُ أَجْنِحَتَهَـا لطَالِبِ العِلْـمِ رِضىً بِمَـا يطلُـبُ. فقلـتُ: إنَّـهُ قَـدْ حَـكَّ في صَـدْري المَسْحُ عَـلَى الخُفَّـينِ بَعْـدَ الغَائِـطِ والبَـولِ، وكُنْـتَ امْـرَءاً مِـنْ أَصْحَـابِ النَّبـيِّ فَجئتُ أَسْـأَلُكَ هَـلْ سَـمِعْتَهُ يَذكُرُ في ذلِكَ شَـيئاً ؟ قَـالَ: نَعَـمْ، كَانَ يَأْمُرُنـا إِذَا كُنَّـا سَـفراً - أَوْ مُسَـافِرِينَ - أنْ لا نَنْـزِعَ خِفَافَنَا ثَلاثَةَ أَيَّـام وَلَيالِيهنَّ إلا مِـنْ جَنَابَـةٍ، لكـنْ مِـنْ غَائِطٍ وَبَـولٍ ونَـوْمٍ. فقُلْتُ: هَلْ سَـمِعْتَهُ يَذْكُرُ في الهَـوَى شَـيئاً ؟ قَالَ: نَعَـمْ، كُنَّـا مَـعَ رسـولِ اللـهِ في سَـفَرٍ، فَبَيْنَـا نَحْـنُ عِنـدَهُ إذْ نَـادَاه أَعـرابِيٌّ بصَـوْتٍ لَهُ جَهْـوَرِيٍّ: يَـا مُحَمَّـدُ، فأجابـهُ رسـولُ اللـه نَحْـواً مِـنْ صَوْتِـه: «هَـاؤُمْ» فقُلْـتُ لَهُ: وَيْحَـكَ ! اغْضُـضْ مِنْ

صَوْتَكَ فَإِنَّكَ عِنْدَ النَّبِيِّ، وَقَدْ نُهِيتَ عَنْ هَذَا! فَقَالَ: واللهِ لا أَغْضُضُ. قَالَ الأَعْرَابِيُّ: المَرْءُ يُحِبُّ القَوْمَ وَلَمَّا يَلْحَقْ بِهِمْ؟ قَالَ النَّبِيُّ: «المَرْءُ مَعَ مَنْ أَحَبَّ يَوْمَ القِيَامَةِ». فَمَا زَالَ يُحَدِّثُنَا حَتَّى ذَكَرَ بَاباً مِنَ المَغْرِبِ مَسِيرَةُ عَرْضِهِ أَوْ يَسِيرُ الرَّاكِبُ فِي عَرْضِهِ أَرْبَعِينَ أَوْ سَبْعِينَ عَاماً -قَالَ سُفْيَانُ أَحَدُ الرُّوَاةِ- قِبَلَ الشَّامِ -خَلَقَهُ اللهُ تَعَالَى يَوْمَ خَلَقَ السَّمَاوَاتِ وَالأَرْضَ مَفْتُوحاً لِلتَّوْبَةِ لا يُغْلَقُ حَتَّى تَطْلُعَ الشَّمْسُ مِنْهُ. رواه الترمذي وغيره، وقال: «حديث حسن صحيح». قوله: «حك»، أي: أثَّر. والهوى: الحب. وفي الحديث: فضل حب الله ورسوله والأخيار أحياء وأمواتًا. وفيه: فضل العلم وأهله، وفي صحيح مسلم، قال أنس: «ما فرحنا فرحًا أشد ما فرحنا بقول النبي: «المرء مع من أحب». وقال أنس: «أنا أحب الله ورسوله وأبا بكر وعمر، فأرجو أن أكون معهم، وإن لم أعمل بعملهم».

19. Zirr bin Hubaish reported: I went to Safwan bin 'Assal ؓ to inquire about wiping with wet hands over light boots while performing Wudu'. He asked me, "What brings you here, Zirr?" I answered: "Search for knowledge". He said, "Angels spread their wings for the seeker of knowledge out of joy for what he seeks". I told him, "I have some doubts in my mind regarding wiping of wet hands over light boots in the course of performing Wudu' after defecation or urinating. Now since you are one of the Companions of the Prophet ﷺ, I have come to ask you whether you heard any saying of the Prophet ﷺ concerning it?". He replied in the affirmative and said, "He ﷺ instructed us that during a journey we need not take off our light boots for washing the feet up to three days and nights, except in case of major impurity (after sexual intercourse). In other cases such as sleeping, relieving oneself or urinating, the wiping of wet hands over light boots will suffice." I, then, questioned him, "Did you hear him say anything about love and affection?" He replied, "We accompanied the Messenger of Allah ﷺ in a journey when a bedouin called out in a loud voice, 'O Muhammad.' The Messenger of Allah ﷺ replied him in the same tone, 'Here I am.' I said to him (the bedouin), 'Woe to you, lower your voice in his presence, because you are not allowed to do so.' He said, 'By Allah! I will not lower my voice,' and then addressing the Prophet ﷺ he said, 'What about a person who loves people but has not found himself in their company.' Messenger of Allah ﷺ replied, 'On the Day of Resurrection, a person will be in the

company of those whom he loves.' The Messenger of Allah then kept on talking to us and in the course of his talk, he mentioned a gateway in the heaven, the width of which could be crossed by a rider in forty or seventy years".

Sufyan, one of the narrators of this tradition, said: "This gateway is in the direction of Syria. Allah created it on the day He created the heavens and the earth. It is open for repentance and will not be shut until the sun rises from that direction (i.e., the West) (on Doomsday)". [At-Tirmidhi, who categorised it as Hadith Hasan Sahih]

[20] وعن أبي سَعيد سَعدِ بـنِ مالكِ بـنِ سِنَانٍ الخدري أنَّ نَبيَّ الله قَالَ: «كَانَ فيمَنْ كَانَ قَبْلَكُمْ رَجُلٌ قَتَلَ تِسْعَةً وتِسْعينَ نَفْساً، فَسَأَلَ عَنْ أَعْلَمِ أَهْلِ الأَرْضِ، فَدُلَّ عَلَى رَاهِبٍ، فَأَتَاهُ. فقال: إنَّهُ قَتَلَ تِسْعَةً وتِسْعِينَ نَفْساً فَهَلْ لَهُ مِنْ تَوْبَةٍ ؟ فقالَ: لا، فَقَتَلَهُ فَكَمَّلَ بِهِ مِئَةً، ثُمَّ سَأَلَ عَنْ أَعْلَمِ أَهْلِ الأرْضِ، فَدُلَّ عَلَى رَجُلٍ عَالِمٍ. فقَالَ: إنَّهُ قَتَلَ مِئَةَ نَفْسٍ فَهَلْ لَهُ مِنْ تَوْبَةٍ ؟ فقالَ: نَعَمْ، ومَنْ يَحُولُ بَيْنَهُ وبَيْنَ التَّوْبَةِ ؟ انْطَلِقْ إلى أرضِ كَذَا وكَذَا فَإِنَّ بِهَا أُنَاساً يَعْبُدُونَ الله تَعَالى فاعْبُدِ الله مَعَهُمْ، ولا تَرْجِعْ إلى أَرْضِكَ فَإِنَّهَا أَرْضُ سُوءٍ، فانْطَلَقَ حَتى إذَا نَصَفَ الطَّرِيقَ أَتَاهُ الْمَوْتُ، فاخْتَصَمَتْ فيهِ مَلائِكَةُ الرَّحْمَةِ ومَلائِكَةُ العَذَابِ. فَقَالَتْ مَلائِكَةُ الرَّحمَةِ: جَاءَ تَائِباً مُقْبِلاً بِقَلْبِهِ إلى اللهِ تَعَالَى، وقالتْ مَلائِكَةُ العَذَابِ: إِنَّهُ لَمْ يَعْمَلْ خَيْراً قَطُّ، فَأَتَاهُمْ مَلَكٌ في صُورَةِ آدَمِيٍّ فَجَعَلُوهُ بَيْنَهُمْ - أَيْ حَكَماً - فقالَ: قِيسُوا ما بينَ الأرْضَيْنِ فَإِلَى أيَّتِهِمَا كَانَ أدْنَى فَهُوَ لَهُ. فَقَاسُوا فَوَجَدُوهُ أَدْنَى إِلى الأَرْضِ التي أرَادَ، فَقَبَضَتْهُ مَلائِكَةُ الرَّحمةِ». مُتَّفَقٌ عليه. وفي روايةٍ في الصحيح: «فَكَانَ إلى القَرْيَةِ الصَّالِحَةِ أقْرَبَ بِشِبْرٍ فَجُعِلَ مِنْ أَهْلِهَا». وفي روايةٍ في الصحيح: «فَأَوحَى الله تَعَالَى إلى هذِهِ أَنْ تَبَاعَدِي، وإلَى هذِهِ أَنْ تَقَرَّبِي، وقَالَ: قِيسُوا مَا بيْنَهُمَا، فَوَجَدُوهُ إلى هذِهِ أَقْرَبَ بِشِبْرٍ فَغُفِرَ لَهُ». وفي روايةٍ: «فَنَأَى بِصَدْرِهِ نَحْوَهَا». في هذا الحديث: فضل العلم على العبادة. وفيه: والهجرة من دار العصيان، ومقاطعة إخوان السوء، واستبدالهم بصحبة أهل الخير والصلاح. وفيه: دليل على أنَّ القاضي إذا تعارضت الأقوال عنده، يحكم بالقرائن. وفيه: أن الذنوب وإن عظمت، فعفو الله أعظم منها. وأن من صدق في توبته، تاب الله عليه، ولو لم يعمل خيرًا إذا عزم على فعله.

20. Abu Sa'id Al-Khudri ؓ reported: Prophet of Allah ﷺ said: "There was a man from among a nation before you who killed ninety-nine people and then made an inquiry about the most learned person on the earth. He was directed to a monk. He came to him and told him that he had killed ninety-nine people and

asked him if there was any chance for his repentance to be accepted. He replied in the negative and the man killed him also completing one hundred. He then asked about the most learned man in the earth. He was directed to a scholar. He told him that he had killed one hundred people and asked him if there was any chance for his repentance to be accepted. He replied in the affirmative and asked, 'Who stands between you and repentance? Go to such and such land; there (you will find) people devoted to prayer and worship of Allah, join them in worship, and do not come back to your land because it is an evil place.' So he went away and hardly had he covered half the distance when death overtook him; and there was a dispute between the angels of mercy and the angels of torment. The angels of mercy pleaded, 'This man has come with a repenting heart to Allah,' and the angels of punishment argued, 'He never did a virtuous deed in his life.' Then there appeared another angel in the form of a human being and the contending angels agreed to make him arbiter between them. He said, 'Measure the distance between the two lands. He will be considered belonging to the land to which he is nearer.' They measured and found him closer to the land (land of piety) where he intended to go, and so the angels of mercy collected his soul".[Al-Bukhari and Muslim].

In another version: "He was found to be nearer to the locality of the pious by a cubit and was thus included among them". Another version says: "Allah commanded (the land which he wanted to leave) to move away and commanded the other land (his destination) to draw nearer and then He said: "Now measure the distance between them.' It was found that he was nearer to his goal by a hand's span and was thus forgiven". It is also narrated that he drew closer by a slight movement on his chest.

[21] وعن عبدِ الله بن كعبِ بنِ مالكٍ، وكان قائِدَ كعبٍ مِنْ بَنِيهِ حِينَ عمِيَ، قَالَ: سَمِعتُ كَعْبَ بنَ مالكٍ يُحَدِّثُ بحَديثِهِ حينَ تَخلَّفَ عن رسولِ اللهِ في غَزْوَةِ تَبُوك. قَالَ كعبٌ: لَمْ أتَخَلَّفْ عَنْ رسولِ الله في غَزْوَةٍ غزاها قط إلا في غزوة تَبُوكَ، غَيْرَ أنِّي قَدْ تَخَلَّفْتُ في غَزْوَةِ بَدْرٍ، ولَمْ يُعَاتَبْ أحَدٌ تَخَلَّفَ عَنْهُ؛ إنَّمَا خَرَجَ رسولُ الله والمُسْلِمُونَ يُرِيدُونَ عِيرَ قُرَيْشٍ حَتَّى جَمَعَ الله تَعَالَى بَيْنَهُمْ وبَيْنَ عَدُوِّهِمْ عَلَى غَيْرِ ميعادٍ. ولَقَدْ شَهِدْتُ مَعَ رسولِ

اللهِ لَيلَةَ العَقَبَةِ حينَ تَوَاثَقْنا عَلَى الإسْلامِ، وما أُحِبُّ أنَّ لي بِهَا مَشْهَدَ بَدْرٍ، وإنْ كَانَتْ بدرٌ أذْكَرَ في النَّاسِ مِنْهَا. وكانَ مِنْ خَبَري حينَ تَخَلَّفْتُ عَنْ رسولِ اللهِ في غَزْوَةِ تَبُوكَ أنِّي لم أكُنْ قَطُّ أقْوى ولا أيْسَرَ مِنِّي حِينَ تَخَلَّفْتُ عنهُ في تِلْكَ الغَزْوَةِ، واللهِ ما جَمَعْتُ قَبْلَهَا رَاحِلَتَيْنِ قَطُّ حَتَّى جَمَعْتُهُمَا في تِلْكَ الغَزْوَةِ وَلَمْ يَكُنْ رسولُ اللهِ يُرِيدُ غَزْوَةً إلا وَرَّى بِغَيرِها حَتَّى كَانَتْ تِلْكَ الغَزْوَةُ، فَغَزاها رسولُ اللهِ في حَرٍّ شَدِيدٍ، واسْتَقْبَلَ سَفَراً بَعِيداً وَمَفازاً، وَاسْتَقْبَلَ عَدَداً كَثِيراً، فَجَلَّى لِلْمُسْلِمِينَ أمْرَهُمْ لِيَتَأهَّبُوا أُهْبَةَ غَزْوِهِمْ فَأَخْبَرَهُمْ بِوَجْهِهِمُ الَّذِي يُرِيدُ، والمُسْلِمونَ مَعَ رسولِ اللهِ كثيرٌ وَلا يَجْمَعُهُمْ كِتَابٌ حَافِظٌ (يُرِيدُ بذلِكَ الدِّيوَانَ) قَالَ كَعْبٌ: فَقَلَّ رَجُلٌ يُرِيدُ أنْ يَتَغَيَّبَ إلا ظَنَّ أنَّ ذلِكَ سيخْفَى بِهِ ما لَمْ يَنْزِلْ فِيهِ وَحْيٌ مِنَ اللهِ، وَغَزا رَسُولُ اللهِ تِلْكَ الغَزوَةَ حِينَ طَابَتِ الثِّمَارُ وَالظِّلالُ، فَأنَا إلَيْهَا أصْعَرُ، فَتَجَهَّزَ رسولُ اللهِ وَالمُسْلِمُونَ مَعَهُ وطَفِقْتُ أغْدُو لِكَيْ أتَجَهَّزَ مَعَهُ، فأرْجِعُ وَلَمْ أقْضِ شَيْئاً، وأقولُ في نفسي: أنَا قَادِرٌ عَلَى ذلِكَ إذَا أرَدْتُ، فَلَمْ يَزَلْ يَتَمادى بي حَتَّى اسْتَمَرَّ بالنَّاسِ الْجِدُّ، فأصْبَحَ رسولُ اللهِ غَادِياً والمُسْلِمُونَ مَعَهُ وَلَمْ أقْضِ مِنْ جِهَازي شَيْئاً، ثُمَّ غَدَوْتُ فَرَجَعْتُ وَلَمْ أقْضِ شَيئاً، فَلَمْ يَزَلْ يَتَمَادَى بي حَتَّى أسْرَعُوا وتَفَارَطَ الغَزْوُ، فَهَمَمْتُ أنْ أرْتَحِلَ فَأُدْرِكَهُمْ، فَيَا لَيْتَنِي فَعَلْتُ، ثُمَّ لم يُقَدَّرْ ذلِكَ لي، فَطَفِقْتُ إذَا خَرَجْتُ في النَّاسِ بَعْدَ خُرُوجِ رَسُولِ اللهِ يَحْزُنُنِي أنِّي لا أرَى لي أُسْوَةً، إلا رَجُلاً مَغْمُوصاً عَلَيْهِ في النِّفَاقِ، أوْ رَجُلاً مِمَّنْ عَذَرَ اللهُ تَعَالَى مِنَ الضُّعَفَاءِ، وَلَمْ يَذْكُرْنِي رَسُولُ اللهِ حَتَّى بَلَغَ تَبُوكَ، فَقَالَ وَهُوَ جَالِسٌ في القَوْمِ بِتَبُوكَ: «ما فَعَلَ كَعْبُ بْنُ مَالِكٍ ؟» فَقَالَ رَجُلٌ مِنْ بَنِي سَلِمَةَ: يا رَسُولَ اللهِ، حَبَسَهُ بُرْدَاهُ وَالنَّظَرُ في عِطْفَيْهِ. فَقَالَ لَهُ مُعَاذُ بْنُ جَبَلٍ: بِئْسَ مَا قُلْتَ ! واللهِ يا رَسُولَ اللهِ مَا عَلِمْنَا عَلَيْهِ إلا خَيْراً، فَسَكَتَ رَسُولُ اللهِ. فَبَيْنَا هُوَ عَلى ذلِكَ رَأى رَجُلاً مُبْيِضاً يَزُولُ بِهِ السَّرَابُ، فَقَالَ رَسُولُ اللهِ: «كُنْ أبَا خَيْثَمَةَ»، فَإذَا هُوَ أبُو خَيْثَمَةَ الأنْصَارِيُّ وَهُوَ الَّذِي تَصَدَّقَ بِصَاعِ التَّمْرِ حِيْنَ لَمَزَهُ المُنَافِقُونَ. قَالَ كَعْبٌ: فَلَمَّا بَلَغَنِي أنَّ رَسُولَ اللهِ قَدْ تَوَجَّهَ قَافِلاً مِنْ تَبُوكَ حَضَرَنِي بَثِّي، فَطَفِقْتُ أتَذَكَّرُ الكَذِبَ وأقُولُ: بِمَ أخْرُجُ مِنْ سَخَطِهِ غَداً ؟ وأسْتَعِينُ عَلى ذَلِكَ بِكُلِّ ذِي رأْيٍ مِنْ أهْلِي، فَلَمَّا قِيلَ: إنَّ رَسُولَ اللهِ قَدْ أظَلَّ قَادِماً، زَاحَ عَنِّي البَاطِلُ حَتَّى عَرَفْتُ أنِّي لَنْ أنْجُوَ مِنْهُ بِشَيءٍ أبَداً، فَأجْمَعْتُ صِدْقَهُ وأصْبَحَ رَسُولُ اللهِ قَادِماً، وَكَانَ إذَا قَدِمَ مِنْ سَفَرٍ بَدَأَ بِالمَسْجِدِ فَرَكَعَ فِيهِ رَكْعَتَيْنِ ثُمَّ جَلَسَ لِلنَّاسِ، فَلَمَّا فَعَلَ ذلِكَ جَاءَهُ المُخَلَّفُونَ يَعْتَذِرونَ إلَيْهِ ويَحْلِفُونَ لَهُ، وَكَانُوا بِضْعاً وَثَمَانِينَ رَجُلاً، فَقَبِلَ مِنْهُمْ عَلانِيَتَهُمْ وَبَايَعَهُمْ واسْتَغْفَرَ لَهُمْ وَوَكَلَ سَرَائِرَهُمْ إلى اللهِ تَعَالَى، حَتَّى جِئْتُ، فَلَمَّا سَلَّمْتُ تَبَسَّمَ تَبَسُّمَ المُغْضَبِ. ثُمَّ قَالَ: «تَعَالَ»، فَجِئْتُ أمْشِي حَتَّى جَلَسْتُ بَيْنَ يَدَيْهِ، فقالَ لي: «مَا خَلَّفَكَ ؟ ألَمْ تَكُنْ قَدِ ابْتَعْتَ ظَهْرَكَ ؟» قَالَ: قُلْتُ: يَا رسولَ اللهِ، إنِّي واللهِ لَوْ جَلَسْتُ عِنْدَ غَيْرِكَ مِنْ أهْلِ الدُّنْيَا لَرَأيْتُ أنِّي سَأخْرُجُ مِنْ سَخَطِهِ بِعُذْرٍ؛ لَقَدْ أُعْطِيتُ جَدَلاً، ولَكِنِّي واللهِ لَقَدْ عَلِمْتُ لَئِنْ حَدَّثْتُكَ اليوم حَدِيثَ كَذِبٍ تَرْضَى به عنِّي لَيُوشِكَنَّ اللهُ أن يُسْخِطَكَ عَلَيَّ، وإنْ حَدَّثْتُكَ حَدِيثَ صِدقٍ تَجِدُ عَلَيَّ فِيهِ إنِّي لأرْجُو فِيهِ عُقْبَى اللهِ، والله ما كَانَ لي مِنْ عُذْرٍ، واللهِ مَا كُنْتُ قَطُّ أقْوَى وَلا أيْسَرَ مِنِّي حِينَ تَخَلَّفْتُ عَنْكَ. قَالَ: فقالَ رسولُ اللهِ: «أمَّا هَذَا فَقَدْ صَدَقَ، فَقُمْ حَتَّى يَقْضِيَ اللهُ فيكَ». وَسَارَ رِجَالٌ مِنْ بَنِي سَلِمَةَ فَاتَّبَعُونِي فَقَالُوا لي: واللهِ مَا عَلِمْنَاكَ أذْنَبْتَ ذَنْباً قَبْلَ هذَا لَقَدْ عَجَزْتَ في أنْ لا تَكُونَ اعتَذَرْتَ إلَى رَسُولِ الله

بِما اعْتَذَرَ إليهِ المُخَلَّفُونَ، فَقَدْ كَانَ كَافِيكَ ذَنْبَكَ اسْتِغْفَارُ رَسُولِ الله لَكَ. قَالَ: فَوالله ما زَالُوا يُؤَنِّبُونَنِي حَتَّى أَرَدْتُ أَنْ أَرْجِعَ إِلَى رَسولِ الله فأُكَذِّبَ نَفْسِي، ثُمَّ قُلْتُ لَهُمْ: هَلْ لَقِيَ هَذا مَعِيَ مِنْ أَحَدٍ ؟ قَالُوا: نَعَمْ، لَقِيَهُ مَعَكَ رَجُلانِ قَالا مِثْلَ مَا قُلْتَ، وَقيلَ لَهُمَا مِثْلَ مَا قيلَ لَكَ، قَالَ: قُلْتُ: مَنْ هُما ؟ قَالُوا: مُرَارَةُ بْنُ الرَّبِيعِ الْعَمْرِيُّ، وهِلالُ ابنُ أُمَيَّةَ الوَاقِفِيُّ ؟ قَالَ: فَذَكَرُوا لِي رَجُلَيْنِ صَالِحَيْنِ قَدْ شَهِدَا بَدْراً فيهِما أُسْوَةٌ، قَالَ: فَمَضَيْتُ حِينَ ذَكَرُوهُما لِي. ونَهَى رَسُولُ الله عَنْ كَلامِنا أَيُّهَا الثَّلاثَةُ مِنْ بَيْنِ مَنْ تَخَلَّفَ عَنْهُ، فاجْتَنَبَنَا النَّاسُ - أوْ قَالَ: تَغَيَّرُوا لَنَا - حَتَّى تَنَكَّرَتْ لِي فِي نَفْسِي الأَرْض، فَمَا هِيَ بالأَرْضِ الَّتِي أَعْرِفُ، فَلَبِثْنا عَلَى ذلِكَ خَمْسِينَ لَيْلَةً. فَأَمَّا صَاحِبَايَ فَاسْتَكَانا وقَعَدَا في بُيُوتِهِمَا يَبْكِيَان. وأمَّا أنا فَكُنْتُ أَشَبَّ الْقَومِ وأَجْلَدَهُمْ فَكُنْتُ أَخْرُجُ فَأَشْهَدُ الصَّلاةَ مَعَ المُسْلِمِينَ، وأَطُوفُ في الأَسْوَاقِ ولا يُكَلِّمُني أَحَدٌ، وَآتِي رسولَ الله فأُسَلِّمُ عَلَيْهِ وَهُوَ فِي مَجْلِسِهِ بَعْدَ الصَّلاةِ، فَأَقُولُ في نَفْسِي: هَلْ حَرَّكَ شَفَتَيْهِ بِرَدِّ السَّلام أَمْ لا ؟ ثُمَّ أُصَلِّي قَرِيباً مِنْهُ وَأُسَارِقُهُ النَّظَرَ، فَإِذَا أَقْبَلْتُ عَلَى صَلاتِي نَظَرَ إِلَيَّ وَإِذَا الْتَفَتُّ نَحْوَهُ أَعْرَضَ عَنِّي، حَتَّى إذَا طَالَ ذلِكَ عَلَيَّ مِنْ جَفْوَةِ المُسْلِمِينَ مَشَيْتُ حَتَّى تَسَوَّرْتُ جِدارَ حائِطِ أَبِي قَتَادَةَ وَهُوَ ابْنُ عَمِّي وأَحَبُّ النَّاسِ إِلَيَّ، فَسَلَّمْتُ عَلَيهِ فَوَاللهِ مَا رَدَّ عَلَيَّ السَّلامَ، فَقُلْتُ لَهُ: يَا أَبَا قَتَادَةَ، أَنْشُدُكَ باللهِ هَلْ تَعْلَمُنِي أُحِبُّ الله وَرَسُولَهُ ؟ فَسَكَتَ، فَعُدْتُ فَنَاشَدْتُهُ فَسَكَتَ، فَعُدْتُ فَنَاشَدْتُهُ، فَقَالَ: اللهُ ورَسُولُهُ أَعْلَمُ. فَفَاضَتْ عَيْنَايَ، وَتَوَلَّيْتُ حَتَّى تَسَوَّرْتُ الجِدَارَ، فَبَيْنَا أَنَا أَمْشِي في سُوقِ الْمَدِينَةِ إِذَا نَبَطِيٌّ مِنْ نَبَطِ أَهْلِ الشَّامِ مِمَّنْ قَدِمَ بالطَّعَامِ يَبِيعُهُ بِالمَدِينَةِ يَقُولُ: مَنْ يَدُلُّ عَلَى كَعْبِ بْنِ مَالِكٍ ؟ فَطَفِقَ النَّاسُ يُشِيرُونَ لَهُ إِلَيَّ حَتَّى جَاءَنِي فَدَفَعَ إِلَيَّ كِتَاباً مِنْ مَلِكِ غَسَّانَ، وَكُنْتُ كَاتِباً. فَقَرَأْتُهُ فَإِذَا فِيهِ: أَمَّا بَعْدُ، فإِنَّهُ قَدْ بَلَغَنا أَنَّ صَاحِبَكَ قَدْ جَفَاكَ وَلَمْ يَجْعَلْكَ اللهُ بِدَارِ هَوانٍ وَلا مَضْيَعَةٍ، فَالْحَقْ بِنَا نُوَاسِكَ، فَقُلْتُ حِينَ قَرَأْتُهَا: وَهَذِهِ أَيضاً مِنَ البَلاءِ، فَتَيَمَّمْتُ بِهَا التَّنُّورَ فَسَجَرْتُهَا، حَتَّى إِذَا مَضَتْ أَرْبَعُونَ مِنَ الْخَمْسِينَ وَاسْتَلْبَثَ الْوَحْيُ إِذَا رسولُ رسولِ الله يَأْتِينِي، فَقَالَ: إِنَّ رسولَ الله يَأْمُرُكَ أَنْ تَعْتَزِلَ امْرَأَتَكَ، فَقُلْتُ: أُطَلِّقُهَا أَمْ مَاذَا أَفْعَلُ ؟ فَقَالَ: لا، بَلِ اعْتَزِلْهَا فَلا تَقْرَبَنَّهَا، وَأَرْسَلَ إِلَى صَاحِبَيَّ بِمِثْلِ ذلِكَ. فَقُلْتُ لامْرَأَتِي: الْحَقِي بِأَهْلِكِ فَكُونِي عِنْدَهُمْ حَتَّى يَقْضِيَ اللهُ فِي هَذَا الأَمْرِ. فَجَاءَتِ امْرَأَةُ هِلالِ بْنِ أُمَيَّةَ رسولَ الله فَقَالَتْ لَهُ: يَا رَسُولَ الله، إِنَّ هِلالَ بْنَ أُمَيَّةَ شَيْخٌ ضَائِعٌ لَيْسَ لَهُ خَادِمٌ، فَهَلْ تَكْرَهُ أَنْ أَخْدُمَهُ ؟ قَالَ: «لا، وَلَكِنْ لا يَقْرَبَنَّكِ» فَقَالَتْ: إِنَّهُ واللهِ ما بِهِ مِنْ حَرَكَةٍ إِلَى شَيْءٍ، وَوَاللهِ مَا زَالَ يَبْكِي مُنْذُ كَانَ مِنْ أَمْرِهِ مَا كَانَ إِلَى يَومِهِ هَذَا. فَقَالَ لِي بَعْضُ أَهْلِي: لَوِ اسْتَأْذَنْتَ رسولَ الله فِي امْرَأَتِكَ فَقَدْ أَذِنَ لامْرَأَةِ هِلالِ بْنِ أُمَيَّةَ أَنْ تَخْدُمَهُ ؟ فَقُلْتُ: لا أَسْتَأْذِنُ فيها رسولَ الله وَمَا يُدْرِينِي مَاذَا يَقُولُ رسولُ الله إِذَا اسْتَأْذَنْتُهُ، وَأَنَا رَجُلٌ شَابٌّ ! فَلَبِثْتُ بِذَلِكَ عَشْرَ لَيَالٍ فَكَمُلَ لَنا خَمْسُونَ لَيْلَةً مِنْ حِينَ نُهِيَ عَنْ كَلامِنا، ثُمَّ صَلَّيْتُ صَلاةَ الْفَجْرِ صَبَاحَ خَمْسِينَ لَيْلَةً عَلَى ظَهْرِ بَيْتٍ مِنْ بُيُوتِنَا، فَبَيْنَا أَنَا جَالِسٌ عَلَى الْحَالِ الَّتِي ذَكَرَ اللهُ تَعَالَى مِنَّا، قَدْ ضَاقَتْ عَلَيَّ نَفْسِي وَضَاقَتْ عَلَيَّ الأَرْضُ بِمَا رَحُبَتْ، سَمِعْتُ صَوْتَ صَارِخٍ أَوفَى عَلَى سَلْعٍ يَقُولُ بِأَعْلَى صَوتِهِ: يَا كَعْبَ بْنَ مَالِكٍ أَبْشِرْ، فَخَرَرْتُ سَاجِداً، وَعَرَفْتُ أَنَّهُ قَدْ جَاءَ فَرَجٌ. فَآذَنَ رسولُ الله النَّاسَ بِتَوْبَةِ الله عَلَيْنَا حِينَ صَلَّى صَلاةَ الفَجْرِ فَذَهَبَ النَّاسُ يُبَشِّرُونَنا، فَذَهَبَ قِبَلَ صَاحِبَيَّ مُبَشِّرونَ وَرَكَضَ رَجُلٌ إِلَيَّ فَرَساً وَسَعَى سَاعٍ مِنْ أَسْلَمَ

قِبَلِي، وَأَوْفَى عَلَى الْجَبَلِ، فَكَانَ الصَّوْتُ أَسْرَعَ مِنَ الفَرَسِ، فَلَمَّا جَاءَنِي الَّذِي سَمِعْتُ صَوْتَهُ يُبَشِّرُنِي نَزَعْتُ لَهُ ثَوْبَيَّ فَكَسَوْتُهُمَا إِيَّاهُ بِبشارته، وَاللهِ مَا أَمْلِكُ غَيْرَهُمَا يَوْمَئِذٍ، وَاسْتَعَرْتُ ثَوْبَيْنِ فَلَبِسْتُهُما، وَانْطَلَقْتُ أَتَأَمَّمُ رسولَ الله يَتَلَقَّانِي النَّاسُ فَوْجاً فَوْجاً يُهَنِّئُونَنِي بالتَّوْبَةِ وَيَقُولُونَ لِي: لِتَهْنِكَ تَوْبَةُ اللهِ عَلَيْكَ. حَتَّى دَخَلْتُ الْمَسْجِدَ فَإِذَا رسولُ الله جَالِسٌ حَوْلَهُ النَّاسُ، فَقَامَ طَلْحَةُ بْنُ عُبَيْدِ اللهِ يُهَرْوِلُ حَتَّى صَافَحَنِي وَهَنَّأَنِي، والله مَا قَامَ رَجُلٌ مِنَ المُهَاجِرِينَ غَيْرُهُ - فَكَانَ كَعْبٌ لا يَنْسَاهَا لِطَلْحَةَ -. قَالَ كَعْبٌ: فَلَمَّا سَلَّمْتُ عَلَى رَسُولِ اللهِ قَالَ وَهُوَ يَبْرُقُ وَجْهُهُ مِنَ السُّرُور: «أَبْشِرْ بِخَيْرِ يَومٍ مَرَّ عَلَيْكَ مُذْ وَلَدَتْكَ أُمُّكَ» فَقُلْتُ: أَمِنْ عِنْدِكَ يَا رَسُولَ اللهِ أَمْ مِنْ عِندِ اللهِ ؟ قَالَ: «لا، بَلْ مِنْ عِنْدِ اللهِ»، وَكَانَ رسولُ الله إِذَا سُرَّ اسْتَنَارَ وَجْهُهُ حَتَّى كَأَنَّ وَجْهَهُ قِطْعَةُ قَمَرٍ وَكُنَّا نَعْرِفُ ذلِكَ مِنْهُ، فَلَمَّا جَلَسْتُ بَيْنَ يَدَيْهِ قُلْتُ: يَا رسولَ الله، إِنَّ مِنْ تَوْبَتِي أَنْ أَنْخَلِعَ مِنْ مَالِي صَدَقَةً إِلَى اللهِ وَإِلَى رَسُولِهِ. فَقَالَ رسولُ الله: «أَمْسِكْ عَلَيْكَ بَعْضَ مَالِكَ فَهُوَ خَيْرٌ لَكَ». فقلتُ: إِنِّي أُمْسِكُ سَهْمِي الَّذِي بِخَيبَر. وَقُلْتُ: يَا رسولَ الله، إِنَّ الله تَعَالَى إِنَّمَا أَنْجَانِي بالصِّدْقِ، وإِنَّ مِنْ تَوْبَتِي أَنْ لا أُحَدِّثَ إلا صِدْقاً مَا بَقِيتُ، فَوَاللهِ مَا عَلِمْتُ أَحَداً مِنَ المُسْلِمينَ أَبْلاهُ الله تَعَالَى فِي صِدْقِ الحَدِيثِ مُنْذُ ذَكَرْتُ ذلِكَ لِرسولِ الله أَحْسَنَ مِمَّا أَبْلانِي الله تَعَالَى، واللهِ مَا تَعَمَّدْتُ كِذْبَةً مُنْذُ قُلْتُ ذلِكَ لِرسولِ اللهِ إِلَى يَومِي هَذَا، وإِنِّي لأَرْجُو أَنْ يَحْفَظَنِي الله تَعَالَى فيما بَقِيَ، قَالَ: فَأَنْزَلَ الله تَعَالَى: ﴿لَقَدْ تَابَ اللهُ عَلَى النَّبِيِّ وَالْمُهَاجِرِينَ وَالأَنْصَارِ الَّذِينَ اتَّبَعُوهُ فِي سَاعَةِ الْعُسْرَةِ﴾ حَتَّى بَلَغَ: ﴿إِنَّهُ بِهِمْ رَؤُوفٌ رَحِيمٌ وَعَلَى الثَّلاثَةِ الَّذِينَ خُلِّفُوا حَتَّى إِذَا ضَاقَتْ عَلَيْهِمُ الأَرْضُ بِمَا رَحُبَتْ﴾ حَتَّى بَلَغَ: ﴿اتَّقُوا اللهَ وَكُونُوا مَعَ الصَّادِقِينَ﴾ [التوبة (117: 119)] قَالَ كَعْبٌ: واللهِ ما أَنْعَمَ الله عَلَيَّ مِنْ نعمةٍ قَطُّ بَعْدَ إِذْ هَدَانِي اللهُ للإِسْلامِ أَعْظَمَ فِي نَفْسِي مِنْ صِدقِي رسولَ الله أَنْ لا أكونَ كَذَبْتُهُ، فَأَهْلِكَ كما هَلَكَ الَّذِينَ كَذَبُوا؛ إِنَّ الله تَعَالَى قَالَ لِلَّذِينَ كَذَبُوا حِينَ أَنْزَلَ الوَحْيَ شَرَّ مَا قَالَ لأَحدٍ، فقال الله تَعَالَى: ﴿سَيَحْلِفُونَ بِاللهِ لَكُمْ إِذَا انْقَلَبْتُمْ إِلَيْهِمْ لِتُعْرِضُوا عَنْهُمْ فَأَعْرِضُوا عَنْهُمْ إِنَّهُمْ رِجْسٌ وَمَأْوَاهُمْ جَهَنَّمُ جَزَاءً بِمَا كَانُوا يَكْسِبُونَ يَحْلِفُونَ لَكُمْ لِتَرْضَوْا عَنْهُمْ فَإِنْ تَرْضَوْا عَنْهُمْ فَإِنَّ اللهَ لا يَرْضَى عَنِ الْقَوْمِ الْفَاسِقِينَ﴾ [التوبة (95، 96)] قَالَ كَعْبٌ: كُنَّا خُلِّفْنَا أَيُّهَا الثَّلاثَةُ عَنْ أَمْرِ أُولئكَ الذينَ قَبِلَ مِنْهُمْ رسولُ الله حِينَ حَلَفُوا لَهُ فَبَايَعَهُمْ وَاسْتَغْفَرَ لَهُمْ وأرجأَ رسولُ الله أَمْرَنَا حَتَّى قَضَى الله تَعَالَى فِيهِ بِذلِكَ. قَالَ الله تَعَالَى: ﴿وَعَلَى الثَّلاثَةِ الَّذِينَ خُلِّفُوا﴾ وَلَيْسَ الَّذِي ذَكَرَ مِمَّا خُلِّفْنَا تَخَلُّفَنَا عنِ الغَزْوِ، وإنَّمَا هُوَ تَخْلِيفُهُ إيَّانا وإرْجَاؤُهُ أمْرَنَا عَمَّنْ حَلَفَ لَهُ واعْتَذَرَ إِلَيْهِ فقبِلَ مِنْهُ. مُتَّفَقٌ عليه. وفي روايةٍ: أنَّ النَّبيَّ خَرَجَ فِي غَزْوَةِ تَبُوكَ يَومَ الخَميسِ وكَانَ يُحِبُّ أنْ يخْرُجَ يومَ الخميس. وفي روايةٍ: وكانَ لا يقْدمُ مِنْ سَفَرٍ إلا نَهَاراً فِي الضُّحَى، فإذَا قَدِمَ بَدَأَ بالمَسْجِدِ فَصَلَّى فِيهِ رَكْعَتَيْنِ ثُمَّ جَلَسَ فِيهِ. في هذا الحديث: أكثر من أربعين فائدة، منها: فضيلة الصدق، والحكم بالظاهر، وأنَّ القوي في الدين يؤاخذ بأشد مما يؤاخذ ضعيف الدين. وفيه: جواز هجران المذنب أكثر من ثلاث إذا ظهرت فائدته، ولم يترتب عليه مفسدة، واستحباب الصدقة عند التوبة. وبالله التوفيق.

21. Abdullah bin Ka'b, who served as the guide of Ka'b bin Malik

🙵 when he became blind, narrated: I heard Ka'b bin Malik 🙵 narrating the story of his remaining behind instead of joining Messenger of Allah 🙵 when he left for the battle of Tabuk. Ka'b said: "I accompanied Messenger of Allah 🙵 in every expedition which he undertook excepting the battle of Tabuk and the battle of Badr. As for the battle of Badr, nobody was blamed for remaining behind as Messenger of Allah 🙵 and the Muslims, when they set out, had in mind only to intercept the caravan of the Quraish. Allah made them confront their enemies unexpectedly. I had the honour of being with Messenger of Allah 🙵 on the night of 'Aqabah when we pledged our allegiance to Islam and it was dearer to me than participating in the battle of Badr, although Badr was more well-known among the people than that. And this is the account of my staying behind from the battle of Tabuk. I never had better means and more favorable circumstances than at the time of this expedition. And by Allah, I had never before possessed two riding-camels as I did during the time of this expedition. Whenever Messenger of Allah 🙵 decided to go on a campaign, he would not disclose his real destination till the last moment (of departure). But on this expedition, he set out in extremely hot weather; the journey was long and the terrain was waterless desert; and he had to face a strong army, so he informed the Muslims about the actual position so that they should make full preparation for the campaign. And the Muslims who accompanied Messenger of Allah 🙵 at that time were in large number but no proper record of them was maintained." Ka'b (further) said: "Few were the persons who chose to remain absent believing that they could easily hide themselves (and thus remain undetected) unless Revelation from Allah, the Exalted, and Glorious (revealed relating to them). And Messenger of Allah 🙵 set out on this expedition when the fruit were ripe and their shade was sought. I had a weakness for them and it was during this season that Messenger of Allah 🙵 and the Muslims made preparations. I also would set out in the morning to make preparations along with them but would come back having done nothing and said to myself: 'I have means enough (to make preparations) as soon as I like'.

And I went on doing this (postponing my preparations) till the time of departure came and it was in the morning that Messenger of Allah ﷺ set out along with the Muslims, but I had made no preparations. I would go early in the morning and come back, but with no decision. I went on doing so until they (the Muslims) hastened and covered a good deal of distance. Then I wished to march on and join them. Would that I had done that! But perhaps it was not destined for me. After the departure of Messenger of Allah ﷺ whenever I went out, I was grieved to find no good example to follow but confirmed hypocrites or weak people whom Allah had exempted (from marching forth for Jihad). Messenger of Allah ﷺ made no mention of me until he reached Tabuk. While he was sitting with the people in Tabuk, he said, 'What happened to Ka'b bin Malik?' A person from Banu Salimah said: "O Messenger of Allah, the (beauty) of his cloak and an appreciation of his finery have detained him.' Upon this Mu'adh bin Jabal (MatAllah be pleased with him) admonished him and said to Messenger of Allah ﷺ: "By Allah, we know nothing about him but good.' Messenger of Allah ﷺ, however, kept quiet. At that time he (the Prophet ﷺ) saw a person dressed in white and said, 'Be Abu Khaithamah.' And was Abu Khaithamah Al-Ansari was the person who had contributed a Sa' of dates and was ridiculed by the hypocrites." Ka'b bin Malik further said: "When the news reached me that Messenger of Allah ﷺ was on his way back from Tabuk, I was greatly distressed. I thought of fabricating an excuse and asked myself how I would save myself from his anger the next day. In this connection, I sought the counsels of every prudent member of my family. When I was told that Messenger of Allah ﷺ was about to arrive, all the wicked ideas vanished (from my mind) and I came to the conclusion that nothing but the truth could save me. So I decided to tell him the truth. It was in the morning that Messenger of Allah ﷺ arrived in Al-Madinah. It was his habit that whenever he came back from a journey, he would first go to the mosque and perform two Rak'ah (of optional prayer) and would then sit with the people. When he sat, those who had remained behind him began to put forward their excuses and take an oath before him. They were more than eighty in number. Messenger of Allah ﷺ accepted their excuses on the very face of them and accepted their allegiance and sought forgiveness for them and left their insights to Allah, until I appeared before him. I greeted him and he smiled and there was a tinge of anger in that. He then said to me, 'Come forward'. I went forward and I sat in front of him. He said to me, 'What kept you back? Could you not afford to go in for a ride?' I said, 'O Messenger of Allah, by Allah, if I were to sit before anybody else, a man of the world, I would have definitely saved myself from his anger on one pretext or the other and I have a gifted skill in argumentation, but, by Allah, I am fully aware that if I were to put forward before you a lame excuse to please you, Allah would definitely provoke your wrath upon me. In case, I speak the truth, you may be angry with me, but I hope that Allah would be pleased with me (and accept my repentance). By Allah, there is no valid excuse for me. By Allah, I never possessed so good means, and I never had such favorable conditions for me as I had when I stayed behind.' Thereupon, Messenger of Allah ﷺ said, 'This man spoke the truth, so get up (and wait) until Allah gives a decision about you.' I left and some people of Banu Salimah followed me. They said to me, 'By Allah, we do not know that you committed a sin before. You, however, showed inability to put forward an excuse before Messenger of Allah ﷺ like those who stayed behind him. It would have been enough for the forgiveness of your sin that Messenger of Allah ﷺ would have sought forgiveness for you.' By Allah, they kept on reproaching me until I thought of going back to Messenger of Allah ﷺ and retract my confession. Then I said to them, 'Has anyone else met the same fate?' They said, 'Yes, two persons have met the same fate. They made the same statement as you did and the same verdict was delivered in their case.' I asked, 'Who are they?' They said, 'Murarah bin Ar-Rabi' Al-'Amri and Hilal bin Umaiyyah Al-Waqifi.' They mentioned these two pious men who had taken part in the battle of Badr and there was an example for me in them. I was confirmed in my original resolve. Messenger of Allah ﷺ prohibited the Muslims to talk to the three of us from amongst those who had stayed behind. The people began to avoid us and their attitude towards us changed and it seemed as if the whole atmosphere had turned against us, and it was in fact the same atmosphere of which I was fully aware and in which I had lived (for a fairly long time). We spent fifty nights in this very state and my two friends confined themselves within their houses and spent (most of their) time weeping. As I was the youngest and the strongest, I would leave my house, attend the congregational Salat, move about in the bazaars, but none would speak to me. I would come to Messenger of Allah ﷺ as he sat amongst (people) after the Salat, greet him and would ask myself whether or not his lips moved in response to my greetings. Then I would perform Salat near him and look at him stealthily. When I finish my Salat, he would look at me and when I would cast a glance at him he would turn away his eyes from me. When the harsh treatment of the Muslims to me continued for a (considerable) length of time, I walked and I climbed upon the wall of the garden of Abu Qatadah, who was my cousin, and I had a great love for him. I greeted him but, by Allah, he did not answer to my greeting. I said to him, 'O Abu Qatadah, I adjure you in the Name of Allah, are you not aware that I love Allah and His Messenger ﷺ?' I asked him the same question again but he remained silent. I again adjured him, whereupon he said, 'Allah and His Messenger ﷺ know better.' My eyes were filled with tears, and I came back climbing down the wall.

As I was walking in the bazaars of Al-Madinah, a man from the Syrian peasants, who had come to sell food grains in Al-Madinah, asked people to direct him to Ka'b bin Malik. People pointed towards me. He came to me and delivered a letter from the King of Ghassan, and as I was a scribe, I read that letter whose purport was: 'It has been conveyed to us that your friend (the Prophet ﷺ) was treating you harshly. Allah has not created you for a place where you are to be degraded and where you cannot find your right place; so come to us and we shall receive you graciously.' As I read that letter I said: 'This is too a trial,' so I put it to fire in an oven.

When forty days had elapsed and Messenger of Allah ﷺ received no Revelation, there came to me a messenger of the Messenger of Allah and said, 'Verily, Messenger of Allah ﷺ has commanded you to keep away from your wife.' I said, 'Should I divorce her or what else should I do?' He said, 'No, but only keep away from her and don't have sexual contact with her.' The same message was sent to my companions. So, I said to my wife: 'You better go to your parents and stay there with them until Allah gives the decision in my case.' The wife of Hilal bin Umaiyyah came to Messenger of Allah ﷺ and said: 'O Messenger of Allah, Hilal bin Umaiyyah is a senile person and has no servant. Do you disapprove if I serve him?' He said, 'No, but don't let him have any sexual contact with you.' She said, 'By Allah, he has no such desire left in him. By Allah, he has been in tears since (this calamity) struck him.' Members of my family said to me, 'You should have sought permission from Messenger of Allah ﷺ in regard to your wife. He has allowed the wife of Hilal bin Umaiyyah to serve him.' I said, 'I would not seek permission from Messenger of Allah ﷺ for I do not know what Messenger of Allah might say in response to that, as I am a young man'. It was in this state that I spent ten more nights and thus fifty days had passed since people boycotted us and gave up talking to us. After I had offered my Fajr prayer on the early morning of the fiftieth day of this boycott on the roof of one of our houses, and had sat in the very state which Allah described as: 'The earth seemed constrained for me despite its vastness', I heard the voice of a proclaimer from the peak of the hill Sal' shouting at the top of his voice: 'O Ka'b bin Malik, rejoice.' I fell down in prostration and came to know that there was (a message of) relief for me. Messenger of Allah ﷺ had informed the people about the acceptance of our repentance by Allah after he had offered the Fajr prayer. So the people went on to give us glad tidings and some of them went to my companions in order to give them the glad tidings. A man spurred his horse towards me (to give the good news), and another one from the tribe of Aslam came running for the same purpose and, as he approached the mount, I received the good news which reached me before the rider did. When the one whose voice I had heard came to me to congratulate me, I took off my garments and gave them to him for the good news he brought to me. By Allah, I possessed nothing else (in the form of clothes) except these garments, at that time. Then I borrowed two garments, dressed myself and came to Messenger of Allah ﷺ On my way, I met groups of people who greeted me for (the acceptance of) repentance and they said: 'Congratulations for acceptance of your repentance.' I reached the mosque where Messenger of Allah ﷺ was sitting amidst people. Talhah bin 'Ubaidullah got up and rushed towards me, shook hands with me and greeted me. By Allah, no person stood up (to greet me) from amongst the Muhajirun besides him." Ka'b said that he never forgot (this good gesture of) Talhah. Ka'b further said: "I greeted Messenger of Allah ﷺ with 'As-salamu 'alaikum' and his face was beaming with pleasure. He ﷺ said, 'Rejoice with the best day you have ever seen since your mother gave you birth. 'I said: 'O Messenger of Allah! Is this (good news) from you or from Allah?' He said, 'No, it is from Allah.' And it was common with Messenger of Allah ﷺ that when ever he was happy, his face would glow as if it were a part of the moon and it was from this that we recognized it (his delight). As I sat before him, I said, I have placed a condition upon myself that if Allah accepts my Taubah, I would give up all of my property in charity for the sake of Allah and His Messenger ﷺ!' Thereupon Messenger of Allah ﷺ said, 'Keep some property with you, as it is better for you.' I said, 'I shall keep with me that portion which is in Khaibar'. I added: 'O Messenger of Allah! Verily, Allah has granted me salvation because of my truthfulness, and therefore, repentance obliges me to speak nothing but the truth as long as I am alive." Ka'b added: "By Allah, I do not know anyone among the Muslims who has been granted truthfulness better than me since I said this to the Prophet ﷺ. By Allah! Since the time I made a pledge of this to Messenger of Allah ﷺ, I have never intended to tell a lie, and I hope that Allah would protect me (against telling lies) for the rest of my life. Allah, the Exalted, the Glorious, revealed these Verses:

'Allah has forgiven the Prophet ﷺ, the Muhajirun (Muslim Emigrants who left their homes and came to Al-Madinah) and the Ansar (Muslims of Al-Madinah) who followed him (Muhammad ﷺ) in the time of distress (Tabuk expedition), after the hearts of a party of them had nearly deviated (from the Right Path), but He accepted their repentance. Certainly, He is unto them full of kindness, Most Merciful. And (He did forgive also) the three who did not join [the Tabuk expedition and whose case was deferred (by the Prophet ﷺ) for Allah's Decision] till for them the earth, vast as it is, was straitened and their ownselves were straitened to them, and they perceived that there is no fleeing from Allah, and no refuge but with Him. Then, He forgave them (accepted their repentance), that they might beg for His Pardon [repent (unto Him)]. Verily, Allah is the One Who forgives and accepts repentance, Most Merciful. O you who believe! Be afraid of Allah, and be with those who are true (in word and deeds)." (9:117,118).

Ka'b said: "By Allah, since Allah guided me to Islam, there has been no blessing more significant for me than this truth of mine which I spoke to Messenger of Allah ﷺ, and if I were to tell a lie I would have been ruined as were ruined those who had told lies, for Allah described those who told lies with the worst description He ever attributed to anybody else, as He sent down the Revelation:

They will swear by Allah to you (Muslims) when you return to them, that you may turn away from them. So turn away from them. Surely, they are Rijsun [i.e., Najasun (impure) because of their evil deeds], and Hell is their dwelling place - a recompense for that which they used to earn. They (the hypocrites) swear to you (Muslims) that you may be pleased with them, but if you are pleased with them, certainly Allah is not pleased with the people who are Al-Fa'siqun (rebellious, disobedient to Allah)". (9:95,96)

Ka'b further added: "The matter of the three of us remained pending for decision apart from the case of those who had made excuses on oath before Messenger of Allah ﷺ and he accepted those, took fresh oaths of allegiance from them and supplicated for their forgiveness. The Prophet ﷺ kept our matter pending till

Allah decided it. The three whose matter was deferred have been shown mercy. The reference here is not to our staying back from the expedition but to his delaying our matter and keeping it pending beyond the matter of those who made their excuses on oath which he accepted". [Al-Bukhari and Muslim]

Another version adds: "Messenger of Allah ﷺ set out for Tabuk on Thursday. He used to prefer to set out on journey on Thursday." Another version says: "Messenger of Allah ﷺ used to come back from a journey in the early forenoon and went straight to the mosque where he would perform two Rak'ah prayer. Afterwards he would seat himself there".

[22] وَعَنْ أبي نُجَيد - بضَمِّ النُّونِ وفتحِ الجيم - عِمْرَانَ بنِ الحُصَيْنِ الخُزَاعِيِّ رضي الله عنهما: أنَّ امْرَأةً مِنْ جُهَيْنَةَ أتَتْ رسولَ الله وَهِيَ حُبْلَى مِنَ الزِّنَى، فقالتْ: يَا رسولَ الله، أصَبْتُ حَدّاً فَأَقِمْهُ عَلَيَّ، فَدَعَا نَبيُّ الله وَليَّها، فقالَ: «أَحْسِنْ إلَيْهَا، فإذا وَضَعَتْ فَأْتِني» فَفَعَلَ فَأَمَرَ بهَا نبيُّ الله، فَشُدَّتْ عَلَيْهَا ثِيَابُهَا، ثُمَّ أَمَرَ بِهَا فَرُجِمَتْ، ثُمَّ صَلَّى عَلَيْهَا. فقالَ لَهُ عُمَرُ: تُصَلِّي عَلَيْهَا يَا رَسُول الله وَقَدْ زَنَتْ ؟ قَالَ: «لَقَدْ تَابَتْ تَوْبَةً لَوْ قُسِمَتْ بَيْنَ سَبْعِينَ مِنْ أهْلِ المَدِينَةِ لَوَسِعَتْهُمْ، وَهَلْ وَجَدْتَ أَفضَلَ مِنْ أنْ جَادَتْ بنفْسِها لله ؟!». رواه مسلم. في هذا الحديث: دليل على أنَّ الحد يكفر الذنب، وأنه يصلي على المرجوم. وفيه: بيان عظم التوبة، وأنها تَجُبُّ الذنب وإن عظم. وفي رواية: «ثم أمر بها، فحفر لها إلى صدرها وأمر الناس فرجموها، فيقبل خالد بن الوليد بحجر فرمى رأسها، فتنضَّح الدم على وجه خالد فسبَّها، فسمع النبي سبّه إياها، فقال: مهلاً يا خالد، فوالذي نفسي بيده، لقد تابت توبة لو تابها صاحب مكس لغُفر له، ثم أمر بها فصلى عليها ودُفنت». قال النووي: فيه: أن المكس من أقبح المعاصي والذنوب الموبقات، وذلك لكثرة مطالبات الناس له، وظلاماتهم عنده، تكرار ذلك منه، وانتهاكه للناس، وأخذ أموالهم بغير حقها، وصرفها في غير وجهها. انتهى والله المستعان.

22. Imran bin Al-Husain Al-Khuza'i ؓ reported: A woman from the tribe Juhainah came to Messenger of Allah ﷺ while she was pregnant from (Zina) adultery and said to him: "O Messenger of Allah! I have committed an offense liable to Hadd (prescribed punishment), so exact the execution of the sentence." Messenger of Allah ﷺ called her guardian and said to him, "Treat her kindly. Bring her to me after the delivery of the child." That man complied with the orders. At last the Prophet ﷺ commanded to carry

out the sentence. Her clothes were secured around her and she was stoned to death. The Prophet ﷺ led her funeral prayers. 'Umar submitted: "O Messenger of Allah! She committed Zina and you have performed funeral prayer for her?" He replied, "Verily, she made repentance which would suffice for seventy of the people of Al-Madinah if it is divided among them. Can there be any higher degree of repentance than that she sacrificed her life voluntarily to win the Pleasure of Allah, the Exalted?". [Muslim].

[23] وعـن ابـنِ عبـاسٍ رضي الله عنهما أنَّ رَسُـولَ الله، قَـالَ: «لَوْ أنَّ لابـنِ آدَمَ وَادِياً مِنْ ذَهَبٍ أحَـبَّ أنْ يكُـونَ لَـهُ وَادِيـانِ، وَلَـنْ يَمْلأَ فَاهُ إلا الـتُّرابُ، وَيَتْوبُ اللهُ عَلَى مَنْ تَـابَ». مُتَّفَقٌ عليه. في هـذا الحديـث: دليـل عـلى أنَّ الإنسـان لا يـزال حريصًـا عـلى الدنيـا حتـى يمـوت، ويمتلـئ جوفـه مـن تـراب قـبره، إلا مـن لطـف الله بـه. قال اللـه تعـالى: ﴿إنَّ الْإنسَـانَ خُلِـقَ هَلُوعاً * إذَا مَسَّـهُ الـشَّرُّ جَزُوعـاً * وَإذَا مَسَّـهُ الْخَيْرُ مَنُوعـاً * إلا الْمُصَلِّـينَ * الَّذِيـنَ هُـمْ عَـلَى صَلاتِهِـمْ دَائِمُـونَ * وَالَّذِيـنَ فِي أَمْوَالِهِـمْ حَـقٌّ مَّعْلُومٌ * لِّلسَّـائِلِ وَالْمَحْرُومِ﴾ الآيات [المعـارج (19: 25)].

23. Ibn 'Abbas and Anas bin Malik (May Allah be pleased with them) reported: Messenger of Allah ﷺ said, "If a son of Adam were to own a valley full of gold, he would desire to have two. Nothing can fill his mouth except the earth (of the grave). Allah turns with mercy to him who turns to Him in repentance". [Al-Bukhari and Muslim].

[24] وعـن أبي هريـرة أنَّ رسـولَ اللـه، قَـالَ: «يَضْحَـكُ اللـهُ سُـبْحَانَهُ وَتَعَـالَى إلَى رَجُلَـيْنِ يقْتلُ أَحَدهُـمَا الآخَـرَ يَدْخُـلانِ الجَنَّـةَ، يُقَاتِـلُ هَذَا في سَـبيلِ اللهِ فَيُقْتَـلُ، ثُمَّ يتُوبُ اللـهُ عَلَى القَاتِلِ فَيُسْـلِم فَيُسْتَشْـهَدُ». مُتَّفَـقٌ عليـه. ختـم المصنف الباب بهذا الحديث إشـارة إلى أنَّ الإنسـان ينبغـي لـه أن يتـوب مـن الذنب الذي اقترفه وإن كان كبيرًا، ولا يؤيسـه ذلـك من رحمة الله، فـإن اللـه واسـع المغفـرة. قال تعالى: ﴿قُـلْ يَا عِبَـادِيَ الَّذِيـنَ أَسْرَفُوا عَـلَى أَنفُسِـهِمْ لا تَقْنَطُوا مِـن رَّحْمَـةِ اللَّـهِ إنَّ اللَّـهَ يَغْفِرُ الذُّنُوبَ جَمِيعـاً إنَّهُ هُـوَ الْغَفُورُ الرَّحِيـمُ﴾ [الزمر (53)].

24. Abu Hurairah ؓ reported: Messenger of Allah ﷺ said, "Allah, the Exalted, smiles at two men, one of them killed the other and both will enter Jannah. The first is killed by the other while he is fighting in the Cause of Allah, and thereafter Allah will turn in mercy to the second and guide him to accept Islam and then he

dies as a Shaheed (martyr) fighting in the Cause of Allah." [Al-Bukhari and Muslim]

CHAPTER 3

Patience and Perseverance [25-53 of 1896]

قَالَ الله تَعَالَى: ﴿يَا أَيُّهَا الَّذِينَ آمَنُوا اصْبِرُوا وَصَابِرُوا﴾ [آل عمران (200)]. الصبر ثلاثةُ أَنواع: صبرٌ على طاعة الله، وصبرٌ عن محارم الله، وصبرٌ على أقدار الله. وقد أَمر الله تعالى بالصبر على ذلك كله. وقوله تعالى: ﴿وَصَابِرُوا﴾ أي: غالبوا الكفار بالصبر فلا يكونوا أَشدَّ صبراً منكم، فإنهم يألمون كما تألمون وترجون من الله ما لا يرجون. وقوله تعالى: ﴿وَرَابِطُوا﴾ أي: أقيموا على الجهاد. قال: «رباطُ يوم في سبيل الله خيرٌ من الدنيا وما عليها». وقال: «ألا أَدلكم على ما يمحو الله به الخطايا ويرفع به الدرجات» ؟ قالوا: بلى يا رسول الله. قال: «إسباغ الوضوء على المكاره، وكَثْرة الخطا إلى المساجد، وانتظار الصلاة بعد الصلاة. فذلكم الرباط، فذلكم الرباط». وقال تَعَالَى: ﴿وَلَنَبْلُوَنَّكُمْ بِشَيْءٍ مِنَ الْخَوْفِ وَالْجُوعِ وَنَقْصٍ مِنَ الأَمْوَالِ وَالأَنْفُسِ وَالثَّمَرَاتِ وَبَشِّرِ الصَّابِرِينَ﴾ [البقرة (155)]، على البلايا والرزايا بالذكر الجميل والثواب الجزيل. وَقالَ تَعَالَى: ﴿إِنَّمَا يُوَفَّى الصَّابِرُونَ أَجْرَهُمْ بِغَيْرِ حِسَابٍ﴾ [الزمر (10)]. أي: بغيرِ مكْيالٍ، ولا وزن، فلا جزاء فوق جزاء الصبر. وَقالَ تَعَالَى: ﴿وَلَمَنْ صَبَرَ وَغَفَرَ إِنَّ ذَلِك لَمِنْ عَزْمِ الأُمُورِ﴾ [الشورى (43)]. أي: مَنْ صبر فلم ينتصر لنفسه وتجاوز عن ظالمه، فإن ذلك من الأمور المشكورة، والأفعال الحميدة. وَقالَ تَعَالَى: ﴿اسْتَعِينُوا بِالصَّبْرِ وَالصَّلاةِ إِنَّ اللهَ مَعَ الصَّابِرِينَ﴾ [البقرة (153)] أي: استعينوا على طلب الآخرة بحبس النَّفْس عن المعاصي، والصبر على أداء الفرائض، فإنَّ الصلاة تنهى عن الفحشاء والمنكر ﴿وَإِنَّهَا لَكَبِيرَةٌ﴾ أي: ثقيلة ﴿إِلا عَلَى الْخَاشِعِينَ﴾ أي: المؤمنين حقًّا. وَقالَ تَعَالَى: ﴿وَلَنَبْلُوَنَّكُمْ حَتَّى نَعْلَمَ الْمُجَاهِدِينَ مِنْكُمْ وَالصَّابِرِينَ﴾ [محمد (31)]، وَالآياتُ في الأمر بالصَّبْر وَبيانِ فَضْلِهِ كَثيرةٌ مَعْرُوفةٌ. أي: ولنختبركم بالتكاليف حتى يتميز الصادق في دينه من الكاذب. قال تعالى: ﴿وَمِنَ النَّاسِ مَن يَعْبُدُ اللَّهَ عَلَى حَرْفٍ فَإِنْ أَصَابَهُ خَيْرٌ اطْمَأَنَّ بِهِ وَإِنْ أَصَابَتْهُ فِتْنَةٌ انقَلَبَ عَلَى وَجْهِهِ خَسِرَ الدُّنْيَا وَالآخِرَةَ ذَلِكَ هُوَ الْخُسْرَانُ الْمُبِينُ﴾ [الحج (11)]. وَالآيَاتُ في الأَمْرِ بِالصَّبْرِ وَبيَانِ فَضْلِهِ كَثِيرَةٌ مَعْرُوفةٌ. قيل: إنَّ الصبر ذُكِرَ في مئة موضع من القرآن.

Allah, the Exalted, says:

> "O you who believe! Endure and be more patient..". (3:200)

> "And certainly, We shall test you with something of fear, hunger, loss of wealth, lives and fruits, but give glad tidings to As-Sabirun (the patient)". (2:155)

> "Only those who are patient shall receive their reward in full, without reckoning." (39:10)

> "And verily, whosoever shows patience and forgives, that would truly be from the things recommended by Allah." (42:43)

> "Seek help in patience and As-Salat (the prayer). Truly, Allah is with As-Sabirun (the patient)." (2:153)

> "And surely, We shall try you till We test those who strive hard (for the Cause of Allah) and As-Sabirun (the patient)" (47:31)

There are numerous Verses of the Noble Qur'an inculcating patience and extolling it.

[25] وعن أبي مالكٍ الحارث بن عاصم الأشعريّ قَالَ: قَالَ رسولُ الله: «الطُّهُورُ شَطْرُ الإيمان، والحَمدُ لله تَمْلأُ الميزَانَ، وَسُبْحَانَ الله والحَمدُ لله تَملآن - أَوْ تَمْلأُ - مَا بَينَ السَّماوات وَالأَرْضِ، والصَّلاةُ نُورٌ، والصَّدقةُ بُرهَانٌ، والصَّبْرُ ضِياءٌ، والقُرْآنُ حُجةٌ لَكَ أَوْ عَلَيْكَ. كُلُّ النَّاسِ يَغْدُو فَبَائعٌ نَفسَهُ فَمُعْتِقُهَا أَوْ مُوبِقُها». رواه مسلم. قوله: «الطُّهُور شَطْرُ الإيمان»، أي: نصفه؛ لأَن خِصال الإيمان قسمان: ظاهرة، وباطنة، فالطهور من الخصال الظاهرة، والتوحيد من الخصال الباطنة. قال: «ما منكم من أَحد يتوضأ فيسبغ الوضوء، ثم يقول: أشهد أَن لا إله إلا الله، وأَشهد أن محمدًا عبده ورسوله، إلا فتحت له أَبواب الجنة الثمانية يدخل في أَيِّها شاء». قوله: «والحمد لله تملأ الميزان» أي: أَجرها يملأ ميزان الحامد لله تعالى. وفي الحديث الآخر: «التسبيح نصف الميزان، والحمد لله تملؤه، ولا إله إلا الله ليس لها دون الله حجابٌ حتى تصل إليه». وسببُ عظم فضل هذه الكلمات: ما اشتملت عليه من التنزيه لله تعالى، وتوحيده، والافتقار إليه. قوله: «والصلاة نورٌ» أي: لصاحبها في الدنيا، وفي القبر، ويوم القيامة. «والصدقة برهان» أي: دليلٌ واضح على صحة الإيمان. «والصبر ضياء»، وهو النور الذي يحصل فيه نوعُ حرارة؛ لأَنَّ الصبر لا يحصل إلا بمجاهدة النفس. «والقرآن حجةٌ لك أَو عليك» أي: إن عملت به فهو حجة لك، وإلا فهو حجة عليك. قوله: «كل الناس يغدو فبائعٌ نفسه فمعتقها أو موبقُها» أي: كل إنسان يسعى، فمنهم من يبيع نفسه لله بطاعته فيعتقها من النار،

ومنهـم مَـنْ يبيعهـا للشـيطان والهوى فيهلكها. قال الحسـن: «يـا ابن آدم إنك تغـدو وتروح في طلـب الأربـاح، فليكـن هَمُّـك نفسـك، فإنـك لـن تربـح مثلها أبـدًا».

25. Abu Malik Al-Harith bin Asim Al-Ash'ar ﷺ reported that: The Messenger of Allah ﷺ said: "Wudu' is half of Salah; the utterance of (Al-hamdu lillah - all praise belongs to Allah) fills the Scales of good actions; the utterance of (Subhan Allah wa Al-hamdu lillah) (Allah is far removed from every imperfection and all praise belongs to Allah) fills the space between the heavens and the earth, and Salat (prayer) is light; and charity is the proof of Faith; and endurance is light, and the Qur'an is a plea in your favour or against you. Every person departs; he either ransoms it or puts it into perdition". [Muslim].

[26] وعـن أبي سَـعيد سـعدِ بـن مالـكِ بـنِ سـنانٍ الخـدري رضي اللـه عنهـما: أَنَّ نَاسـاً مِـنَ الأَنْصَـارِ سَـألوا رسـولَ اللـه فَأَعْطَاهُـمْ، ثُمَّ سَـألوهُ فَأَعْطَاهُـمْ، حَتَّى نَفِدَ مَـا عِنْدَهُ، فَقَـالَ لَهُمْ حِينَ أَنْفَقَ كُلَّ شَيءٍ بِيَـدِهِ: «مَـا يَكُـنْ عِنْـدي مِـنْ خَـيْرٍ فَلَـنْ أَدَّخِـرَهُ عَنْكُـمْ، وَمَنْ يَسْـتَعْفِفْ يُعِفـهُ اللـهُ، وَمَـنْ يَسْـتَغْنِ يُغْنِـهِ اللـهُ، وَمَـنْ يَتَصَبَّرْ يُصَـبِّرْهُ اللـهُ. وَمَا أُعْطِـيَ أَحَدٌ عَطَـاءً خَيْراً وَأَوْسَـعَ مِـنَ الصَّبْرِ». مُتَّفَـقٌ عليـه. في هـذا الحديـث: الحثُّ عـلى الاسـتعفاف، وأنَّ مَنْ رزقه اللـه الصبر عـلى ضيـق العيـش وغيره مـن مـكاره الدنيـا، فقد أعطـاه خـيراً كثيراً.

26. Abu Sa'id Al-Khudri ﷺ reported that: Certain people of the Ansar asked the Messenger of Allah ﷺ and he gave them; then they again asked him and he gave them until all what he possessed was exhausted. Then the Prophet ﷺ said, "Whatever wealth I have, I will not withhold from you. Whosoever would be chaste and modest; Allah will keep him chaste and modest and whosoever would seek self-sufficiency, Allah will make him self-sufficient; and whosoever would be patient, Allah will give him patience, and no one is granted a gift better and more comprehensive than patience". [Al-Bukhari and Muslim].

[27] وعـن أبي يحيـى صهيـب بـن سـنانٍ، قَـالَ: قَالَ رسـولُ الله: «عَجَبـاً لأَمْرِ المُؤْمِـنِ إنَّ أَمْرَهُ كُلَّـهُ لَـهُ خـيرٌ وليَسَ ذَلِكَ لأَحَـدٍ إلا للمُؤْمِنِ: إنْ أَصَابَتْهُ سَرَّاءُ شَـكَرَ فَكَانَ خَيراً لَـهُ، وإنْ أَصَابَتْهُ ضَرَاءُ صَـبَرَ فَـكَانَ خَـيْراً لَـهُ». رواه مسـلم. في هـذا الحديث: فَضْلُ الشـكر على السـرّاء والصبر

علـى الـضرّاء، فمـن فعـل ذلك حصل لـه خيرُ الداريـن، ومَنْ لم يشـكر على النعمـة، ولم يصبر علـى المصيبـة، فاتـه الأجر، وحصل لـه الوِزْر.

27. Abu Yahya Suhaib bin Sinan ﷺ reported that: The Messenger of Allah ﷺ said, "How wonderful is the case of a believer; there is good for him in everything and this applies only to a believer. If prosperity attends him, he expresses gratitude to Allah and that is good for him; and if adversity befalls him, he endures it patiently and that is better for him". [Muslim].

[28] وعـن أنَـسٍ قَـالَ: لَـمَّا ثَقُلَ النَّبيُّ جَعلَ يَتَغَشَّـاهُ الكَـرْبُ، فَقَالَتْ فَاطِمَـةُ رضي الله عنها: وَاكَـرْبَ أَبَتَـاهُ. فقَـالَ: «لَيْـسَ عَـلَى أَبيـكِ كَرْبٌ بَعْـدَ اليَوْمِ» فَلَـمَّا مَاتَ، قَالَـتْ: يَا أَبَتَـاهُ، أَجَابَ رَبّـاً دَعَـاهُ ! يَـا أَبَتَـاهُ، جَنَّـةُ الفِـردَوسِ مَـأْوَاهُ! يَـا أَبَتَـاهُ، إلَى جِبْريـلَ نَنْعَـاهُ ! فَلَـمَّا دُفِـنَ قَالَـتْ فَاطِمَـةُ رَضي اللـه عنها: أَطَابَتْ أَنْفُسُـكُمْ أَنْ تَحْثُوا عَلَى رَسُـول الله الـتُّرَابَ؟! رواه البخاري. في هـذا الحديـث: جـوازُ التوجـع للميِّت عند احتضـاره، وأنه ليس من النياحة. ومناسـبة إيراده في بـاب الصـبر: صـبرُهُ عـلى ما هو فيه من سـكرات الموت، وشـدائده، ورضاه بذلك، وتسـكين مـا نـزل بالسـيدة فاطمـة من مشـاهدة ذلك بقولـه: «لا كرب عَـلَى أبيكِ بَعْـدَ اليَوْمِ».

28. Anas ﷺ reported: When the last illness of Messenger of Allah ﷺ made him unconscious, Fatimah ﷺ exclaimed: "Ah, the distress of my dear father." He ﷺ said, "There will be no distress for your father after today". When he died she said: "My father, Allah has called you back and you have responded to His Call. O father! Garden of Firdaus is your abode. O father! We announce to Jibril your death." When he was buried, she said: "Are you satisfied now that you put earth over (the grave of) Messenger of Allah ﷺ?" [Al-Bukhari]

[29] وعـن أبي زَيـدٍ أُسَـامَةَ بـنِ زيـدِ بـنِ حارثـةَ مَـوْلَى رسـولِ اللـه وحِبِّـه وابـنِ حبِّـه رضي اللـهُ عنهـما، قَـالَ: أَرْسَـلَتْ بِنْـتُ النَّبـيِّ إنَّ ابْني قَـد احْتُضِرَ فَاشْـهَدنَا، فَأَرْسَـلَ يُقْرِئُ السَّـلامَ، ويقُـولُ: «إنَّ للـه مَـا أخَـذَ وَلَهُ مَـا أعطَـى وَكُلُّ شَيءٍ عِندَهُ بِأَجَلٍ مُسَـمًّى فَلْتَصْبِرْ وَلْتَحْتَسِـبْ» فَأَرسَـلَتْ إلَيْـهِ تُقْسِـمُ عَلَيـهِ لَيَأتِيَنَّهَـا. فقامَ وَمَعَهُ سَـعْدُ بْـنُ عُبَادَةَ، وَمُعَـاذُ بْنُ جَبَـلٍ، وَأُبَيُّ بْنُ كَعْـبٍ، وَزَيْـدُ بْـنُ ثَابِـتٍ، وَرِجَـالٌ، فَرُفِـعَ إِلَى رَسُـول اللـه الصَّبِـيُّ، فَأَقْعَـدَهُ في حِجْـرِهِ وَنَفْسُـهُ تَقَعْقَـعُ، فَفَاضَـتْ عَينَـاهُ فَقَـالَ سَـعدٌ: يَـا رسـولَ اللـه، مَا هَـذَا ؟ فَقالَ: «هـذِهِ رَحمَـةٌ جَعَلَها اللـهُ تَعَـالَى في قُلُـوبِ عِبَـادِهِ» وفي روايـة: «في قُلُـوبِ مَـنْ شَـاءَ مِـنْ عِبَـادِهِ، وَإِنَّمَـا يَرْحَـمُ اللهُ

مِنْ عِبادِهِ الرُّحَماءَ». مُتَّفَقٌ عَلَيهِ. وَمَعنَى «تَقَعْقَعُ»: تَتَحرَّكُ وتَضْطَربُ. في هذا الحديث: جوازُ استحضار أهل الفضل للمحتضر لرجاء بركتهم ودعائهم، واستحباب إبرار القسم، وأمر صاحب المصيبة بالصبر قبل وقوع الموت ليقع وهو مستشعر بالرضا مقاومًا للحزن بالصبر , وفيه: جواز البكاء من غير نوح ونحوه.

29. Usamah bin Zaid (May Allah be pleased with them) narrated: The daughter of the Prophet ﷺ sent for him as her child was dying, but the Prophet ﷺ returned the messenger and sent her good wishes saying, "Whatever Allah takes away or gives, belongs to Him, and everything with Him has a limited fixed term (in this world), and so she should be patient and anticipate Allah's reward." She again sent for him adjuring him for the sake of Allah to come. The Messenger of Allah, accompanied with Sa'd bin 'Ubadah, Mu'adh bin Jabal, Ubayy bin Ka'b, Zaid bin Thabit and some other men went to see her. The child was lifted up to the Messenger of Allah while his breath was disturbed in his chest. On seeing that, the eyes of the Prophet ﷺ streamed with tears. Sa'd said, "O Messenger of Allah! What is this?" He replied, "It is compassion which Allah has placed in the hearts of His slaves, Allah is Compassionate only to those among His slaves who are compassionate (to others)".

Another version says: Messenger of Allah ﷺ said, "Allah shows compassion only to those among His slaves who are compassionate". [Al-Bukhari and Muslim].

[30] وعن صهيب: أنَّ رسولَ الله، قَالَ: «كَانَ مَلِكٌ فيمَنْ كَانَ قَبلَكمْ وَكَانَ لَهُ سَاحِرٌ فَلَمَّا كَبِرَ قَالَ للمَلِكِ: إنِّي قَدْ كَبِرْتُ فَابْعَثْ إلَيَّ غُلاماً أُعَلِّمْهُ السِّحْرَ؛ فَبَعَثَ إلَيْهِ غُلاماً يُعَلِّمُهُ، وَكانَ في طَرِيقِهِ إِذَا سَلَكَ رَاهِبٌ، فَقَعدَ إلَيْه وسَمِعَ كَلامَهُ فَأعْجَبَهُ، وَكانَ إِذَا أتَى السَّاحِرَ، مَرَّ بالرَّاهِبِ وَقَعَدَ إلَيْه، فَإِذَا أَتَى السَّاحِرَ ضَرَبَهُ، فَشَكَا ذلِكَ إِلَى الرَّاهِب، فَقَالَ: إِذَا خَشيتَ السَّاحِرَ، فَقُلْ: حَبَسَنِي أَهْلِي، وَإِذَا خَشِيتَ أهلَكَ، فَقُلْ: حَبَسَنِي السَّاحِرُ. فَبَيْنَما هُوَ عَلَى ذلِكَ إِذْ أَتَى عَلَى دَابَّةٍ عَظِيمَةٍ قَدْ حَبَسَتِ النَّاسَ فَقَالَ: اليَوْمَ أعْلَمُ السَّاحرُ أفْضَلُ أم الرَّاهبُ أفْضَلُ؟ فَأخَذَ حَجَراً، فَقَالَ: اللَّهُمَّ إنْ كَانَ أمْرُ الرَّاهِبِ أَحَبَّ إلَيْكَ مِنْ أمْرِ السَّاحِرِ فَاقْتُلْ هذِهِ الدّابَّةَ حَتَّى يَمضِي النَّاسُ، فَرَمَاهَا فَقَتَلَها ومَضَى النَّاسُ، فَأَتَى الرَّاهبَ فَأَخبَرَهُ. فَقَالَ لَهُ الرَّاهبُ: أَيْ بُنَيَّ أَنْتَ اليَومَ أفْضَل منِّي قَدْ بَلَغَ مِنْ أَمْرِكَ مَا أَرَى، وَإنَّكَ سَتُبْتَلَى، فَإنِ ابْتُلِيتَ فَلا تَدُلَّ عَلَيَّ؛ وَكانَ الغُلامُ يُبْرِىءُ الأكْمَهَ وَالأَبْرَصَ، ويداوي النَّاسَ مِنْ سَائِرِ الأَدْوَاء. فَسَمِعَ جَليسٌ لِلملِكِ كَانَ قَدْ عَمِيَ، فأتاه بَهَدَايا كَثيرَةٍ، فَقَالَ: مَا ها هُنَا لَكَ

أَجْمَعُ إنْ أنتَ شَفيتَني، فَقَالَ: إنِّي لا أَشْفِي أحَداً إنَّمَا يَشفِي اللهُ تَعَالَى، فَإنْ آمَنْتَ بالله تَعَالَى دَعَوتُ اللهَ فَشَفَاكَ، فَآمَنَ باللهِ تَعَالَى فَشفَاهُ اللهُ تَعَالَى، فَأَتَى المَلِكَ فَجَلَسَ إلَيْهِ كَما كَانَ يَجلِسُ، فَقَالَ لَهُ المَلِكُ: مَنْ رَدّ عَلَيْكَ بَصَرَكَ ؟ قَالَ: رَبِّي، قَالَ: وَلَكَ رَبٌّ غَيري ؟ قَالَ: رَبِّي وَرَبُّكَ اللهُ، فَأَخَذَهُ فَلَم يَزَلْ يُعَذِّبُهُ حَتَّى دَلَّ عَلَى الغُلامِ، فَجيء بالغُلَامِ، فَقَالَ لَهُ المَلِكُ: أيْ بُنَيَّ، قَدْ بَلَغَ مِنْ سِحْرِكَ مَا تُبْرِئ الأكْمَهَ وَالأبْرَصَ وتَفْعَلُ وتَفْعَلُ ! فَقَالَ: إنِّي لا أَشْفي أحَداً، إنَّمَا يَشفِي الله تَعَالَى. فَأَخَذَهُ فَلَمْ يَزَلْ يُعَذِّبُهُ حَتَّى دَلَّ عَلَى الرَّاهِبِ؛ فَجِيء بالرَّاهِبِ فَقيلَ لَهُ: ارجِعْ عَنْ دِينِكَ، فَأَبَى، فَدَعَا بالمِنْشَارِ فَوُضِعَ المِنْشَارُ في مَفرِقِ رَأسِهِ، فَشَقَّهُ حَتَّى وَقَعَ شِقَّاهُ، ثُمَّ جِيءَ بِجَليسِ المَلِكِ فقيل لَهُ: ارجِعْ عَنْ دِينِكَ، فَأَبَى، فَوضِعَ المِنْشَارُ في مَفْرِقِ رَأسِهِ، فَشَقَّهُ بِهِ حَتَّى وَقَعَ شِقَّاهُ، ثُمَّ جِيءَ بالغُلَامِ فقيلَ لَهُ: ارْجِعْ عَنْ دِينِكَ، فَأَبَى، فَدَفَعَهُ إِلَى نَفَرٍ مِنْ أَصْحَابِهِ، فَقَالَ: اذْهَبُوا بِهِ إِلَى جَبَلِ كَذَا وَكَذَا فَاصْعَدُوا بِهِ الجَبَلَ، فَإِذَا بَلَغْتُمْ ذِرْوَتَهُ فَإنْ رَجَعَ عَنْ دِينِهِ وَإلا فَاطْرَحُوهُ. فَذَهَبُوا بِهِ فَصَعِدُوا بِهِ الجَبَلَ، فَقَالَ: اللَّهُمَّ أكْفِنيهم بِمَا شِئْتَ، فَرَجَفَ بِهِمُ الجبلُ فَسَقَطُوا، وَجاءَ يَمْشي إِلَى المَلِكِ، فَقَالَ لَهُ المَلِكُ: مَا فَعَلَ أَصْحَابُكَ ؟ فَقَالَ: كَفَانِيهِمُ الله تَعَالَى، فَدَفَعَهُ إِلَى نَفَرٍ مِنْ أَصْحَابِهِ فَقَالَ: اذْهَبُوا بِهِ فاحْمِلُوهُ في قُرْقُورٍ وتَوَسَّطُوا بِهِ البَحْرَ، فَإنْ رَجعَ عَنْ دِينِهِ وَإلا فَاقْذِفُوهُ. فَذَهَبُوا بِهِ، فَقَالَ: اللَّهُمَّ أكْفِنيهِمْ بِمَا شِئْتَ، فانْكَفَأَتْ بِهِمُ السَّفينةُ فَغَرِقُوا، وَجَاء يَمْشي إِلَى المَلِكِ. فَقَالَ لَهُ المَلِكُ: مَا فعلَ أَصْحَابُكَ؟ فَقَالَ: كَفَانِيهمُ الله تَعَالَى. فَقَالَ لِلمَلِكِ: إنَّكَ لَسْتَ بِقَاتِلي حَتَّى تَفْعَلَ مَا آمُرُكَ بِهِ. قَالَ: مَا هُوَ؟ قَالَ: تَجْمَعُ النَّاسَ في صَعيدٍ وَاحدٍ وتَصْلُبُني عَلَى جِذْعٍ، ثُمَّ خُذْ سَهْماً مِنْ كِنَانَتي، ثُمَّ ضَعِ السَّهْمَ في كَبِدِ القَوْسِ ثُمَّ قُلْ: بِسْمِ الله ربِّ الغُلَامِ، ثُمَّ ارْمِني، فَإنَّكَ إذَا فَعَلْتَ ذلِكَ قَتَلْتَني، فَجَمَعَ النَّاسَ في صَعيدٍ واحِدٍ، وَصَلَبَهُ عَلَى جِذْعٍ، ثُمَّ أَخَذَ سَهْماً مِنْ كِنَانَتِهِ، ثُمَّ وَضَعَ السَّهْمَ في كَبِدِ القَوْسِ، ثُمَّ قَالَ: بِسمِ اللهِ ربِّ الغُلامِ، ثُمَّ رَمَاهُ فوقَعَ في صُدْغِهِ، فَوَضَعَ يَدَهُ في صُدْغِهِ فَمَاتَ، فَقَالَ النَّاسُ: آمَنَّا بِرَبِّ الغُلامِ، فَأُتِيَ المَلِكُ فقيلَ لَهُ: أَرَأَيْتَ مَا كُنْتَ تَحْذَرُ قَدْ والله نَزَلَ بِكَ حَذَرُكَ. قَدْ آمَنَ النَّاسُ. فَأَمَرَ بِالأُخْدُودِ بأفْواهِ السِّكَكِ فَخُدَّتْ وأُضرِمَ فيهَا النِّيرانُ وَقَالَ: مَنْ لَمْ يَرْجعْ عَنْ دِينهِ فَأقْحموهُ فيهَا، أَوْ قيلَ لَهُ: اقتَحِمْ فَفَعَلُوا حَتَّى جَاءت امْرَأَةٌ وَمَعَهَا صَبيٌّ لَهَا، فَتَقَاعَسَتْ أنْ تَقَعَ فيهَا، فَقَالَ لَهَا الغُلامُ: يَا أُمهْ اصْبِري فَإنَّكِ عَلَى الحَقِّ !». رواه مسلم. «ذِروَةُ الجَبَلِ»: أعْلاهُ، وَهيَ - بكَسْرِ الذَّال المُعْجَمَة وَضَمِّهَا - و«القُرْقُورُ»: بضَمِّ القَافَينِ نَوعٌ مِنَ السُّفُنِ وَ«الصَّعيدُ» هُنَا: الأَرضُ البَارِزَةُ وَ«الأُخْدُودُ» الشُّقُوقُ في الأَرضِ كَالنَّهْرِ الصَّغيرِ، وَ«أُضرِمَ»: أوْقدَ، وَ«انْكَفَأَتْ» أي: انْقَلَبَتْ، وَ«تَقَاعَسَتْ»: تَوقفت وجبنت. قال القُرطبي: اسم الغلام عبد الله بن ثامر. وذُكر عن ابن عباس أن الملك كان بنجران. وفي هذا الحديث: إثبات كرامة الأولياء. وفيه: نصرُ مَنْ توكل على الله سبحانه، وانتصر وخرج عن حَوْل نفسه وقواها. وفيه: أنَّ أعمى القلب لا يبصر الحق. وفيه: بيان شرف الصبر والثبات على الدِّين.

30. Suhaib ﵁ reported that the Messenger of Allah ﷺ said, "There lived a king before you and he had a court magician. As he (the

magician) grew old, he said to the king: 'I have grown old, so send me a young boy in order to teach him magic.' The king sent him a young boy to serve the purpose. And on his way (to the magician) the young boy met a monk to whom he listened to and liked it. It became his habit that on his way to the magician, he would meet the monk and sit there and would come to the magician (late). The magician used to beat him because of this delay. He complained about this to the monk who said to him: 'When you feel afraid of the magician, say: Members of my family detained me. And when you fear your family, say: The magician detained me.' It so happened that there came a huge beast and it blocked the way of the people, and the young boy said: 'I will know today whether the magician or the monk is better.' He picked up a stone and said: 'O Allah, if the way of the monk is dearer to You than the way of the magician, bring about death to the animal so that the people be able to move about freely.' He threw that stone at it and killed it and the people began to move about freely. He then came to the monk and told him the story. The monk said: 'Son, today you are superior to me. You have come to a stage where I feel that you would be soon put to a trial, and in case you are put to a trial, do not reveal me.' That young boy began to heal those born blind and the lepers and he, in fact, began to cure people from all kinds of illnesses. When a courtier of the king who had gone blind heard about him, he came to him with numerous gifts and said, 'If you cure me, all these things will be yours.' He said, 'I myself do not cure anyone. It is Allah, the Exalted, Alone Who cures; and if you affirm faith in Allah, I shall also supplicate to Allah to cure you.' This courtier affirmed his faith in Allah and Allah cured him. He came to the king and sat by his side as he used to sit before. The king said to him, 'Who restored your eyesight?' He said, 'My Rubb.' Thereupon he said, 'Do you have another lord besides me?' He said, 'My Rubb and your Rubb is Allah.' So the king kept torturing him untill he revealed the young boy. The young boy was thus summoned and the king said to him, 'O boy, it has been conveyed to me that you have become so much proficient in your magic that you cure the blind and the lepers and you do such and such.' Thereupon he said, 'I do not cure anyone; it is Allah Alone Who cures,' and the king took hold of him and began to torture him until he revealed of the monk. The monk was summoned and it was said to him: 'You should turn back from your religion.' But he refused. The king sent for a saw, placed it in the middle of his head and cut him into two parts that fell down. Then the courtier of the king was brought forward and it was said to him: 'Turn back from your religion.' He, too, refused, and the saw was placed in the midst of his head and he was torn into two parts. Then the boy was sent for and it was said to him: 'Turn back from your religion.' He refused. The king then handed him over to a group of his courtiers, and said to them: 'Take him to such and such mountain; make him climb up that mountain and when you reach its peak ask him to renounce his Faith. If he refuses to do so, push him to his death.' So they took him and made him climb up the mountain and he said: 'O Allah, save me from them in any way you like,' and the mountain began to shake and they all fell down (dead) and that young boy came walking to the king. The king said to him, 'What happened to your companions?' He said, 'Allah has saved me from them.' He again handed him to some of his courtiers and said: 'Take him and carry him in a boat and when you reach the middle of the sea, ask him to renounce his religion. If he does not renounce his religion throw him (into the water).' So they took him and he said: 'O Allah, save me from them.' The boat turned upside down and they all drowned except the young boy who came walking to the king. The king said to him, 'What happened to your companions?' He said, 'Allah has saved me from them,' and he said to the king: 'You cannot kill me until you do what I command you to do.' The king asked, 'What is that?' He said, 'Gather all people in one place and tie me up to the trunk of a tree, then take an arrow from my quiver and say: With the Name of Allah, the Rubb of the boy; then shoot me. If you do that you will be able to kill me.' The king called the people in an open field and tied the young boy to the trunk of a tree. He took out an arrow from his quiver, fixed in the bow and said, 'With the Name of Allah, the Rubb of the young boy,' he then shot the arrow and it hit the boy's temple. The young boy placed his hand upon the temple where the arrow had hit him and died. The people then said: 'We believe in the Rubb of this young boy.' The king was told: 'Do you see what you were afraid of, by Allah it has taken place; all people have believed.' The king then commanded that trenches be dug and fire lit in them, and said: 'He who would not turn back from his (the young boy's) religion, throw him in the fire' or 'he would be ordered to jump into it.' They did so till a woman came with her child. She felt hesitant in jumping into the fire. The child said to her: 'O mother! Endure (this ordeal) for you are on the Right Path". [Muslim].

[31] وعن أنس قَالَ: مَرَّ النَّبيُّ بامرأةٍ تَبكي عِنْدَ قَبْرٍ، فَقَالَ: «اتّقِي الله واصْبِرِي» فَقَالَتْ: إليْكَ عَنِّي؛ فإنَّكَ لم تُصَبْ بمُصِيبَتي وَلَمْ تَعرِفْهُ، فَقيلَ لَهَا: إنَّه النَّبيُّ فَأَتَتْ بَابَ النَّبيِّ، فَلَمْ تَجِدْ عِنْدَهُ بَوَّابينَ، فقالتْ: لَمْ أعْرِفكَ، فَقَالَ: «إنَّمَا الصَّبْرُ عِنْدَ الصَّدْمَةِ الأُولى». مُتَّفَقٌ عَلَيهِ. وفي رواية لمسلم: «تبكي عَلَى صَبيٍّ لَهَا». في هذا الحديث: أن ثواب الصبر إنَّما يحصل عند مفاجأة المصيبة، بخلاف ما بعدها، فإن صاحبها يسلو كما تسلو البهائم.

31. Anas ﷺ reported: The Prophet ﷺ passed by a woman who was crying over a grave and said, "Fear Allah and be patient." She said, "Away from me! My calamity has not befallen you and you are not aware of it." The woman was later told that it was the Prophet ﷺ (who had advised her). She came to his door where she found no doorkeeper. She said, "(I am sorry) I did not know you." Messenger of Allah ﷺ said, "Patience is (becoming) only at the first (stroke) of grief". [Al-Bukhari and Muslim].

Another narration in Muslim says: The woman was crying over her son.

[32] وعن أبي هريرة: أنَّ رسولَ الله قَالَ: «يَقُولُ اللهُ تَعَالَى: مَا لعَبدِي المُؤْمِنِ عِنْدِي جَزَاءٌ إذَا قَبَضْتُ صَفِيَّهُ مِنْ أهْلِ الدُّنْيَا ثُمَّ احْتَسَبَهُ إلا الجَنَّةَ». رواه البخاري. هذا من الأحاديث القدسية، وفيه: أَنَّ مَنْ صبر على المصيبة واحتسب ثوابها عند الله تعالى، فإنَّ جزاءه الجنَّة.

32. Abu Hurairah reported: The Messenger of Allah ﷺ said, "Allah, the Exalted, says: 'I have no reward other than Jannah for a believing slave of Mine who remains patient for My sake when I take away his beloved one from among the inhabitants of the world". [Al-Bukhari].

[33] وعـن عائشـةَ رضيَ اللـه عنهـا: أَنَّهَا سَـألَتْ رسـولَ الله عَـنِ الطّاعُـونِ، فَأَخْبَرَهَـا أنَّهُ كَانَ عَذَابـاً يَبْعَثُـهُ اللـهُ تَعَـالَى عَلَى مَنْ يشَـاءُ، فَجَعَلَـهُ اللهُ تعالى رَحْمَـةً للْمُؤْمِنينَ، فَلَيْـسَ مِنْ عَبْدٍ يَقَـعُ فِي الطَّاعُـونِ فيمكـثُ في بلـدِهِ صَابـراً مُحْتَسِـباً يَعْلَـمُ أنَّـهُ لا يصيبُـهُ إلا مَا كَتَـبَ اللهُ لَهُ إلا كَانَ لَـهُ مِثْـلُ أجْـرِ الشّـهيدِ. رواه البخـاري. في هـذا الحديـث: فَضْـلُ الصبر عـلى الأَقـدار والاحتسـاب لثوابهـا. قـال بعـض العلـماء: إنَّ الصابـر في الطاعـون يأمن مـن فَتّان القـبر؛ لأَنه نظـير المرابطـة في سـبيل اللـه. وقـد صحَّ ذلـك في المرابط كـما في (مسـلم) وغيره.

33. 'Aishah reported: I asked the Messenger of Allah ﷺ about pestilence and he said, "It is a punishment which Allah sends upon whomsoever He wills, but Allah has made it as a mercy to the believers. Anyone who remains in a town which is plagued with pestilence maintaining patience expecting the reward from Allah, and knowing that nothing will befall him other than what Allah has foreordained for him, he would receive a reward of Shaheed". [Al-Bukhari].

[34] وعـن أنـس قَالَ: سـمعتُ رسـولَ الله يقول: «إنَّ اللـه، قَالَ: إِذَا ابْتَلَيْـتُ عبدي بحَبيبتَيه فَصَـبرَ عَوَّضتُـهُ مِنْهُـمَا الجَنَّـةَ» يريـد عينيـه، رواه البخاري. في هـذا الحديث القـدسي: أَن من صبر عـلى فقـد بصره واحتسـب أجـره عند اللـه تعـالى: عَوَّضه عن ذلـك الجنة.

34. Anas said: I heard the Messenger of Allah ﷺ saying, "Allah, the Glorious and Exalted said: 'When I afflict my slave in his two dear things (i.e., his eyes), and he endures patiently, I shall compensate him for them with Jannah." [Al-Bukhari].

[35] وعـن عطَـاء بـن أبي رَبـاحٍ قَـالَ: قَـالَ لي ابـنُ عَبـاسٍ رضي اللـهُ عنهـما: ألا أُريـكَ امْـرَأَةً مِـنْ أَهْـلِ الجَنَّـة؟ فَقُلْـتُ: بَـلَى، قَـالَ: هـذِهِ المَـرْأةُ السَّـوداءُ أتـتِ النَّبـيَّ، فَقَالَـتْ: إنّي أُصْرَعُ، وإنِّي أتَكَشَّـفُ، فـادْعُ اللـه تَعَـالَى لي. قَـالَ: «إنْ شـئْتِ صَـبَرتِ وَلَـكِ الجَنَّـةُ، وَإنْ شـئْتِ دَعَـوتُ اللـه تَعَـالَى أنْ يُعَافِيـكِ» فَقَالَتْ: أَصْـبِرُ، فقَالَتْ: إنِّي أتكَشَّـفُ فَـادعُ الله أنْ

لا أتَكَشَّـف، فَدَعَـا لَهَـا. مُتَّفَـقٌ عَلَيـهِ. في هـذا الحديـث: فَضْـلُ الصبر عـلى البـلاء، وعظـم ثـواب مَـنْ فَـوَّض أمـره إلى اللـه تعالى.

35. 'Ata' bin Abu Rabah reported: Ibn 'Abbas (May Allah be pleased with them) asked him whether he would like that he should show him a woman who is from the people Jannah. When he replied that he certainly would, he said, "This black woman, who came to the Prophet ﷺ and said, 'I suffer from epilepsy and during fits my body is exposed, so make supplication to Allah for me.' He ﷺ replied: 'If you wish you endure it patiently and you be rewarded with Jannah, or if you wish, I shall make supplication to Allah to cure you?' She said, 'I shall endure it.' Then she added: 'But my body is exposed, so pray to Allah that it may not happen.' He (Prophet ﷺ) then supplicated for her". [Al-Bukhari and Muslim].

[36] وعـن أبي عبـد الرحمـنِ عبـدِ اللـه بـنِ مسـعودٍ قـالَ: كَأَنِّي أَنْظُـرُ إِلَى رسـولِ اللـه يَحْـكِي نَبِيّـاً مِـنَ الأَنْبِيـاءِ، صَلَـواتُ الله وَسَـلامُهُ عَلَيْهِـمْ، ضَرَبه قَوْمُـهُ فَأَدْمَوهُ، وَهُوَ يَمْسَـحُ الـدَّمَ عَنْ وَجْهِـهِ، يَقُـولُ: «اللَّهُـمَّ اغْفِرْ لِقَومـي، فَإِنَّهُمْ لا يَعْلَمونَ». مُتَّفَقٌ عليـهِ. في هذا الحديث: فضلُ الصبر عـلى الأذى، ومقابلة الإسـاءة والجهل بالإحسـان والحِلْـم ﴿وَمَا يُلَقَّاهَـا إلا الَّذِينَ صَبَرُوا وَمَـا يُلَقَّاهَـا إلا ذُو حَـظٍّ عَظِيـمٍ 35﴾ [فُصِّلت (35)].

36. 'Abdullah bin Mas'ud ﷺ reported: I can still recall as if I am seeing the Messenger of Allah ﷺ resembling one of the Prophets whose people scourged him and shed his blood, while he wiped blood from his face, he said: "O Allah! Forgive my people, because they certainly do not know". [Al-Bukhari and Muslim].

[37] وعـن أبي سـعيدٍ وأبي هريـرةَ رضيَ اللـه عنهـما، عن النَّبيِّ، قـالَ: «مَا يُصيبُ المُسْـلِمَ مِنْ نَصَـبٍ، وَلا وَصَـبٍ، وَلا هَـمٍّ، وَلا حَـزَنٍ، وَلا أَذَىً، وَلا غَـمٍّ، حَتَّـى الشَّـوكَةُ يُشَـاكُهَا إلا كَفَّـرَ اللهُ بِهَـا مِـنْ خَطَايـاهُ». مُتَّفَـقٌ عَلَيـهِ. و«الوَصَـبُ»: المرض. في هـذا الحديث: أَنَّ الأمـراض وغيرها مـن المؤذيـات مُطهـرةٌ للمؤمـن مـن الذنـوب، فَيَنْبَغِـي الصَّبرُ عـلى ذلـك ليحصل لـه الأجرُ، والمصـاب مَنْ حُـرِمِ الثواب.

37. Abu Sa'id and Abu Hurairah ﷺ reported that the Prophet ﷺ

said: "Never a believer is stricken with a discomfort, an illness, an anxiety, a grief or mental worry or even the pricking of a thorn but Allah will expiate his sins on account of his patience". [Al-Bukhari and Muslim].

[38] وعن ابنِ مسعودٍ قَالَ: دخلتُ عَلَى النَّبيِّ وهو يُوعَكُ، فقلت: يَا رسُولَ الله، إنَّكَ تُوْعَكُ وَعْكاً شَدِيداً، قَالَ: «أجَلْ، إنِّي أوعَكُ كمَا يُوعَكُ رَجُلانِ مِنكُمْ». قلْتُ: ذلِكَ أن لَكَ أجْرين؟ قَالَ: «أَجَلْ، ذلِكَ كَذلِكَ، مَا مِنْ مُسْلِمٍ يُصيبُهُ أذىً، شَوْكَةٌ فَمَا فوقَهَا إلا كَفَّرَ اللهُ بهَا سَيِّئَاتِهِ، وَحُطَّتْ عَنْهُ ذُنُوبُهُ كَمَا تَحُطُّ الشَّجَرَةُ وَرَقَهَا». مُتَّفَقٌ عَلَيهِ. وَ(الوَعْكُ): مَغْثُ الحُمَّى، وَقيلَ: الحُمَّى. أَجَلْ: جوابٌ مثل نعم، إلا أَنَّه أحسن من نعم في التصديق، ونعم، أَحسن في الاستفهام. وفي هذا الحديث: فضل الصبر على الأَمراض والأَعراض، وأَنها تُكَفِّر السيِّئات، وتحط الذنوب. وفي الحديث الآخر: «أَشدُّ الناس بلاءً الأَنبياء، ثم الأَمثل، فالأَمثل».

38. Ibn Mas'ud ﷺ reported: I visited the Prophet ﷺ when he was suffering fever. I said, "You seem to be suffering greatly, O Messenger of Allah." The Prophet ﷺ replied, "Yes, I suffer as much as two persons." I said, "Is that because you have a double reward?" He replied that that was so and then said, "No Muslim is afflicted by a harm, be it the pricking of a thorn or something more (painful than that), but Allah thereby causes his sins to fall away just as a tree sheds its leaves". [Al-Bukhari and Muslim].

[39] وعن أبي هريرة قَالَ: قَالَ رَسُولُ الله: «مَنْ يُرِدِ اللهُ بِهِ خَيْراً يُصِبْ مِنْهُ». رواه البخاري.وَضَبَطُوا «يُصِبْ» بفَتْح الصَّاد وكَسْرها. في هذا الحديث: أَنَّ المؤمن لا يخلو من عِلَّة أَو قلة، أَو ذلّة، وذلك خير له حالاً ومآلاً. قال الله تعالى: ﴿وَلَنَبْلُوَنَّكُمْ بِشَيْءٍ مِّنَ الْخَوفْ وَالْجُوعِ وَنَقْصٍ مِّنَ الأَمَوَالِ وَالأنفُسِ وَالثَّمَرَاتِ وَبَشِّرِ الصَّابِرِينَ﴾ [البقرة (155)].

39. Abu Hurairah ﷺ reported that: The Messenger of Allah ﷺ said: "He whom Allah intends good, He makes him to suffer from some affliction". [Al-Bukhari].

[40] وعن أنس قَالَ: قَالَ رسولُ الله: «لا يَتَمَنَّيَنَّ أَحَدُكُمُ المَوتَ لضُرٍّ أَصَابَهُ، فَإنْ كَانَ لا بُدَّ فاعلاً، فَليَقُلْ: اللَّهُمَّ أحْيني مَا كَانَتِ الحَيَاةُ خَيراً لِي، وَتَوفَّنِي إذَا كَانَتِ الوَفَاةُ خَيراً لي». مُتَّفَقٌ عَلَيهِ. في هذا الحديث: النهي عن تمنِّي الموت جزعًا من البلاء الدنيوي، بل يصبر

علـى قـدر الله ويسـأله العافيـة، ويفوِّض أمـره إلى الله.

40. Anas ﷺ reported that: The Messenger of Allah ﷺ said, "Let not one of you wish for death because of a misfortune which befalls him. If he cannot help doing so, he should say: 'O Allah, keep me alive as long as You know that life is better for me, and make me die when death is better for me". [Al-Bukhari and Muslim].

[41] وعـن أبي عبـد اللـه خَبَّاب بـنِ الأرتِّ قـالَ: شَـكَوْنَا إِلَى رسـولِ اللـه وَهُـوَ متوَسِّـدٌ بُـرْدَةً لَـهُ في ظـلِّ الكَعْبَـةِ، فقُلْنَـا: أَلا تَسْـتَنْصِرُ لَنَـا أَلا تَدْعُو لَنـا ؟ فَقَالَ: «قَـدْ كَانَ مَنْ قَبْلَكُـمْ يُؤْخَذُ الرَّجُـلُ فَيُحْفَـرُ لَـهُ في الأرضِ فَيُجْعَـلُ فِيهَـا، ثُـمَّ يُـؤْتَى بِالمِنْشَـارِ فَيُوضَـعُ عَـلَى رَأسِـهِ فَيُجْعَـلُ نصفَـينِ، وَيُمْشَـطُ بأمْشَـاطِ الحَديـدِ مَـا دُونَ لَحْمِـه وَعَظْمِـهِ، مَا يَصُدُّهُ ذلِـكَ عَنْ دِينِـهِ، وَاللهِ لَيُتِمَّـنَّ الله هَـذَا الأَمْـر حَتَّـى يَسيرَ الرَّاكِـبُ مِـنْ صَنْعَـاءَ إِلَى حَضْرَمـوتَ لا يَخَـافُ إلا اللـهَ والذِّئْـب عَـلَى غنَمِـهِ، ولكنكـم تَسْـتَعجِلُونَ». رواه البخـاري. وفي روايـة: «وَهُوَ مُتَوَسِّـدٌ بُرْدَةً وَقَـدْ لَقِينـا مِـنَ المُشْرِكِـينَ شـدَّةً». في هـذا الحديـث: مَـدْحُ الصبر عـلى العـذاب في الديـن، وكراهـة الاسـتعجال. قـال الله تعـالى: ﴿أَمْ حَسِـبْتُمْ أَن تَدْخُلُواْ الْجَنَّـةَ وَلَمَّا يَأْتِكُم مَّثَلُ الَّذِينَ خَلَـوْاْ مِـن قَبْلِكُـم مَّسَّـتْهُمُ الْبَأْسَـاء وَالـضَّرَّاء وَزُلْزِلُـواْ حَتَّى يَقُـولَ الرَّسُـولُ وَالَّذِينَ آمَنُـواْ مَعَهُ مَتَـى نَـصْرُ اللّـهِ أَلا إِنَّ نَـصْرَ اللّـهِ قَرِيـبٌ﴾ [البقـرة (214)].

41. Khabbab bin Al-Aratt ﷺ reported: We complained to the Messenger of Allah ﷺ regarding the persecution inflicted upon us by the disbelievers while he was lying in the shade of the Ka'bah, having made a pillow of his cloak. We submitted: "Why do you not supplicate for our prevalence (over the opponents)?". He ﷺ replied, "Among those people before you, a man would be seized and held in a pit dug for him in the ground and he would be sawed into two halves from his head, and his flesh torn away from his bones with an iron comb; but, in spite of this, he would not wean away from his Faith. By Allah, Allah will bring this matter to its consummation until a rider will travel from San'a' to Hadramout fearing none except Allah, and except the wolf for his sheep, but you are in too much of a hurry". [Al-Bukhari].

Another narration is: He ﷺ had placed his cloak under his head and we had been tortured by the polytheists.

[42] وعـن ابـن مسـعودٍ قـالَ: لَـمَّا كَانَ يَـومُ حُنَينٍ آثَرَ رسـولُ الله نَاسـاً في القِسْـمَةِ، فَأعْطَى الأقْـرَعَ بْـنَ حَابـسٍ مئَـةً مِـنَ الإِبـلِ، وَأَعْطَـى عُيَيْنَـةَ بْـنَ حصن مِثْـلَ ذلِـكَ، وَأعطَى نَاسـاً مِنْ أشْرافِ العَـرَبِ وآثَرَهُـمْ يَوْمَئِـذٍ في القِسْمَةِ. فَقَـالَ رَجُلٌ: واللهِ إنَّ هذِهِ قِسْـمَةٌ مَا عُـدِلَ فِيهَا، وَمَـا أُريـدَ فيهَـا وَجْـهُ اللـهِ، فَقُلْتُ: وَاللـهِ لأُخْبِرَنَّ رسـولَ اللـه، فَأَتَيْتُـهُ فَأخْبَرْتُهُ بِمَا قَـالَ، فَتَغَيَّرَ وَجْهُـهُ حَتَّـى كَانَ كالـصِّرْفِ. ثُـمَّ قَـالَ: «فَمَـنْ يَعْـدِلُ إذَا لم يَعْـدِلِ اللـهُ وَرسـولُهُ ؟» ثُـمَّ قَـالَ: «يَرْحَـمُ اللـهُ مُـوسَى قَـدْ أُوذِيَ بأكْـثَرَ مِـنْ هَـذَا فَصَـبر». فَقُلْـتُ: لا جَـرَمَ لا أرْفَـعُ إلَيْـه بَعدَهَا حَدِيثـاً. مُتَّفَـقٌ عَلَيهِ.وَقَوْلُـهُ: «كالـصِّرْفِ» هُـوَ بِكَسْرِ الصَّـادِ المُهْمَلَـةِ: وَهُـوَ صِبْـغٌ أحْمَـر. في هـذا الحديـث: اسـتحبابُ الإعـراض عـن الجاهـل والصفح عـن الأذى والتأسّي بمـن مضى من الصالحـين، قـال اللـه تعالى: ﴿وَعِبَـادُ الرَّحْمَنِ الَّذِينَ يَمْشُـونَ عَـلَى الأَرْضِ هَوْنـاً وَإذَا خَاطَبَهُمُ الْجَاهِلُـونَ قَالُوا سَـلاماً﴾ [الفرقـان (63)].

42. Ibn Mas'ud ؓ reported: After the battle of Hunain, Messenger of Allah ﷺ favoured some people in the distribution of spoils (for consolation). He gave Al-Aqra' bin Habis and 'Uyainah bin Hisn a hundred camels each and showed favour also to some more honourable persons among the Arabs. Someone said: "This division is not based on justice and it was not intended to win the Pleasure of Allah." I said to myself: "By Allah! I will inform Messenger of Allah ﷺ of this." I went to him and informed him. His face became red and he said, "Who will do justice if Allah and His Messenger do not?" Then he said, "May Allah have mercy on (Prophet) Musa (Moses); he was caused more distress than this but he remained patient." Having heard this I said to myself: "I shall never convey anything of this kind to him in future". [Al-Bukhari and Muslim].

[43] وعـن أنـسٍ قَـالَ: قَـالَ رَسُـول اللـه: «إذَا أَرَادَ اللـه بعبـدِهِ الخَـيرَ عَجَّـلَ لَـهُ العُقُوبَـةَ في الدُّنْيـا، وَإِذَا أَرَادَ اللـهُ بِعَبـدِهِ الـشَّرَّ أمْسَـكَ عَنْـهُ بذَنْبِـهِ حَتَّـى يُـوَافِيَ بِـهِ يـومَ القِيَامَـةِ». وَقالَ النَّبـيُّ: «إنَّ عِظَـمَ الجَـزَاءِ مَـعَ عِظَـمِ البَـلاَءِ، وَإنَّ اللـهَ تَعَـالَى إذَا أَحَـبَّ قَوْمـاً ابْتَلاَهُـمْ، فَمَـنْ رَضِيَ فَلَـهُ الرِّضَـا، وَمَـنْ سَـخِطَ فَلَـهُ السُّـخْطُ». رواه الترمذي، وَقالَ: «حديث حسـن». في هذا الحديـث: الحـثُّ عـلى الصبر عـلى مـا تجري بـه الأَقـدار، وأنه خـيرٌ للنـاس في الحـال والمآل، فمـن صبر فـاز، ومـن سـخط فاتـه الأَجـر وثبـت عليه الـوِزْر، ومـضى فيـه القدر.

43. Anas ؓ reported that: The Messenger of Allah ﷺ said, "When Allah intends good for His slave, He punishes him in this world, but when He intends an evil for His slave, He does not hasten to

take him to task but calls him to account on the Day of Resurrection." [At-Tirmidhi].

[44] وعـن أنـسٍ قـالَ: كَانَ ابـنٌ لأبي طَلْحَـةَ يَشـتَكِي، فَخـرَجَ أبُو طَلْحَـةَ، فَقُبِضَ الصَّبـيُّ، فَلَمَّا رَجَـعَ أَبُـو طَلْحَـةَ، قَـالَ: مَـا فَعَلَ ابْنِـي ؟ قَالَتْ أُمُّ سُـلَيم وَهِيَ أُمُّ الصَّبـيِّ: هُوَ أَسْـكَنُ مَا كَانَ، فَقَرَّبَـتْ إليـه العَشَـاءَ فَتَعَـشَّى، ثُـمَّ أَصَـابَ مِنْهَا، فَلَـمَّا فَـرَغَ، قَالَـتْ: وَارُوا الصَّبيَّ فَلَـمَّا أَصْبحَ أَبُـو طَلْحَـةَ أَتَى رسـولَ اللـه فَأَخْـبَرَهُ، فقَـالَ: «أَعْرَسْـتُمُ اللَّيلَـةَ ؟» قَالَ: نَعَـمْ، قَالَ: «اللَّهُـمَّ بَارِكْ لَهُـمَا»، فَوَلَـدَتْ غُلاماً، فَقَـالَ لي أَبُـو طَلْحَةَ: احْمِلْهُ حَتَّى تَـأْتِيَ بِهِ النَّبيَّ، وَبَعَـثَ مَعَهُ بِتَمَراتٍ، فَقَـالَ: «أَمَعَـهُ شَيءٌ ؟» قَـالَ: نَعَـمْ، تَمَـراتٌ، فَأَخَذَهَـا النَّبـيُّ فَمَضَغَهَـا، ثُـمَّ أَخَذَهَـا مِـنْ فِيـهِ فَجَعَلَهَـا في فِيِّ الصَّبـيِّ، ثُـمَّ حَنَّكَهُ وَسَـمَّاهُ عَبدَ اللـه. مُتَّفَقٌ عَلَيهِ. وفي رواية للبُخَـارِيِّ: قَالَ ابنُ عُيَيْنَـةَ: فَقَـالَ رَجُـلٌ مِـنَ الأَنْصارِ: فَرَأَيْتُ تِسـعَةَ أَوْلادٍ كُلُّهُمْ قَدْ قَرَؤُوا القُـرْآنَ، يَعْنِي: مِنْ أَوْلادِ عَبـدِ اللـه المَولُـودِ. وَفي روايـة لمسـلم: مَـاتَ ابـنٌ لأبي طَلْحَةَ مِـنْ أُمِّ سُـلَيمٍ، فَقَالَـتْ لأَهْلِهَا: لا تُحَدِّثُـوا أَبَـا طَلْحَـةَ بابْنِـهِ حَتَّـى أَكُونَ أَنَـا أُحَدِّثُهُ، فَجَـاءَ فَقَرَّبَتْ إِلَيْه عَشَـاءً فَـأَكَلَ وَشَرِبَ، ثُمَّ تَصَنَّعَـتْ لَـهُ أَحْسَـنَ مَـا كَانَتْ تَصنَّعُ قَبْـلَ ذلِك، فَوَقَعَ بِهَا. فَلَـمَّا أَنْ رَأَتْ أَنَّهُ قَدْ شَـبِعَ وأَصَابَ مِنْهَـا، قَالَـتْ: يَـا أَبَـا طَلْحَـةَ، أَرَأَيـتَ لو أنَّ قَومـاً أَعـارُوا عَارِيَتَهُمْ أَهْلَ بَيـتٍ فَطَلَبُـوا عَارِيَتَهُمْ، أَلَهُـمْ أن يَمْنَعُوهُـمْ ؟ قَـالَ: لا، فَقَالَـتْ: فَاحْتَسِـبْ ابْنَكَ، قَـالَ: فَغَضِبَ، ثُمَّ قَـالَ: تَرَكْتِني حَتَّى إِذَا تَلطَّخْـتُ، ثُـمَّ أَخْبَرتنـي بِابْنِـي ؟! فانطَلَقَ حَتَّى أَتَى رسـولَ الله فَأَخْبَرَهُ بِمَا كَانَ فَقَالَ رسـولُ اللـه: «بَـارَكَ اللـهُ في لَيْلَتِكُمَا»، قَالَ: فَحَمَلَتْ. قَالَ: وَكَانَ رسـولُ الله في سَـفَرٍ وَهيَ مَعَهُ، وَكَانَ رسـولُ اللـه إِذَا أَتَى المَدِينَـةَ مِـنْ سَـفَرٍ لا يَطْرُقُهَا طُرُوقـاً فَدَنَوا مِـنَ المَدِينَة، فَضَرَبَهَـا المَخَاضُ، فَاحْتَبَـسَ عَلَيْهَا أَبُـو طَلْحَـةَ، وانْطَلَـقَ رسـولُ الله. قَـالَ: يَقُـولَ أَبُو طَلْحَـةَ: إِنَّكَ لَتَعْلَـمُ يَا رَبِّ أَنَّـهُ يُعْجِبُنِـي أَنْ أَخْـرُجَ مَـعَ رسـولِ اللـه إِذَا خَـرَجَ وَأَدْخُـلَ مَعَـهُ إِذَا دَخَـلَ وَقَدِ احْتَبَسْـتُ بِمَا تَـرَى، تَقُـولُ أُمُّ سُـلَيْمٍ: يَـا أَبَـا طَلْحَـةَ، مَـا أَجِـدُ الَّـذِي كُنْـتُ أجِـدُ انْطَلِـقْ، فَانْطَلَقْنَـا وَضَرَبَهَـا المَخَـاضُ حِـينَ قَدِمَـا فَوَلَـدَتْ غُلامَـاً. فَقَالَـتْ لِي أُمِّي: يَا أَنَـسُ، لا يُرْضِعْـهُ أَحَدٌ حَتَّـى تَغْدُو بِهِ عَـلَى رسـولِ اللـه، فَلَـمَّا أَصْبَـحَ احْتَمَلْتُهُ فَانطَلَقْتُ بِهِ إِلَى رسـولِ اللـه. وَذَكَرَ تَمَامَ الحَدِيثِ. في هـذا الحديـث: فَضْـلُ الصبر والتسـليم لأمـر الله تعـالى، وأَنَّ مَنْ فعل ذلك رجـي له الإخلاف في الدنيـا، والأجـر في الآخـرة كـما في الدُّعـاء المأثـور: «اللهـم أجـرني في مصيبتـي، واخلـف لِي خـيراً منهـا». وفيـه: التسـلية عـن المصائـب، وتزيـن المـرأة لزوجهـا، واجتهادهـا في عمـل مصالحـه، ومشروعيـة المعاريـض الموهمـة إذا دعـت الـضرورةُ إليهـا، ولم يترتب عليهـا إبطالُ حـق. وفيـه: أنَّ مَـنْ تـرك شيئًا لله عوضـه اللهُ خـيراً منه.

44. Anas ﷺ reported: One of the sons of Abu Talhah ﷺ was ailing. Abu Talhah went out and the boy died in his absence. When he came back, he inquired, "How is the boy?". Umm Sulaim, the mother of the boy, replied, "Better than before". Then she placed his evening meal before him and he ate it; and thereafter slept with

her. At last, she said to him: "Arrange for the burial of the boy". In the morning, Abu Talhah went to Messenger of Allah ﷺ and informed him of the event. He enquired, "Did you sleep together last night?" Abu Talhah replied in the affirmative, on which the Prophet ﷺ supplicated, "O Allah bless them." Thereafter, she gave birth to a boy. Abu Talhah said to me: "Take up the boy and carry him to the Prophet ﷺ"; and he sent some dates with him. The Prophet ﷺ enquired, "Is there anything with him?" He said; "Yes, some dates". The Prophet ﷺ took a date, chewed it and put it in the mouth of the baby and rubbed the chewed date around the baby's gum and named him 'Abdullah. [Al-Bukhari and Muslim].

The narration in Bukhari adds: Ibn 'Uyainah relates that a man from the Ansar told him that he had seen nine sons of this 'Abdullah, every one of whom had committed the Noble Qur'an to memory.

The narration of Muslim says: The son of Abu Talhah ﷺ who was born of Umm Sulaim died. She (Umm Sulaim) said to the members of the family: "Do not tell Abu Talhah about his son until I mention it to him myself." Abu Talhah came (home) and she gave him supper. He ate and drank. She then beautified herself the best way she ever did and he slept with her. When she saw that he was satisfied after sexual intercourse with her, she said, "O Abu Talhah! If some people borrow something from another family and then (the members of the family) ask for its return, would they refuse to give it back to them." He said, "No". She said, "Then hope reward for your son". Abu Talhah got angry, and said; "You left me uninformed until I stained myself (with sexual intercourse) and then you told me about my son. "He went to Messenger of Allah ﷺ and informed him about the matter. Thereupon Messenger of Allah ﷺ said, "May Allah bless the night you spent together!" He (the narrator) said: She conceived. (One day) Messenger of Allah ﷺ was in the course of a journey and she was along with him. When Messenger of Allah ﷺ used to come back to Al-Madinah from a journey, he would not enter it (during the night). When the people came near Al-Madinah, she felt labour pains. He (Abu Talhah) remained with her and Messenger of Allah

ﷺ proceeded on. Abu Talhah said: "O Rubb, You know that I love to go along with Messenger of Allah ﷺ when he goes out and enter along with him when he enters, and I have been detained as You see." Umm Sulaim then said: "O Abu Talhah, I do not feel (so much pain) as I was feeling earlier, so we better proceed on. So we proceeded on and she felt the labour of delivery as they reached (Al-Madinah). She gave birth to a male child. My mother said to me: "O Anas, none should suckle him until you go to Messenger of Allah ﷺ tomorrow morning." The next morning I carried the baby with me to Messenger of Allah ﷺ, and narrated the rest of the story. [Al-Bukhari and Muslim].

[45] وعن أبي هريرةَ أنّ رسولَ الله قَالَ: «لَيْسَ الشَّدِيدُ بالصُّرَعَةِ، إنَّمَا الشَّدِيدُ الَّذِي يَملكُ نَفْسَهُ عِنْدَ الغَضَبِ». مُتَّفَقٌ عَلَيهِ.«وَالصُّرَعَةُ»: بضَمِّ الصَّادِ وَفَتْحِ الرَّاءِ وأَصْلُهُ عِنْدَ العَرَبِ مَنْ يَصْرَعُ النَّاسَ كَثيراً. في هذا الحديث: مَدْح من يملك نفسه عند الغضب. قال الله تعالى: ﴿وَالْكَاظِمِينَ الْغَيْظَ وَالْعَافِينَ عَنِ النَّاسِ وَاللّهُ يُحِبُّ الْمُحْسِنِينَ﴾ [آل عمران (134)]. والغضب: جماع الشر، والتحرز منه جماع الخير، وقال رجل للنبي: أوصني. قال: «لا تغضب»، فردَّد مرارًا. قال: «لا تغضب». وقال عمر بن عبد العزيز: قد أَفْلح مَنْ عُصِم من الهوى، والغضب، والطمع.

45. Abu Hurairah ﷺ reported: Messenger of Allah ﷺ said, "The strong man is not one who is good at wrestling, but the strong man is one who controls himself in a fit of rage." [Al-Bukhari and Muslim].

[46] وعن سُلَيْمَانَ بن صُرَدٍ قَالَ: كُنْتُ جالِساً مَعَ النَّبيّ، وَرَجُلانِ يَسْتَبَّانِ، وَأَحَدُهُمَا قدِ احْمَرَّ وَجْهُهُ، وانْتَفَخَتْ أوْدَاجُهُ، فَقَالَ رَسُول اللهِ: «إنِّي لأَعْلَمُ كَلِمَةً لَوْ قَالَهَا لَذَهَبَ عَنْهُ مَا يَجِدُ، لَوْ قَالَ: أعُوذ باللهِ مِنَ الشَّيطَانِ الرَّجِيمِ، ذَهَبَ عنْهُ مَا يَجِدُ». فَقَالُوا لَهُ: إنَّ النَّبيَّ قَالَ: «تَعَوَّذْ باللهِ مِنَ الشَّيطَانِ الرَّجِيمِ». مُتَّفَقٌ عَلَيهِ. في هذا الحديث: أن الشيطان هو الذي يثير الغضب ويشعل النار، وأن دواءه الاستعاذة. قال الله تعالى: ﴿وَإِمَّا يَنزَغَنَّكَ مِنَ الشَّيْطَانِ نَزْغٌ فَاسْتَعِذْ بِاللّهِ إِنَّهُ سَمِيعٌ عَلِيمٌ﴾ [الاعراف (200)].

46. Sulaiman bin Surad ﷺ reported: I was sitting with the Prophet ﷺ when two men began to quarrel and curse each other and the face of one of them turned red and the veins of his neck were

swollen (from rage). Messenger of Allah ﷺ said, "I know of a word, if he were to utter that, his rage would vanish and that is: A'udhu billahi minash-Shaitan nir-rajim (I seek refuge with Allah from Satan, the accursed)." So they (Companions) said to him: "The Prophet ﷺ tells you to utter: 'I seek refuge with Allah from Satan, the accursed". [Al-Bukhari and Muslim].

[47] وعن معاذِ بنِ أنسٍ أنَّ النَّبيَّ، قَالَ: «مَنْ كَظَمَ غيظاً، وَهُوَ قَادِرٌ عَلَى أنْ يُنْفِذَهُ، دَعَاهُ اللهُ سُبحَانَهُ وَتَعَالى عَلَى رُؤُوسِ الخَلائِقِ يَومَ القِيامَةِ حَتَّى يُخَيِّرَهُ مِنَ الحُورِ العِينِ مَا شَاءَ». رواه أَبو داود والترمذي، وَقالَ: (حديث حسن). رُوى أنَّ الحسين بن علي رضي الله عنهما كان له عبدٌ يقوم بخدمته ويقرب إليه طهره، فقرب إليه طهره ذات يوم في كُوز، فلما فَرَغ الحسين من طهوره رفع العبدُ الكوز من بين يديه، فأصاب فم الكوز رباعية الحسين فكسرها، فنظر إليه الحسين، فقال العبد: ﴿وَالْكَاظِمِينَ الْغَيْظَ﴾ قال: قد كظمتُ غيظي. فقال: ﴿وَالْعَافِينَ عَنِ النَّاسِ﴾. قال: قد عفوت عنك. قال: ﴿وَاللّهُ يُحِبُّ الْمُحْسِنِينَ﴾ قال: اذهب فأنت حر لوجه الله تعالى.

47. Mu'adh bin Anas ؓ reported: The Prophet ﷺ said, "The one who suppresses anger and has the power to give effect to it, will be called out by Allah, the Exalted, to the forefront of the creatures on the Day of Resurrection and he will be asked to choose any of the virgins (Hur) of his liking". [Abu Dawud and At-Tirmidhi].

[48] وعن أبي هريرةَ: أنَّ رَجُلاً قَالَ للنبي: أوصِني. قَالَ: «لا تَغْضَبْ» فَرَدَّدَ مِراراً، قَالَ: «لا تَغْضَبْ». رواه البخاري. هذه وصيةٌ وجيزة نافعة؛ لأَنَّ الغضب يجمع الشرَّ كله، وهو باب من من مداخل الشيطان. وفي الحديث دليلٌ على عظم مفسدة الغضب، وما ينشأ منه؛ لأنه يُخرج الإنسان عن اعتداله فيتكلم بالباطل، ويفعل المذموم والقبيح.

48. Abu Hurairah ؓ reported: A man asked the Prophet ﷺ for an advice and he ﷺ said, "Do not get angry". The man repeated that several times and he replied, "Do not get angry". [Al-Bukhari].

[49] وعن أبي هريرة قَالَ: قَالَ رَسُول الله: «مَا يَزَالُ البَلاَءُ بالمُؤمِنِ وَالمُؤْمِنَةِ في نفسِهِ وولَدِهِ وَمَالِهِ حَتَّى يَلْقَى الله تَعَالَى وَمَا عَلَيهِ خَطِيئَةٌ». رواه الترمذي، وَقالَ: (حديث حسن صحيح). في هذا الحديث: أنَّ المصائبَ والمتاعب النازلة بالمؤمن الصابر من المرض، والفقر، وموت الحبيب، وتلف المال، ونقصه: مكفِّرات لخطاياه كلها.

49. Abu Hurairah ؓ reported: Messenger of Allah ﷺ said, "A Muslim, male or female, continues to remain under trial in respect of his life, property and offspring until he faces Allah, the Exalted, with no sin record". [At-Tirmidhi].

[50] وعن ابْنِ عبَّاسٍ رضي الله عنهما قَالَ: قَدِمَ عُيَيْنَةُ بْنُ حِصْنٍ فَنَزَلَ عَلَى ابْنِ أَخِيهِ الْحُرِّ بْنِ قَيْسٍ، وَكَانَ مِنَ النَّفَرِ الَّذِينَ يُدْنِيهِمْ عُمَرُ، وَكَانَ الْقُرَّاءُ أَصْحَابَ مَجْلِسِ عُمَرَ وَمُشَاوَرَتِهِ كُهُولاً كَانُوا أَوْ شُبَّاناً، فَقَالَ عُيَيْنَةُ لِابْنِ أَخِيهِ: يَا ابْنَ أَخِي، لَكَ وَجْهٌ عِنْدَ هَذَا الأَمِيرِ فَاسْتَأْذِنْ لِي عَلَيهِ، فَاسْتَأْذَنَ فَأَذِنَ لَهُ عُمَرُ. فَلَمَّا دَخَلَ قَالَ: هِيَ يَا ابْنَ الخَطَّابِ، فَوَاللهِ مَا تُعْطِينَا الْجَزْلَ وَلَا تَحْكُمُ فِينَا بِالعَدْلِ. فَغَضِبَ عُمَرُ حَتَّى هَمَّ أَنْ يُوقِعَ بِهِ. فَقَالَ لَهُ الحُرُّ: يَا أَمِيرَ المُؤْمِنِينَ، إِنَّ اللهَ تَعَالَى قَالَ لِنَبِيِّهِ: ﴿خُذِ الْعَفْوَ وَأْمُرْ بِالْعُرْفِ وَأَعْرِضْ عَنِ الْجَاهِلِينَ﴾ [الأعراف (199)] وَإِنَّ هَذَا مِنَ الجَاهِلِينَ، وَاللهِ مَا جَاوَزَهَا عُمَرُ حِينَ تَلَاهَا، وَكَانَ وَقَّافاً عِنْدَ كِتَابِ اللهِ تَعَالَى. رواه البخاري. في هذا الحديث: أنَّه ينبغي لولي الأَمر مجالسة القراء والفقهاء ليذكروه إذا نسي، ويعينوه إذا ذكر. وفيه: الحلم والصفح عن الجهال. قال جعفر الصادق: ليس في القرآن آيةٌ أَجمع لمكارم الأَخلاق من هذه. ورُوي أَنَّ جبريل قال للنبي: «إِنَّ ربَّك يأمرك أَن تصل مَنْ قطعك، وتُعطي مَنْ حرمك، وتعفو عَمَّن ظلمك». والخطاب له يدخل في حكمه أُمَّته.

50. Ibn 'Abbas (May Allah be pleased with them) reported: 'Uyainah bin Hisn came to Al-Madinah and stayed with his nephew Hurr bin Qais who was among those whom Umar ؓ showed favour to. The knowledgeable people (Qurra'), whether they were old or young, had the privilege of joining Umar's council and he used to consult them. 'Uyainah said to Hurr: "My nephew, the Leader of the Believers shows favour to you. Will you obtain permission for me to sit with him?" Hurr asked 'Umar and he accorded permission. When 'Uyainah came into the presence of 'Umar, he addressed him thus: "O son of Khattab, you neither bestow much on us nor deal with us justly." 'Umar ؓ got angry and was about to beat him up when Hurr said: "O Leader of the Believers, Allah said to His Prophet ﷺ: ' Show forgiveness, enjoin what is good, and turn away from the foolish (i.e., don't punish them).' (7:199) This one is from the ignorants. When Hurr recited this, 'Umar became quite motionless in his seat. He always adhered strictly to the Book of Allah. [Al-Bukhari].

[51] وعـن ابـن مسـعود: أن رَسُـول اللـه قَـالَ: «إنَّهَا سَـتَكونُ بَعْدِي أثَـرَةٌ وأُمُـورٌ تُنْكِرُونَهَا !» قَالُـوا: يَـا رَسُـول اللـه، فَـمَّا تَأْمُرُنـا ؟ قَالَ: «تُـؤَدُّونَ الْحَـقَّ الَّـذِي عَلَيْكُمْ، وَتَسـأَلُونَ اللـه الَّذِي لَكُـمْ». مُتَّفَـقٌ عَلَيهِ.«وَالأَثَـرَةُ»: الانْفِـرادُ بالـشَّيءِ عَمـنَ لَـهُ فِيهِ حَـقٌّ. في هذا الحديـث: الصَّبْر عـلى جَـور الـولاة، وإن اسـتأثروا بالأمـوال، فإن الله سـائلهم عما اسـترعاهم.

51. Ibn Mas'ud ﷺ reported: Messenger of Allah ﷺ said, "You will see after me favouritism and things which you will disapprove of." They submitted: "What do you order us to do (under such circumstances)?" He replied, "Discharge your obligations and ask your rights from Allah". [Al-Bukhari and Muslim].

[52] وعـن أبي يحيـى أُسَـيْد بـن حُضَـير: أنَّ رَجُلاً مِـنَ الأنْصـارِ قَـالَ: يَـا رسـولَ اللـه، ألا تَسْـتَعْمِلُني كَـمَا اسْـتَعْمَلْتَ فُلانـاً، فَقَـالَ: «إنكُـمْ سَـتَلْقَونَ بَعْـدِي أثَـرَةً فَاصْـبِرُوا حَتَّـى تَلْقَـونِي عَـلَى الحَـوْضِ». مُتَّفَـقٌ عَلَيهِ.«وَأُسَـيْدٌ»: بضـم الهمـزة. «وحُضَـيْرٌ»: بحـاءٍ مهملـة مضمومـة وضـاد معجمـة مفتوحـة، واللـه أعلـم. قيـل: إنَّ وجـه المناسـبة بـين الجـواب والسـؤال أنَّ مـن شـأن العامـل الاسـتئثار إلا مَـنْ عصـم اللـه، فَأشـفق عليـه مِـن أن يقـع فيـما يقـع فيـه بعـضُ من يـأتي بعده مـن الملوك، فَيَسْـتأثر عـلى ذوي الحقـوق، وهذا من جملـة معجزاتـه فقـد وقـع كـما أخـبر.

52. Usaid bin Hudhair ﷺ reported that: A person from among the Ansar said, "O Messenger of Allah! You appointed such and such person and why do you not appoint me?" Messenger of Allah ﷺ said, "After me you will see others given preference to you, but you should remain patient till you meet me at the Haud (Al-Kauthar in Jannah)". [Al-Bukhari and Muslim].

[53] وعـن أبي إبراهيـم عبدِ اللـه بـن أبي أوفى رضي اللـه عنهـما: أنَّ رَسُـول اللـه في بعْـضِ أيامِـهِ التـي لَقِـيَ فِيهَـا العَـدُوَّ، انْتَظَـرَ حَتَّـى إذَا مالَـتِ الشَّـمْسُ قَـامَ فيهِـمْ، فَقَـالَ: «يَـا أيُّهَـا النَّـاسُ، لا تَتَمَنَّـوا لِقَـاءَ العَـدُوِّ، وَاسْـأَلُوا اللـه العَافِيَـةَ، فَـإذَا لقيتُمُوهُـمْ فَاصْبِرُوا، وَاعْلَمُـوا أنَّ الجَنَّـةَ تَحْـتَ ظِـلالِ السُّـيوفِ».ثُمَّ قَـالَ النَّبيُّ: «اللَّهُـمَّ مُنْزِلَ الكِتَـابِ، وَمُجْرِيَ السَّـحَابِ، وَهَـازِمَ الأحْـزَابِ، اهْزِمْهُـمْ وَانصُرْنَـا عَلَيْهِـمْ». مُتَّفَـقٌ عَلَيـهِ، وباللـه التوفيـق. في هـذا الحديـث: الدعـاء حـال الشـدائد، والخـروج مـن الحـول والقـوة، والنهـي عـن تَمنِّـي لقـاء العـدو، والأمـر بالصـبر والثبـات عنـد اللقـاء. وفيه: الحـضُّ على الجهـاد. وفيه: الجمـع بـين الأخـذ بالأسـباب، والتـوكُّل عـلى اللـه تعـالى.

53. 'Abdullah bin Abu Aufa   reported: The Messenger of Allah   at one time when he confronted the enemy, and was waiting for the sun to set, stood up and said, "O people! Do not long for encountering the enemy and supplicate to Allah to grant you security. But when you face the enemy, show patience and steadfastness; and keep it in mind that Jannah lies under the shade of the swords." Then he invoked Allah, saying, "O Allah, Revealer of the Book, Disperser of the clouds, Defeater of the Confederates, put our enemy to rout and help us in over-powering them". [Al-Bukhari and Muslim].

CHAPTER 4
Truthfulness [54-59 of 1896]

قَالَ اللهُ تَعَالَى: ﴿يَا أَيُّهَا الَّذِينَ آمَنُوا اتَّقُوا اللهَ وَكُونُوا مَعَ الصَّادِقِينَ﴾ [التوبة (119)]. أي: اتقوا اللهَ بترك ما نهى عنه، وكونوا مع الصادقين في نياتهم وأعمالهم وأقوالهم. وَقَالَ تَعَالَى: ﴿وَالصَّادِقِينَ وَالصَّادِقَاتِ﴾ [الأحزاب (35)]. أي: الصادقين في جميع الأحوال. وَقَالَ تَعَالَى: ﴿فَلَوْ صَدَقُوا اللهَ لَكَانَ خَيْرًا لَهُمْ﴾ [محمد (21)]. أي: لو صدقوا الله في الإيمان والطاعة. وأما الأحاديث:

Allah, the Exalted, says:

"O you who believe! Be afraid of Allah, and be with those who are true (in words and deeds)". (9:119)

"...the men and women who are truthful (in their speech and deeds)..". (33:35)

"...then if they had been true to Allah, it would have been better for them". (47:21)

[54] فالأول: عن ابن مسعود عن النَّبيِّ، قَالَ: «إِنَّ الصِّدْقَ يَهْدِي إِلَى البِرِّ، وَإِنَّ البِرَّ يَهْدِي إِلَى الجَنَّةِ، وَإِنَّ الرَّجُلَ لَيَصْدُقُ حَتَّى يُكْتَبَ عِنْدَ اللهِ صِدِّيقاً. وَإِنَّ الكَذِبَ يَهْدِي إِلَى الفُجُورِ، وَإِنَّ الفُجُورَ يَهْدِي إِلَى النَّارِ، وَإِنَّ الرَّجُلَ لَيَكْذِبُ حَتَّى يُكْتَبَ عِنْدَ اللهِ كَذَّاباً». مُتَّفَقٌ عَلَيهِ. البر: اسم جامع للخير كله. والفجور: الأعمال السيئة. قال القرطبي: حق على كل من فهم عن الله أن يلازم الصدق في الأقوال، والإخلاص في الأعمال، والصفاء في الأحوال. فمن كان كذلك لحق بالأبرار، ووصل إلى رضاء الغفار. وقد أرشد تعالى إلى ذلك كله بقوله عند ذكر أحوال الثلاثة التائبين: ﴿يَا أَيُّهَا الَّذِينَ آمَنُوا اتَّقُوا اللَّهَ وَكُونُوا مَعَ الصَّادِقِينَ﴾ [التوبة (119)].

54. Abdullah bin Mas'ud ﷺ reported: The Prophet ﷺ said, "Truth leads to piety and piety leads to Jannah. A man persists in speaking the truth till he is enrolled with Allah as a truthful. Falsehood leads to vice and vice leads to the Fire (Hell), and a person persists on telling lies until he is enrolled as a liar".' [Agreed upon].

[55] الثاني: عن أبي محمد الحسن بنِ عليٍّ بن أبي طالب رضي الله عنهما قَالَ: حَفظْتُ مِنْ رَسُول الله: «دَعْ مَا يَرِيبُكَ إِلَى مَا لا يَرِيبُكَ؛ فإنَّ الصِّدقَ طُمَأْنِينَةٌ، وَالكَذِبَ رِيبَةٌ». رواه الترمذي، وَقالَ: «حديث صحيح». قوله: «يَرِيبُكَ» هُوَ بفتح الياء وضمها: ومعناه اترُكْ مَا تَشُكُّ في حِلِّهِ وَاعْدِلْ إِلَى مَا لا تَشُكُّ فِيهِ. معنى هذا الحديث: يرجع إلى الوقوف عند الشبهات، ومن اتقى الشبهات استبرأ لدينه وعرضه. وفيه إشارة إلى الرجوع إلى القلوب الطاهرة والنفوس الصافية عند الاشتباه، فإن نفس المؤمن جبلت على الطمأنينة إلى الصدق، والنفر من الكذب.

55. Hasan bin 'Ali (May Allah be pleased with them) said: I remember (these words) from Messenger of Allah ﷺ: "Give up what is doubtful to you for that which is not doubtful; for truth is peace of mind and falsehood is doubt". [At-Tirmidhi].

[56] الثالث: عن أبي سفيانَ صَخرِ بنِ حربٍ في حديثه الطويلِ في قصةِ هِرَقْلَ، قَالَ هِرقلُ: فَمَاذَا يَأْمُرُكُمْ - يعني: النَّبيّ - قَالَ أبو سفيانَ: قُلْتُ: يقولُ: «اعْبُدُوا اللهَ وَحدَهُ لا تُشْرِكُوا بِهِ شَيئاً، وَاترُكُوا مَا يَقُولُ آبَاؤُكُمْ، ويَأْمُرُنَا بالصَلاةِ، وَالصِّدْقِ، والعَفَافِ، وَالصِّلَةِ». مُتَّفَقٌ عَلَيهِ. الصدق من أشرف مكارم الأخلاق، وهو محبوب عند الخالق والمخلوق. والعفاف: الكف عن المحارم، وخوارم المروءة.

56. Abu Sufyan ﷺ reported, in course of his detailed narration about Heraclius when the latter questioned him about the teachings of the Prophet ﷺ He said that: He ﷺ told (us): "Worship Allah Alone and do not associate a thing with Him; and give up all that your ancestors said. "He also commands us to perform Salat (prayers), to speak the truth, to observe modesty and to strengthen the ties of kinship. [Al-Bukhari and Muslim].

[57] الرابع: عن أبي ثابت، وقيل: أبي سعيد، وقيل: أبي الوليد، سهل بن حُنَيْفٍ وَهُوَ بدريٌّ: أنَّ النَّبيّ قَالَ: «مَنْ سَأَلَ الله تَعَالَى الشَّهَادَةَ بِصِدْقٍ بَلَّغَهُ الله مَنَازِلَ الشُّهَدَاءِ وَإِنْ مَاتَ

عَـلَى فِرَاشِـهِ». رواه مسـلم. في هـذا الحديـث: أنَّ مـن نـوى شـيئًا من أعـمال الـبرّ صادقًا من قلبـه أُثيـب عليـه، وإن لم يتفـق له ذلك.

57. Abu Thabit from Sahl bin Hunaif ﷺ said: The Prophet ﷺ said: "He who asks Allah for martyrdom, Allah will raise him to the high status of the martyrs, even if he dies on his bed". [Muslim].

[58] الخامـس: عـن أبي هريـرةَ قَـالَ: قَـالَ رَسُـولُ اللـه: «غزَا نبـيٌّ مِـنَ الأنْبِياءِ صَلَـوَاتُ اللهِ وَسَـلامُهُ عَلَيْهِـمْ فَقَـالَ لِقَومـهِ: لا يَتْبَعَنِّـي رَجُـلٌ مَلَـكَ بُضْـعَ امْـرَأةٍ وَهُـوَ يُريـدُ أنْ يَبْنِـي بِهَا وَلَـمَّا يَـبْنِ بِهَـا، وَلا أحَـدٌ بَنَـى بُيُوتـاً لَمْ يَرْفَـعْ سُـقُوفَهَا، وَلا أحَدٌ اشْـتَرَى غَنَماً أَوْ خَلِفَـاتٍ وَهُوَ يَنْتَظِـرُ أَوْلادَهـا. فَغَـزا فَدَنَـا مِنَ القَرْيَـةِ صَلاةَ العَصْرِ أَوْ قَريبـاً مِنْ ذلِكَ، فَقَالَ لِلشَّـمْسِ: إنَّكِ مَأمُـورَةٌ وَأنَـا مَأمُـورٌ، اللَّهُـمَّ احْبِسْـهَا عَلَيْنَـا، فَحُبِسَـتْ حَتَّى فَتَحَ اللهُ عَلَيـهِ، فَجَمَـعَ الغَنَائِمَ فَجَـاءتْ - يعنـي النَّـارَ - لِتَأكُلَهَـا فَلَـمْ تَطعَمْهـا، فَقَـالَ: إنَّ فِيكُـمْ غُلُـولاً، فَلْيُبايعْنِـي مِنْ كُلِّ قَبيلـةٍ رَجُـلٌ، فَلَزِقَـتْ يـد رجـل بِيَـدِهِ فَقَـالَ: فِيكُـمُ الغُلُـولُ فلتبايعنـي قبيلتـك، فلزقـت يد رجلـين أو ثلاثـة بيـده، فقـال: فيكـم الغلـول، فَجَـاؤُوا بِـرَأس مثـل رأس بَقَـرَةٍ مِـنَ الذَّهَـبِ، فَوَضَعَهَـا فَجَـاءت النَّـارُ فَأكَلَتْهـا. فَلَـمْ تَحـلَّ الغَنَائِـمُ لأحَـدٍ قَبْلَنَـا، ثُـمَّ أحَلَّ اللـه لَنَـا الغَنَائِمَ لَـمَّا رَأَى ضَعْفَنـا وَعَجْزَنَـا فَأحَلَّهَـا لَنَـا». مُتَّفَـقٌ عَلَيهِ.«الخَلِفَـاتُ» بفتحِ الخَـاءِ المعجمة وكسر الـلامِ: جمـع خِلفـة وهـي الناقـة الحامِل. في هـذا الحديـث: أنَّ فـتن الدنيا تدعـو النفس إلى الهلـع ومحبـةِ البقـاء. وفيـه: أنَّ الأمـور المهمّة لا ينبغـي أن تفوَّض إلا لحازم فـارغ البال لها. قـال القرطبـي: نهـي النبـيُّ قومه عن اتباعه على أحـد هذه الأحـوال؛ لأنَّ أصحابها يكونون متعلقـي النفـوس بهـذه الأسـباب فتضعـف عزائمهـم، وتفـتر رغباتهـم في الجهاد والشـهادة، وربّمـا يفـرط ذلـك التعلّـق فيفـضي إلى كراهـة الجهـاد وأعـمال الخـير. ومقصود هـذا النبي تفرغهـم مـن العوائـق والاشـتغال إلى تمنّـي الشـهادة بنيّـة صادقـة، وعـزم حـازم، ليتحصّلوا عـلى الحـظ الأوفر والأجـر الأكبر.

58. Abu Hurairah ﷺ reported that the Messenger of Allah ﷺ said: "One of the earlier Prophets who was out on an expedition proclaimed among his people that no man should follow him who had married a woman with whom he wished to cohabit but had not yet done so, or who had built houses on which he had not yet put the roofs, or who had bought sheep or pregnant she-camels and was expecting them to produce young. He, then, went on the expedition and approached the town at the time of the 'Asr prayer or little before it. He then told the sun that both it and he were under command and prayed Allah to hold it back for them, so it

was held back till Allah gave him victory. He collected the spoils and it (meaning fire) came to devour these, but did not. He said that among the people there was a man who stole from the booty. He told them that a man from every tribe must swear allegiance to him, and when a man's hand stuck to his, he said: "There is thief among you and every individual of your tribe must swear allegiance to me". (In course of swearing of allegiance,) hands of two or three persons stuck to his hand. He said: "The thief is among you". They brought him a head of gold like a cow's head and when he laid it down, the fire came and devoured the spoils. Spoils were not allowed to anyone before us, then Allah allowed spoils to us as He saw our weakness and incapacity and allowed them to us". [Al-Bukhari and Muslim].

[59] السادس: عن أبي خالد حَكِيمِ بنِ حزامٍ قَالَ: قَالَ رسولُ الله: «البَيِّعَانِ بالخِيَار مَا لَمْ يَتَفَرَّقَا، فَإنْ صَدَقَا وَبيَّنَا بُورِكَ لَهُمَا في بيعِهِمَا، وإنْ كَذَبَا وَكَتَمَا مُحِقَتْ بركَةُ بَيعِهِما». مُتَّفَقٌ عَلَيهِ. في هذا الحديث: فضل الصدق والحث عليه، وذم الكذب والتحذير منه، وإنه سبب لذهاب البركة. وفيه: دليل على ثبوت خيار المجلس للبائع والمشتري.

59. Hakim bin Hizam ﷺ reported that: Messenger of Allah ﷺ said: "Both parties in a business transaction have a right to annul it so long as they have not separated; and if they tell the truth and make everything clear to each other (i.e., the seller and the buyer speak the truth, the seller with regard to what is purchased, and the buyer with regard to the money) they will be blessed in their transaction, but if they conceal anything and lie, the blessing on their transaction will be eliminated." [Al-Bukhari and Muslim].

CHAPTER 5

Watchfulness [60-68 of 1896]

قَالَ اللهُ تَعَالَى: ﴿الَّذِي يَرَاكَ حِينَ تَقُومُ * وَتَقَلُّبَكَ فِي السَّاجِدِينَ﴾ [الشعراء 218، 219]. يقول تعالى مخاطبًا لنبيه محمد وتوكل على العزيز الرحيم الذي يراك حين تقوم إلى الصلاة، وتقلُّبك راكعًا وقائمًا وساجدًا وقاعدًا في الساجدين - أي: المصلين - يعني: يراك إذا صلَّيت منفردًا وإذا صلَّيت في جماعة. والمراقبة هي أحد مقامَيْ الإحسان، وهو: أن تعبد الله كأنَّك تراه، فإن لم تكن تراه فإنه يراك. وَقَالَ تَعَالَى: ﴿وَهُوَ مَعَكُمْ أَيْنَ مَا كُنتُمْ﴾ [الحديد (4)]. أي: لا ينفك علمه عنكم. كم قال تعالى: ﴿أَلَمْ تَرَ أَنَّ اللَّهَ يَعْلَمُ مَا فِي السَّمَاوَاتِ وَمَا فِي الْأَرْضِ مَا يَكُونُ مِن نَّجْوَى ثَلَاثَةٍ إِلَّا هُوَ رَابِعُهُمْ وَلَا خَمْسَةٍ إِلَّا هُوَ سَادِسُهُمْ وَلَا أَدْنَى مِن ذَٰلِكَ وَلَا أَكْثَرَ إِلَّا هُوَ مَعَهُمْ أَيْنَ مَا كَانُوا ثُمَّ يُنَبِّئُهُم بِمَا عَمِلُوا يَوْمَ الْقِيَامَةِ إِنَّ اللَّهَ بِكُلِّ شَيْءٍ عَلِيمٌ﴾ [المجادلة (7)] وَقَالَ تَعَالَى: ﴿إِنَّ اللَّهَ لَا يَخْفَىٰ عَلَيْهِ شَيْءٌ فِي الْأَرْضِ وَلَا فِي السَّمَاءِ﴾ [آل عمران (5)]. يخبر تعالى أنه يعلم غيب السماء والأرض لا يخفى عليه شيء من ذلك. وَقَالَ تَعَالَى: ﴿إِنَّ رَبَّكَ لَبِالْمِرْصَادِ﴾ [الفجر (14)]. قال ابن كثير: وقوله تعالى: ﴿إِنَّ رَبَّكَ لَبِالْمِرْصَادِ﴾ قال ابن عباس: يسمع ويرى. يعني: يرصد خلقه فيما يعملون، وسيجازي كلاً بسعيه في الدنيا والآخرة، وسيعرض الخلائق كلَّهم عليه فيحكم فيهم بعدله، ويقابل كلاً بما يستحقُّه، وهو المنزَّه عن الظلم والجور. وَقَالَ تَعَالَى: ﴿يَعْلَمُ خَائِنَةَ الْأَعْيُنِ وَمَا تُخْفِي الصُّدُورُ﴾ [غافر (19)]. قال ابن كثير: يخبر عزَّ وجلَّ عن علمه التام المحيط بجميع الأشياء، ليحذر الناس علمه فيهم فيستحيوا من الله تعالى حقَّ الحياء، ويتَّقوه حقَّ تقواه ويراقبوه مراقبة من يعلم أنه يراه. والآياتُ في الْبَابِ كَثِيرَةٌ مَعْلُومَةٌ. كقوله تعالى: ﴿وَمَا تَكُونُ فِي شَأْنٍ وَمَا تَتْلُو مِنْهُ مِن قُرْآنٍ وَلَا تَعْمَلُونَ مِنْ عَمَلٍ إِلَّا كُنَّا عَلَيْكُمْ شُهُودًا إِذْ تُفِيضُونَ فِيهِ وَمَا يَعْزُبُ عَن رَّبِّكَ مِن مِّثْقَالِ ذَرَّةٍ فِي الْأَرْضِ وَلَا فِي السَّمَاءِ وَلَا أَصْغَرَ مِن ذَٰلِكَ وَلَا أَكْبَرَ إِلَّا فِي كِتَابٍ مُّبِينٍ﴾ [يونس (61)]. وغيرها من الآيات. وأما الأحاديث:

Allah, the Exalted, says:

"Who sees you (O Muhammad ﷺ) when you stand up (alone at night for Tahajjud prayers). And your movements among those who fall prostrate (to Allah in the five compulsory congregational prayers)". (26:218,219)

"And He is with you (by His Knowledge) wheresoever you may be". (57:4)

"Truly, nothing is hidden from Allah, in the earth or in the heaven". (3:5)

"Verily, your Rubb is Ever Watchful (over them)". (89:14)

"Allah knows the fraud of the eyes, and all that the breasts conceal". (40:19)

[60] فالأول: عن عمر بن الخطاب قَالَ: بَيْنَما نَحْنُ جُلُوسٌ عِنْدَ رَسُول الله ذَاتَ يَومٍ، إذْ طَلَعَ عَلَينا رَجُلٌ شَديدُ بَياضِ الثِّيابِ، شَديدُ سَوَادِ الشَّعْرِ، لا يُرَى عَلَيهِ أثَرُ السَّفَرِ، وَلا يَعْرِفُهُ مِنَّا أحَدٌ، حَتَّى جَلَسَ إلَى النَّبيّ، فَأَسْنَدَ رُكْبَتَيهِ إلَى رُكْبَتيهِ، وَوَضَعَ كَفَّيهِ عَلَى فَخِذَيهِ. وَقالَ: يَا مُحَمَّدُ، أخْبرني عَنِ الإسلامِ، فَقَالَ رَسُول الله: «الإسلامُ: أنْ تَشْهدَ أنْ لا إلهَ إلا الله وأنَّ مُحمَّداً رسولُ الله، وتُقيمَ الصَّلاةَ، وَتُؤتِيَ الزَّكَاةَ، وَتَصومَ رَمَضَانَ، وَتَحُجَّ البَيتَ إن اسْتَطَعْتَ إلَيْهِ سَبيلاً». قَالَ: صَدَقْتَ. فَعَجِبْنَا لَهُ يَسْأَلُهُ وَيُصَدِّقهُ ! قَالَ: فَأَخْبرنِي عَنِ الإيمَانِ. قَالَ: «أنْ تُؤمِنَ باللهِ، وَمَلائِكَتِهِ، وَكُتُبهِ، وَرُسُلِهِ، وَاليَوْمِ الآخِر، وتُؤْمِنَ بالقَدَرِ خَيرِهِ وَشَرِّهِ». قَالَ: صَدقت. قَالَ: فأَخْبرنِي عَنِ الإحْسَانِ. قَالَ: «أنْ تَعْبُدَ اللهَ كَأنَّكَ تَرَاهُ فإنْ لَمْ تَكُنْ تَرَاهُ فإنَّهُ يَرَاكَ». قَالَ: فَأَخْبِرني عَنِ السَّاعَةِ. قَالَ: «مَا المَسْؤُولُ عَنْهَا بأعْلَمَ مِنَ السَّائِلِ». قَالَ: فأخبِرني عَنْ أمَاراتِهَا. قَالَ: «أنْ تَلِدَ الأَمَةُ رَبَّتَهَا، وأنْ تَرَى الحُفَاةَ العُرَاةَ العَالَةَ رِعَاءَ الشَّاءِ يَتطَاوَلُونَ في البُنْيَانِ». ثُمَّ انْطَلَقَ فَلَبِثْتُ مَلِيّاً، ثُمَّ قَالَ: «يَا عُمَرُ، أَتَدْري مَنِ السَّائِلُ ؟» قُلْتُ: اللهُ ورسُولُهُ أعْلَمُ. قَالَ: «فإنَّهُ جِبْريلُ أَتَاكُمْ يعَلِّمُكُمْ دِينَكُمْ». رواه مسلم. ومعنى «تَلِدُ الأَمَةُ رَبَّتَهَا» أيْ سَيِّدَتَهَا؛ ومعناهُ: أنْ تَكْثُرَ السَّراري حَتَّى تَلِدَ الأَمَةُ السُّرِّيَّةُ بِنْتاً لِسَيِّدِهَا وبنْتُ السَّيِّدِ في مَعنَى السَّيِّدِ وَقيلَ غَيْرُ ذلِكَ. وَ«العَالَةُ»: الفُقَراءُ. وقولُهُ: «مَلِيّاً» أَيْ زَمَناً طَويلاً وَكانَ ذلِكَ ثَلاثاً. هذا حديث عظيم، مشتمل على جميع الأعمال الظاهرة والباطنة. وعلومُ الشريعة راجعة إليه، فهو كالأمِّ للسُّنَّة. كما سُمِّيت الفاتحة: أم القرآن.

60. 'Umar bin Al-Khattab (May Allah be pleased with them) said: Once we were sitting in the company of Messenger of Allah ﷺ when there appeared a man dressed in very white clothes and having ex-

traordinary black hair. No signs of fatigue of journey appeared on him and he was known to none of us. He sat down facing the Prophet ﷺ leaning his knees against the knees of the Prophet ﷺ and placing both of his palms over his two thighs and said, "O Muhammad ﷺ! Tell me about Islam". He ﷺreplied, "Islam is to testify that none has the right to be worshipped but Allah, and that Muhammad ﷺ is the Messenger of Allah; that you observe Salat (prayers), pay Zakat, observe Saum (fasting) of Ramadan and perform Hajj (pilgrimage) of the House, provided you have resources of making journey to it." He replied: "You have spoken the truth". We were surprised to see that he had asked him and confirmed the correctness of the answers. He then enquired: "Tell me about Iman". He ﷺ said. "It is to believe in Allah, and His Books, and His Messengers and the Last Day and that you believe in foreordainment, its bad and good consequences." He said, "You have spoken the truth." He then enquired: "Tell me about Ihsan." He ﷺ said, "It is to worship Allah as if you are seeing Him; and although you do not see Him, He sees you". He enquired: "Inform me about the Hour (i.e., the Day of Resurrection)". He ﷺ replied, "I have no more knowledge thereof than you". He said, "Inform me about some of its signs". He ﷺ said, "They are - that a bondswoman gives birth to her own master, and that you will find the barefooted, naked, poor shepherds competing one another in the construction of higher buildings". Then he departed. The Messenger of Allah kept silent for a while then he said to me, "O 'Umar! Do you know who the questioner was?" I replied, "Allah and His Messenger know better". The Prophet ﷺ said, "He was Jibril (Gabriel); he came to you to teach you your religion". [Muslim].

[61] الثاني: عن أبي ذر جُنْدُب بنِ جُنادَةَ وأبي عبدِ الرحمنِ معاذِ بنِ جبلٍ رضي الله عنهما عن رسولِ الله قَالَ: «اتَّقِ الله حَيْثُمَا كُنْتَ وَأتْبعِ السَّيِّئَةَ الحَسَنَةَ تَمْحُهَا، وَخَالِقِ النَّاسَ بِخُلُقٍ حَسَنٍ». رواه الترمذي، وَقالَ: (حديث حسن). هذه وصية عظيمة جامعة لحقوق الله تعالى وحقوق عباده، قال الله تعالى: ﴿وَلَقَدْ وَصَّيْنَا الَّذِينَ أُوتُواْ الْكِتَابَ مِن قَبْلِكُمْ وَإِيَّاكُمْ أَنِ اتَّقُواْ اللّهَ﴾ [النساء (131)]، وتقوى الله تعالى: طاعته، بامتثال أمره واجتناب نهيه. وقال تعالى: ﴿وَأَقِمِ الصَّلاَةَ طَرَفَيِ النَّهَارِ وَزُلَفاً مِّنَ اللَّيْلِ إِنَّ الْحَسَنَاتِ

يُذْهِبْنَ السَّيِّئَاتِ ذَلِكَ ذِكْرَى لِلذَّاكِرِينَ * وَاصْبِرْ فَإِنَّ اللّهَ لا يُضِيعُ أَجْرَ الْمُحْسِنِينَ﴾ [هود (114، 115)]. وقال ابن المبارك: حُسْن الخُلُق: بسط الوجه، وبذلُ المعروف، وكفّ الأذى. وقد وصف الله المتقين في كتابه بمثل ما وصّى به النبي في هذا الحديث، فقال عزّ وجلّ: ﴿وَسَارِعُواْ إِلَى مَغْفِرَةٍ مِّن رَّبِّكُمْ وَجَنَّةٍ عَرْضُهَا السَّمَاوَاتُ وَالأَرْضُ أُعِدَّتْ لِلْمُتَّقِينَ * الَّذِينَ يُنفِقُونَ فِي السَّرَّاء وَالضَّرَّاء وَالْكَاظِمِينَ الْغَيْظَ وَالْعَافِينَ عَنِ النَّاسِ وَاللّهُ يُحِبُّ الْمُحْسِنِينَ * وَالَّذِينَ إِذَا فَعَلُواْ فَاحِشَةً أَوْ ظَلَمُواْ أَنْفُسَهُمْ ذَكَرُواْ اللّهَ فَاسْتَغْفَرُواْ لِذُنُوبِهِمْ وَمَن يَغْفِرُ الذُّنُوبَ إِلا اللّهُ وَلَمْ يُصِرُّواْ عَلَى مَا فَعَلُواْ وَهُمْ يَعْلَمُونَ * أُوْلَـئِكَ جَزَآؤُهُم مَّغْفِرَةٌ مِّن رَّبِّهِمْ وَجَنَّاتٌ تَجْرِي مِن تَحْتِهَا الأَنْهَارُ خَالِدِينَ فِيهَا وَنِعْمَ أَجْرُ الْعَامِلِينَ﴾ [آل عمران (133: 136)].

61. Abu Dharr and Mu'adh bin Jabal (May Allah be pleased with them) reported that: Messenger of Allah ﷺ said, "Fear Allah wherever you are, do good deeds after doing bad ones, the former will wipe out the latter, and behave decently towards people". [At-Tirmidhi].

[62] الثالث: عن ابنِ عباسٍ رضي الله عنهما، قَالَ: كنت خلف النَّبيّ يوماً، فَقَالَ: «يَا غُلامُ، إنِّي أعلّمُكَ كَلِمَاتٍ: احْفَظِ اللهَ يَحْفَظْكَ، احْفَظِ اللهَ تَجِدْهُ تُجَاهَكَ، إِذَا سَأَلْتَ فَاسأَلِ الله، وإِذَا اسْتَعَنْتَ فَاسْتَعِنْ باللهِ. وَاعْلَمْ: أنَّ الأُمَّةَ لَوْ اجْتَمَعَتْ عَلَى أنْ يَنْفَعُوكَ بِشَيءٍ لَمْ يَنْفَعُوكَ إلا بِشَيءٍ قَدْ كَتَبَهُ اللهُ لَكَ، وَإِن اجتَمَعُوا عَلَى أنْ يَضُرُّوكَ بِشَيءٍ لَمْ يَضُرُّوكَ إلا بِشَيءٍ قَدْ كَتَبَهُ اللهُ عَلَيْكَ، رُفِعَتِ الأَقْلاَمُ وَجَفَّتِ الصُّحفُ». رواه الترمذي، وَقالَ: «حديث حسن صحيح». وفي رواية غيرِ الترمذي: «احْفَظِ الله تَجِدْهُ أَمَامَكَ، تَعَرَّفْ إِلَى اللهِ في الرَّخَاءِ يَعْرِفكَ في الشِّدَّةِ، وَاعْلَمْ: أنَّ مَا أَخْطَأَكَ لَمْ يَكُنْ لِيُصِيبَكَ، وَمَا أَصَابَكَ لَمْ يَكُنْ لِيُخْطِئَكَ، وَاعْلَمْ: أنَّ النَّصْرَ مَعَ الصَّبْرِ، وَأَنَّ الفَرَجَ مَعَ الكَرْبِ، وَأَنَّ مَعَ العُسْرِ يُسْراً». هذا الحديث أصل عظيم في مراقبة الله، ومراعاة حقوقه، والتفويض لأمره، والتوكل عليه، وشهود توحيده وتفرُّده، وعجز الخلائق كلِّهم وافتقارهم إليه.

62. Ibn Abbas (May Allah be pleased with them) said: One day, I was riding behind the Prophet ﷺ when he said, "O boy! I will instruct you in some matters. Be watchful of Allah (Commandments of Allah), He will preserve you. Safeguard His Rights, He will be ever with you. If you beg, beg of Him Alone; and if you need assistance, supplicate to Allah Alone for help. And remember that if all the people gather to benefit you, they will not be able to benefit you except that which Allah had foreordained (for you);

and if all of them gather to do harm to you, they will not be able to afflict you with anything other than that which Allah had pre-destined against you. The pens had been lifted and the ink had dried up". [At-Tirmidhi].

Another narration is: Messenger of Allah ﷺ said, "Safeguard the Commandments of Allah, you will find Him before you. Remember Him in prosperity and He will remember you in adversity. Be sure that which you miss, was not to hit you; and what hits you, was never to miss you. Remember that the Help of Allah is obtained with patience, and relief emerges after distress, prosperity follows adversity, and hardship is followed by ease".

[63] الرابع: عن أنسٍ قَالَ: إِنَّكُمْ لَتَعْمَلُونَ أَعْمَالاً هِيَ أَدَقُّ فِي أَعْيُنِكُمْ مِنَ الشَّعْرِ، كُنَّا نَعُدُّهَا عَلَى عَهْدِ رَسُولِ الله مِنَ المُوبِقَاتِ. رواه البخاري. وَقَالَ: «المُوبِقَاتُ»: المُهلِكَاتُ. في هذا الحديث: كمال مراقبة الصحابة رضي الله عنهم لله تعالى، وكمال استحيائهم منه. وفيه: أنّ الإنسان ينبغي له أن يحذر من صغار الذنوب، فلعلها تكون المهلكة له في دينه. كما يتحرز من يسير السموم خشية أن يكون فيها حتفه، وقد قال الله تعالى: ﴿إِنَّمَا يَخْشَى اللَّهَ مِنْ عِبَادِهِ الْعُلَمَاءُ﴾ [فاطر (28)]. وفي الحديث: «إن المؤمن يرى ذنبه كأنه صخرة يخاف أن تقع عليه، والمنافق يرى ذنبه كأنه ذباب مرّ على أنفه».

63. Anas ؓ said: You indulge in (bad) actions which are more insignificant to you than a hair while we considered them at the time of Messenger of Allah ﷺ to be great destroying sins". [Al-Bukhari].

[64] الخامس: عن أبي هريرة عن النَّبِيّ قَالَ: «إِنَّ اللهَ تَعَالَى يَغَارُ، وَغَيْرَةُ الله تَعَالَى، أَنْ يَأْتِيَ المَرْءُ مَا حَرَّمَ اللهُ عَلَيْهِ». متفق عَلَيهِ. و«الغَيْرَةُ»: بفتح الغين، وأَصلُهَا الأَنَفَةُ. في هذا الحديث: مراقبة الله تعالى والخوف من غضبه وعقوبته إذا انتهكت محارمه.

64. Abu Hurairah ؓ reported: The Prophet ﷺ said, 'Verily, 'Allah, the Exalted, becomes angry, and His Anger is provoked when a person does what Allah has declared unlawful". [Al-Bukhari and Muslim].

[65] السادس: عن أبي هريرة: أنه سَمِعَ النَّبِيَّ، يقُولُ: «إِنَّ ثَلَاثَةً مِنْ بَنِي إِسْرَائِيلَ: أَبْرَصَ، وَأَقْرَعَ، وَأَعْمَى، أَرَادَ اللهُ أَنْ يَبْتَلِيَهُمْ فَبَعَثَ إِلَيْهِمْ مَلَكاً، فَأَتَى الأَبْرَصَ، فَقَالَ: أَيُّ شَيْءٍ أَحَبُّ

إلَيْكَ ؟ قَالَ: لَوْنٌ حَسَنٌ، وَجِلدٌ حَسَنٌ، وَيَذْهبُ عَنِّي الَّذِي قَدْ قَذِرَنِي النَّاسُ؛ فَمَسَحَهُ فَذَهَبَ عَنْهُ قَذَرُهُ وَأُعْطِيَ لَوناً حَسناً وجِلْدًا حَسَنًا. فَقَالَ: فَأَيُّ المَالِ أَحَبُّ إليكَ ؟ قَالَ: الإبلُ - أَوْ قَالَ: البَقَرُ شكَّ الرَّاوي - فَأُعطِيَ نَاقَةً عُشَرَاءَ، فَقَالَ: بَارَكَ الله لَكَ فِيهَا. فَأَتَى الأَقْرَعَ، فَقَالَ: أَيُّ شَيءٍ أَحَبُّ إلَيْكَ ؟ قَالَ: شَعْرٌ حَسَنٌ، وَيَذْهَبُ عَنِّي هَذَا الَّذِي قَذِرَنِي النَّاسُ؛ فَمَسَحَهُ فَذَهبَ عَنْهُ وأُعْطِيَ شَعراً حَسَناً. قالَ: فَأَيُّ المَالِ أَحَبُّ إليْكَ ؟ قَالَ: البَقَرُ، فَأُعْطِيَ بَقَرَةً حَامِلاً، وَقالَ: بَارَكَ الله لَكَ فِيهَا.فَأَتَى الأَعْمَى، فَقَالَ: أَيُّ شَيءٍ أَحَبُّ إلَيْكَ ؟ قَالَ: أَنْ يَرُدَّ الله إلَيَّ بَصَرِي فَأُبْصِرُ بِهِ النَّاسَ؛ فَمَسَحَهُ فَرَدَّ اللهُ إلَيْهِ بَصَرهُ. قَالَ: فَأَيُّ المَالِ أَحَبُّ إليْكَ ؟ قَالَ: الغَنَمُ، فَأُعْطِيَ شَاةً والداً، فَأَنْتَجَ هذَانِ وَوَلَّدَ هَذَا، فَكانَ لِهذَا وَادٍ مِنَ الإبلِ، وَلِهذَا وَادٍ مِنَ البَقَرِ، وَلِهَذَا وَادٍ مِنَ الغَنَمِ. ثُمَّ إنَّهُ أَتَى الأَبْرَصَ في صُورَتِهِ وَهَيئَتِهِ، فَقَالَ: رَجلٌ مِسْكينٌ قَدِ انقَطَعَتْ بِيَ الحِبَالُ في سَفَري فَلا بَلاغَ لِيَ اليَومَ إلا باللهِ ثُمَّ بِكَ، أَسْأَلُكَ بِالَّذي أعْطَاكَ اللَّونَ الحَسَنَ، والجِلْدَ الحَسَنَ، وَالمَالَ، بَعِيراً أَتَبَلَّغُ بِهِ في سَفَرِي، فَقَالَ: الحُقُوقُ كثِيرةٌ. فَقَالَ: كأَنِّي اعْرِفُكَ، أَلَمْ تَكُنْ أَبْرَصَ يَقْذَرُكَ النَّاسُ فقيراً فأعْطَاكَ اللهُ !؟ فَقَالَ: إنَّمَا وَرِثْتُ هَذَا المالَ كَابِراً عَنْ كَابِرٍ، فَقَالَ: إنْ كُنْتَ كَاذِباً فَصَيَّرَكَ الله إلَى مَا كُنْتَ. وَأَتَى الأَقْرَعَ في صُورَتِهِ وَهيئَتِهِ، فَقَالَ لَهُ مِثْلَ مَا قَالَ لِهَذا، وَرَدَّ عَلَيهِ مِثْلَ مَا رَدَّ هَذَا، فَقَالَ: إنْ كُنْتَ كَاذِباً فَصَيَّرَكَ اللهُ إلَى مَا كُنْتَ. وَأَتَى الأَعْمَى في صُورَتِهِ وَهَيْئَتِهِ، فَقَالَ: رَجُلٌ مِسْكينٌ وابنُ سَبيلٍ انْقَطَعتْ بِيَ الحِبَالُ في سَفَرِي، فَلا بَلاَغَ لِيَ اليَومَ إلا بِاللهِ ثُمَّ بِكَ، أَسأَلُكَ بالَّذِي رَدَّ عَلَيْكَ بَصَركَ شَاةً أَتَبَلَّغُ بِهَا في سَفري ؟ فَقَالَ: قَدْ كُنْتُ أعمَى فَرَدَّ اللهُ إلَيَّ بَصَرِي فَخُذْ مَا شِئْتَ وَدَعْ مَا شِئْتَ فَواللهِ لا أَجْهَدُكَ اليَومَ بِشَيءٍ أَخَذْتَهُ للهِ. فَقَالَ: أَمْسِكْ مالَكَ فإنَّمَا ابْتُلِيتُمْ. فَقَدْ رضي الله عنك، وَسَخِطَ عَلَى صَاحِبَيكَ». مُتَّفَقٌ عَلَيهِ.و«النَّاقةُ العُشَرَاءُ» بضم العين وفتح الشين وبالمد: هي الحامِل. قوله: «أَنْتَجَ» وفي روايَة: «فَنتَجَ» معناه: تولَّى نِتاجها، والناتج لِلناقةِ كالقابِلةِ للمرأةِ. وقوله: «وَلَّدَ هَذَا» هُوَ بتشديد اللام: أي تولى ولادتها، وَهُوَ بمعنى أنتج في الناقة، فالمولّد، والناتج، والقابلة بمعنى؛ لكن هَذَا لِلحيوان وذاك لِغيرِهِ. وقوله: «انْقَطَعَتْ بي الحِبَالُ» هُوَ بالحاءِ المهملةِ والباءِ الموحدة: أي الأسباب. وقوله: «لا أَجْهَدُكَ» معناه: لا أشق عليك في رد شيء تأخذه أَوْ تطلبه من مالي. وفي رواية البخاري: «لا أحمَدُكَ» بالحاءِ المهملة والميمِ ومعناه: لا أحمدك بترك شيء تحتاج إلَيْه، كما قالوا: لَيْسَ عَلَى طولِ الحياة ندم: أي عَلَى فواتِ طولِها. في هذا الحديث: التحذير من كفران النعم، والترغيب في شكرها، والاعتراف بها، وحمد الله عليها. وفيه: فضل الصدقة، والحث على الرفق بالضعفاء، وإكرامهم وتبليغهم مآربهم. وفيه: الزجرُ عن البخل؛ لأنه حمل صاحبه على الكذب وعلى جحد نعمة الله تعالى.

65. Abu Hurairah ؓ said that: He heard the Prophet ﷺ said: "There were three men among the Banu Israel, one leper, one bald and one blind. Allah wanted to test them. He therefore, sent to them an angel who came to the leper and asked him what he would like best. He replied: "A good colour, a good skin and to be rid of what

makes me loathsome to people". He (the angel) rubbed him and his loathsomeness vanished and he was given a good colour and a good skin. He then asked him what type of property he would like best. The leper replied that he would like camels - [or perhaps he said cattle, for Ishaq (one of the sub narrator of the Hadith) was uncertain, either said: 'Camels,' or: 'Cattle']. He was given a pregnant she-camel. The angel invoked for Allah's Blessing on it. The angel then went to the bald man and asked him what he would like best and he replied: "Good hair and to be rid of what makes me loathsome to people". The angel ran his hand over him and he was given good hair. He then asked him what property he would like best. He replied that he would like cattle, so he was given a pregnant cow. The angel invoked Allah's Blessing on it. The angel then went to the blind man and asked him what he would like best, and he replied: "I wish that Allah restore my sight to me so that I may see people." Thereupon the angel ran his hand over him and Allah restored his sight. The angel then asked what property he would like best. He replied that he would like sheep, so he was given a pregnant ewe. Flocks and herds were produced for the three men, the first having a valley full of camels, the second one, a valley full of cows and the third one full of sheep. Then the angel came in the form of a leper, to the one who had been a leper, and said: "I am a poor man and my resources have been exhausted in my journey, and my only means of reaching my destination are dependent on Allah and then on you, so I ask you by Him Who gave you the good colour, the good skin and the property, for a camel by which I may get to my destination". He replied: "I have many dues to pay." The angel then said: "I think I recognize you. Were you not a leper whom people found loathsome and a poor man to whom Allah gave property?" He replied: "I inherited this property through generations". The angel said: "If you are telling a lie, may Allah return you to your former condition". The angel went in the form of a bald man to the one who had been bald, and said the same as he had said to the former and received a similar reply. So he said: "If you are telling a lie, may Allah return you to your former condition". The angel then went to the one who had been blind and said: "I am a poor traveller and my resources have been exhausted in my journey. My only means of reaching my destination are dependant on Allah and then on you, so I ask you by Him Who restored your eyesight for a sheep by which I may get to the end of my journey". He replied: "Yes, I was blind. Allah restored my eyesight, so take what you wish and leave what you wish. I swear by Allah that I shall not argue with you today to return anything you take, as I give it for Allah's sake". The angel said: "Keep your property. You have all simply been put to a test, and Allah is pleased with you and displeased with both of your companions". [Al-Bukhari and Muslim].

[66] السابع: عن أبي يعلى شداد بن أوس عن النبيّ قَالَ: «الكَيِّسُ مَنْ دَانَ نَفْسَهُ، وَعَمِلَ لِمَا بعدَ المَوتِ، والعَاجِزُ مَنْ أتْبَعَ نَفْسَهُ هَواهَا وَتَمَنَّى عَلَى اللهِ». رواه الترمذي، وَقالَ: «حديث حسن».قَالَ الترمذي وغيره من العلماء: معنى «دَانَ نَفْسَهُ»: حاسبها. الكَيِّس: العاقل، وهو الذي يمنع نفسه عن الشهوات المحرمة ويعمل بطاعة الله تعالى. والعاجز: هو التارك لطاعة الله المتمنّي على الله. قال تعالى: ﴿لَّيْسَ بِأَمَانِيِّكُمْ وَلا أَمَانِيِّ أَهْلِ الْكِتَابِ مَن يَعْمَلْ سُوءاً يُجْزَ بِهِ وَلا يَجِدْ لَهُ مِن دُونِ اللّهِ وَلِيّاً وَلا نَصِيراً * وَمَن يَعْمَلْ مِنَ الصَّالِحَاتَ مِن ذَكَرٍ أَوْ أُنثَى وَهُوَ مُؤْمِنٌ فَأُوْلَـئِكَ يَدْخُلُونَ الْجَنَّةَ وَلا يُظْلَمُونَ نَقِيراً﴾ [النساء (123، 124)].

66. Shaddad bin Aus ﷺ reported: The Prophet ﷺ said, "A wise man is the one who calls himself to account (and refrains from doing evil deeds) and does noble deeds to benefit him after death; and the foolish person is the one who subdues himself to his temptations and desires and seeks from Allah the fulfillment of his vain desires". [At-Tirmidhi].

[67] الثامن: عن أبي هريرة قَالَ: قَالَ رَسُول الله: «مِنْ حُسْنِ إسْلامِ المَرْءِ تَرْكُهُ مَا لا يَعْنِيهِ». حديث حسن. رواه الترمذي وغيرُه. هذا الحديث أصل عظيمٌ من أصول الأدب. قيل للقمان: ما بلغ بك ما نرى ؟ قال: صِدْقُ الحديث، وأداء الأمانة، وتركُ ما لا يعنيني. وقال سهل بن عبد الله التُّسْتَرِي: مَن تكلّم فيما لا يعنيه حُرم الصدق. ورُوي عن النبي أنه قال: «أول من يدخل عليكم رجل من أهل الجنة»، فدخل عليهم عبد الله بن سلام، فقام إليه ناسٌ فأخبروه، وقالوا له: أخبرنا بأوثق عملك في نفسك ؟ قال: إن عملي

لضعيف، وأوثق ما أرجو به سلامة الصدر، وتركي ما لا يعنيني. قال الغزالي: حدُّ ما لا يعنيك في الكلام: أنْ تتكلّم بما لو سَكَتَّ عنه لم تأثم، ولم تتضرر حالاً ولا مآلاً.

67. Abu Hurairah ﵁ reported: Messenger of Allah ﷺ said, "It is from the excellence of (a believer's) Islam that he should shun that which is of no concern to him". [At-Tirmidhi].

[68] التاسع: عن عُمَرَ عَنِ النَّبيّ قَالَ: «لا يُسْأَلُ الرَّجُلُ فِيمَ ضَرَبَ امْرَأَتَهُ». رواه أبو داود وغيره. أي: لا يُسأل بأي سبب ضرب امرأته، لإحتمال أنْ يكون السبب مما يُستحيا من ذكره، كالامتناع من التمكين، بل يترك ذلك إليه وإلى مراقبته لمولاه، إلا إن احتاج الأمر إلى الرفع إلى الحكام. قال الله تعالى: ﴿الرِّجَالُ قَوَّامُونَ عَلَى النِّسَاء بِمَا فَضَّلَ اللّهُ بَعْضَهُمْ عَلَى بَعْضٍ وَبِمَا أَنفَقُواْ مِنْ أَمْوَالِهِمْ فَالصَّالِحَاتُ قَانِتَاتٌ حَافِظَاتٌ لِّلْغَيْبِ بِمَا حَفِظَ اللّهُ وَاللاتِي تَخَافُونَ نُشُوزَهُنَّ فَعِظُوهُنَّ وَاهْجُرُوهُنَّ فِي الْمَضَاجِعِ وَاضْرِبُوهُنَّ فَإِنْ أَطَعْنَكُمْ فَلا تَبْغُواْ عَلَيْهِنَّ سَبِيلاً إِنَّ اللّهَ كَانَ عَلِيّاً كَبِيراً﴾ [النساء (34)].

Umar ﵁ reported that: The Prophet ﷺ said, "No man shall be asked for the reason of beating his wife". [Abu Dawud].

**Sh. Al-Albani is the leading authority in the science of Hadith*

CHAPTER 6

Piety [69-73 of 1896]

قَالَ اللهُ تَعَالَى: ﴿يَا أَيُّهَا الَّذِينَ آمَنُوا اتَّقُوا اللهَ حَقَّ تُقَاتِهِ﴾ [آل عمران (102)]. وَقالَ تَعَالَى: ﴿فَاتَّقُوا الله مَا اسْتَطَعْتُمْ﴾ [التغابن (16)]. وهذه الآية مبينة للمراد مِنَ الأُولى. التقوى: امتثال أوامر الله تعالى، واجتناب نواهيه حسب الطاقة، وأصلها في اللغة: اتخاذ وقاية تقيك مما تخافه وتحذره. وَقالَ تَعَالَى: ﴿يَا أَيُّهَا الَّذِينَ آمَنُوا اتَّقُوا اللهَ وَقُولُوا قَوْلاً سَدِيداً * يُصْلِحْ لَكُمْ أَعْمَالَكُمْ وَيَغْفِرْ لَكُمْ ذُنُوبَكُمْ﴾ [الأحزاب (70، 71)]، وَالآيات في الأمر بالتقوى كثيرةٌ معلومةٌ. قال ابن كثير: يقول تعالى آمرًا عباده المؤمنين بتقواه، وأنْ يعبدوه عبادةً مَنْ كأنه يراه، وأنْ يقولوا قولاً سديدًا، أي: مستقيمًا لا اعوجاج فيه ولا انحراف، ووعدهم أنهم إذا فعلوا ذلك أثابهم عليه بأنْ يصلح لهم أعمالهم، أي: يوفِّقهم للأعمال الصالحة، وأن يغفر لهم الذنوب الماضية، وما قد يقع منهم في المستقبل، يلهمهم التوبة منها. ثم قال: ﴿وَمَن يُطِعْ اللَّهَ وَرَسُولَهُ فَقَدْ فَازَ فَوْزاً عَظِيماً﴾ [الأحزاب (71)]، وذلك أنه يُجار من نار الجحيم، ويصير إلى النعيم المقيم. وَقالَ تَعَالَى: ﴿وَمَنْ يَتَّقِ اللهَ يَجْعَلْ لَهُ مَخْرَجاً * وَيَرْزُقْهُ مِنْ حَيْثُ لا يَحْتَسِبُ﴾ [الطلاق (2، 3)]. قال ابن كثير: أي: ومن يتق الله فيما أمره به وترَك ما نهاه عنه يجعل له من أمره مخرجًا، ويرزقه من حيث لا يحتسب، أي: من جهة لا تخطر بباله. وفي (المسند) عن ابن عباس قال: قالَ رسول الله: «من أكثر من الاستغفار جعل الله له من كل همٍّ فرجًا، ومن كل ضيق مخرجًا، ورزقه من حيث لا يحتسب». وَقالَ تَعَالَى: ﴿إِنْ تَتَّقُوا اللهَ يَجْعَلْ لَكُمْ فُرْقَاناً وَيُكَفِّرْ عَنْكُمْ سَيِّئَاتِكُمْ وَيَغْفِرْ لَكُمْ وَاللهُ ذُو الْفَضْلِ الْعَظِيمِ﴾ [الأنفال (29)] والآيات في الباب كثيرةٌ معلومةٌ. قال ابن إسحاق: فرقانًا: أي: فصلاً بين الحق والباطل. قال ابن كثير: فإنَّ من اتقى الله بفعل أوامره وترك زواجره، وُفِّقَ لمعرفة الحق من الباطل، فكان ذلك سببَ نصره ونجاته، ومخرجه من أمور الدنيا، وسعادته يوم القيامة، وتكفير ذنوبه، وهو محوها وغفرها وسترها عن الناس، وسببًا لنيل ثواب الله الجزيل. وأما الأحاديث:

Allah, the Exalted, says:

"O you who believe! Fear Allah as He should be feared". (3:102)

"So, keep your duty to Allah and fear Him as much as you can..." (64:16)

This second Verse explains the meaning of the first one.

"O you who believe! Keep your duty to Allah and fear Him, and speak (always) the truth". (33:70)

"... And whosoever fears Allah and keeps his duty to Him, He will make a way for him to get out (from every difficulty). And He will provide him from (sources) he never could imagine..." (65:2,3)

"If you obey and fear Allah, He will grant you Furqan [(a criterion to judge between right and wrong), or (Makhraj, i.e., a way for you to get out from every difficulty)], and will expiate for you your sins, and forgive you; and Allah is the Owner of the great bounty". (8:29)

[69] فالأول: عن أبي هريرةَ قَالَ: قِيلَ: يَا رسولَ الله، مَنْ أكرمُ النَّاس ؟ قَالَ: «أتْقَاهُمْ». فقالوا: لَيْسَ عن هَذَا نسألُكَ، قَالَ: «فَيُوسُفُ نَبِيُّ اللهِ ابنُ نَبِيِّ اللهِ ابنِ نَبيِّ اللهِ ابنِ خليلِ اللهِ» قالوا: لَيْسَ عن هَذَا نسألُكَ، قَالَ: «فَعَنْ مَعَادِنِ العَرَبِ تَسْألوني ؟ خِيَارُهُمْ في الجَاهِلِيَّةِ خِيَارُهُمْ في الإسْلامِ إِذَا فقُهُوا». مُتَّفَقٌ عَلَيهِ.و«فَقُهُوا» بِضم القافِ عَلَى المشهورِ وَحُكِيَ كَسْرُهَا: أيْ عَلِمُوا أحْكَامَ الشَّرْعِ. أي: أنَّ أصحاب المروءات ومكارم الأخلاق في الجاهلية هم أصحابها في الإسلام إذا علموا أحكام الشرع.

69. Abu Hurairah ﷺ reported: It was asked, "O Messenger of Allah! Who is the most honourable amongst mankind?" He ﷺ said, "The most honourable of them is one who is the most pious of them." They said, "We are not asking about this". He said, "Then, the most honourable of men was Yusuf (Joseph), the Prophet of Allah, the son of Allah's Prophet, who was the son of the Prophet of Allah, who was the son of the Khalil of Allah (i.e., Ibrahim ﷺ)' They said, "We are not asking you about this." He enquired, "Are you then asking me about the classes of the Arabs? The best of

them in the Pre-Islamic Period of Ignorance are the best of them in Islam, provided they comprehend the religious knowledge". [Al-Bukhari and Muslim].

[70] الثَّـاني: عـن أبي سـعيد الخـدري عـن النَّبـيّ قَـالَ: «إنَّ الدُّنْيَـا حُلْـوَةٌ خَـضِرةٌ، وإنَّ اللـهَ مُسْتَخْلِفُكُمْ فِيهَـا فَيَنْظُـرَ كَيـفَ تَعْمَلُـونَ، فَاتَّقُـوا الدُّنْيَـا وَاتَّقُـوا النِّسَـاءَ؛ فَـإنَّ أوَّلَ فِتْنَةِ بَنِي إسرائيـلَ كَانَـتْ في النِّسَـاءِ. رواه مسـلم. في هذا الحديث: التحذيرُ من الاغـترار بالدنيا، والميل إلى النسـاء، فإنهـما فتنـة لـكل مفتون.

70. Abu Sa'id Al-Khudri ﷺ reported: The Prophet ﷺ said, "The life of the world is sweet and green. Allah makes you generations succeeding one another so that He may try you in respect of your actions. So beware of the beguilements of the world and those of women. The first trial of Banu Israel was through women". [Muslim].

[71] الثالـث: عـن ابـن مسـعودٍ: أنَّ النَّبـيّ كَانَ يقـول: «اللَّهُـمَّ إنِّي أسـألُكَ الهُـدَى، وَالتُّقـى، وَالعَفَـافَ، وَالغِنَـى». رواه مسـلم. الهدى: الرشـاد. والتقى: امتثال الأوامـر واجتناب النواهي. والعفـاف: التنـزه عـما لا يبـاح، وما لا يليـق بالمروءة. والغنـى: غنى النفـس، والاغتناء عما في أيـدي النـاس. وفيـه: شرف هـذه الخصـال والالتجـاء إلى الله في سـائر الأحوال.

71. 'Abdullah bin Mas'ud ﷺ reported that the Prophet ﷺ used to say: "Allahumma inni as'alukal-huda wat-tuqa wal-'afafa wal-ghina (O Allah! I ask You for guidance, piety, chastity and self-sufficiency)". [Muslim].

[72] الرابـع: عـن أبي طريـفٍ عـديٍّ بـن حاتـمِ الطـائيِّ، قَـالَ: سـمعتُ رسـولَ اللـه يقـول: «مَـنْ حَلَـفَ عَـلَى يَمِـينٍ ثُـمَّ رَأَى أتْقَـى للـهِ مِنْهَـا فَلْيَـأتِ التَّقْـوَى». رواه مسـلم. يعنـي أن مـن حلـف عـلى فعـل شيء أو تركـه، فـرأى غـيره خـيراً مـن التـمادي عـلى اليمـين واتقـى اللـه، فَعَلَـهُ وَكفَّـر عـن يمينه.

72. 'Adi bin Hatim At-Ta'i ﷺ said: I heard the Messenger of Allah ﷺ say: "He who has taken an oath (to do something) but found something else better than that (which brings him closer to Allah), then he should do that which is better in piety (and he

should expiate for the breaking of oath)".[Muslim].

[73] الخامس: عن أبي أُمَامَةَ صُدَيّ بنِ عجلانَ الباهِلِيِّ قَالَ: سَمِعتُ رسولَ الله يَخْطُبُ في حجةِ الوداعِ، فَقَالَ: «اتَّقُوا الله وَصلُّوا خَمْسَكُمْ، وَصُومُوا شَهْرَكُمْ، وَأَدُّوا زَكاةَ أَمْوَالِكُمْ، وَأَطِيعُوا أُمَرَاءكُمْ تَدْخُلُوا جَنَّةَ رَبِّكُمْ». رواه الترمذي، في آخر كتابِ الصلاةِ، وَقالَ: (حديث حسن صحيح). بدأ بالتقوى لأنها الأساس؛ لتناولها فعل سائر المأمورات، وترك سائر المناهي، وعطف عليها ما بعدها وهو من عطف العام على الخاص، والله أعلم.

73. Abu Umamah ﵁ said: I heard Messenger of Allah ﷺ during the sermon of the Farewell Pilgrimage saying, "Be mindful of your duty to Allah; perform your five daily Salat, observe Saum during the month (of Ramadan) , pay the Zakat on your properties and obey your leaders; (if you do so) you will enter the Jannah of your Rubb". [At-Tirmidhi].

CHAPTER 7

Firm Belief and Perfect Reliance on Allah [74-84 of 1896]

قَالَ اللهُ تَعَالَى: ﴿وَلَمَّا رَأى الْمُؤْمِنُونَ الأَحْزَابَ قَالُوا هَذَا مَا وَعَدَنَا اللهُ وَرَسُولُهُ وَصَدَقَ اللهُ وَرَسُولُهُ وَمَا زَادَهُمْ إلا إِيمَاناً وَتَسْلِيماً﴾ [الأحزاب (22)]. أي: ما زادهم الابتلاء إلا تصديقًا بوعد الله وتسليمًا لأمره. وَقالَ تَعَالَى: ﴿الَّذِينَ قَالَ لَهُمُ النَّاسُ إِنَّ النَّاسَ قَدْ جَمَعُوا لَكُمْ فَاخْشَوْهُمْ فَزَادَهُمْ إِيمَاناً وَقَالُوا حَسْبُنَا اللهُ وَنِعْمَ الْوَكِيلُ * فَانْقَلَبُوا بِنِعْمَةٍ مِنَ اللهِ وَفَضْلٍ لَمْ يَمْسَسْهُمْ سُوءٌ وَاتَّبَعُوا رِضْوَانَ اللهِ وَاللهُ ذُو فَضْلٍ عَظِيمٍ﴾ [آل عمران (173: 174)]. يمدح تعالى المؤمنينَ الذين استجابوا لله والرسول بأنَّ تخويف الناس لهم زادهم تصديقًا ويقينًا وقوة، وقالوا: ﴿حَسْبُنَا اللهُ﴾، أي: كافينا الله. ﴿وَنِعْمَ الْوَكِيلُ﴾ أي: الموكول إليه الأمور. وَقالَ تَعَالَى: ﴿وَتَوَكَّلْ عَلَى الْحَيِّ الَّذِي لا يَمُوتُ﴾ [الفرقان (58)]. وفيه: إشارة إلى أنَّ من توكل على غير الله فقد ضاع؛ لأنه يموت. قال تعالى: ﴿كُلُّ شَيْءٍ هَالِكٌ إلا وَجْهَهُ﴾ [القصص (88)]. وَقالَ تَعَالَى: ﴿وَعَلَى اللهِ فَلْيَتَوَكَّلِ الْمُؤْمِنُونَ﴾ [إبراهيم (11)]. إذ هو الحي القيوم. وَقالَ تَعَالَى: ﴿فَإِذَا عَزَمْتَ فَتَوَكَّلْ عَلَى الله﴾ [آل عمران (159)]. أي: إذا عزمت على إمضاء ما تريد بعد المشاورة، فتوكل على الله، أي: ثِقْ به لا بالمشاورة. والآيات في الأمرِ بالتوكلِ كثيرةٌ معلومةٌ. وَقالَ تَعَالَى: ﴿وَمَنْ يَتَوَكَّلْ عَلَى اللهِ فَهُوَ حَسْبُهُ﴾ [الطلاق (3)]: أي كافِيهِ. في هذه الآية والتي بعدها فضل التوكل وثمراته. وَقالَ تَعَالَى: ﴿إِنَّمَا الْمُؤْمِنُونَ الَّذِينَ إِذَا ذُكِرَ اللهُ وَجِلَتْ قُلُوبُهُمْ وَإِذَا تُلِيَتْ عَلَيْهِمْ آيَاتُهُ زَادَتْهُمْ إِيمَاناً وَعَلَى رَبِّهِمْ يَتَوَكَّلُونَ﴾ [الأنفال (2)]. أي: يفوضون أمورهم إليه. وهذه الآية صفة المؤمنين حقًّا. قال عمير بن حبيب: إنَّ للإيمان زيادة ونقصانًا. قيل: فما زيادته ؟ قال: إذا ذكرنا الله عزَّ وجلّ وحمدناه فذلك زيادته. وإذا سهونا وغفلنا فذلك نقصانه. والآيات في فَضْلِ التَّوكُّل كثيرةٌ مَعْرُوفَةٌ. وأما الأحاديث:

Allah, the Exalted, says:

"And when the believers saw Al-Ahzab (the Confederates), they said: 'This is what Allah and His Messenger (Muhammad ﷺ) had promised us, and Allah and His Messenger (Muhammad ﷺ) had spoken the truth, and it only added to their Faith and to their submissiveness (to Allah)". (33:22)

"Those (i.e., believers) unto whom the people (hypocrites) said, 'Verily, the people (pagans) have gathered against you (a great army), therefore, fear them.' But it (only) increased them in Faith, and they said: 'Allah (Alone) is Sufficient for us, and He is the Best Disposer of affairs (for us)'. So they returned with grace and bounty from Allah. No harm touched them; and they followed the good Pleasure of Allah. And Allah is the Owner of great bounty". (3:173,174)

"And put your trust (O Muhammad ﷺ) in the Ever Living One Who dies not." (25:58)

"And in Allah (Alone) let the believers, put their trust." (14:11)

"... Then when you have taken a decision, put your trust in Allah..." (3:159)

"And whosoever puts his trust in Allah, then He will suffice him". (65:3)

"The believers are only those who, when Allah is mentioned, feel a fear in their hearts; and when His Verses (this Qur'an) are recited unto them, they (i.e., the Verses) increase their Faith; and they put their trust in their Rubb (Alone)." (8:2)

[74] فالأول: عن ابن عباس رضي الله عنهما، قَالَ: قَالَ رسولُ الله: «عُرِضَتْ عَلَيَّ الأُمَمُ، فَرَأَيْتُ النَّبِيَّ وَمَعَهُ الرُّهَيْطُ، والنبيَّ وَمَعَهُ الرَّجُلُ وَالرَّجُلانِ، والنبيَّ وَلَيْسَ مَعَهُ أَحَدٌ إذْ رُفِعَ لي سَوَادٌ عَظِيمٌ فَظَنَنْتُ أَنَّهُمْ أُمَّتي فقيلَ لي: هَذَا مُوسَى وَقَوْمُهُ، ولكنِ انْظُرْ إِلَى الأُفُقِ، فَنَظَرْتُ فَإِذَا سَوادٌ عَظِيمٌ، فقيلَ لي: انْظُرْ إِلَى الأُفُقِ الآخَرِ، فَإِذَا سَوَادٌ عَظِيمٌ، فقيلَ لي: هَذِهِ أُمَّتُكَ وَمَعَهُمْ سَبْعُونَ ألفاً يَدْخُلُونَ الجنَّةَ بغَيرِ حِسَابٍ ولا عَذَابٍ»، ثُمَّ نَهَضَ فَدَخَلَ مَنْزِلَهُ فَخَاضَ النَّاسُ في أُولئكَ الَّذِينَ يَدْخُلُونَ الجنَّةَ بِغَيْرِ حِسَابٍ ولا عَذَابٍ، فَقَالَ بَعْضُهُمْ: فَلَعَلَّهُمُ الَّذِينَ صَحِبوا رسولَ الله، وَقَالَ بَعْضُهُمْ: فَلَعَلَّهُمُ الَّذِينَ وُلِدُوا في الإِسْلامِ فَلَمْ يُشْرِكُوا بِاللهِ شَيْئاً - وذَكَرُوا أشيَاءَ - فَخَرَجَ عَلَيْهِمْ رسولُ الله، فَقَالَ: «مَا الَّذِي

تَخُوضُونَ فِيهِ ؟» فَأَخْبَرُوهُ فقالَ: «هُمُ الَّذِينَ لا يَرْقُونَ، وَلا يَسْتَرقُونَ، وَلا يَتَطَيَّرُونَ؛ وعَلَى رَبِّهِمْ يَتَوكَّلُون» فقامَ عُكَّاشَةُ بنُ محصنٍ، فَقَالَ: ادْعُ الله أَنْ يَجْعَلني مِنْهُمْ، فَقَالَ: «أَنْتَ مِنْهُمْ». ثُمَّ قَامَ رَجُلٌ آخَرُ، فَقَالَ: ادْعُ اللهَ أَنْ يَجْعَلنِي مِنهُمْ، فَقَالَ: «سَبَقَكَ بِهَا عُكَّاشَةُ». مُتَّفَقٌ عَلَيهِ. «الرُّهَيْطُ» بضم الراء تصغير رهط: وهم دون عشرة أنفس، وَ«الأُفُقُ» الناحية والجانب. و«عُكَّاشَةُ» بضم العين وتشديد الكاف وبتخفيفها، والتشديد أفصح. قوله: «لا يرقون ولا يسترقون»، أي: لا يرقون غيرهم بالرقية المكروهة ولا يطلبون من الغير أن يرقاهم توكُّلاً على الله. فالرقية مباحة ولا كراهة فيها إذا كانت بالقرآن أو الأدعية المعروفة. وقد قال: «لا بأس بالرقى ما لم تكن شركًا». قال القرطبي: الرقى والاسترقاء: ما كان منه برقى الجاهلية أو بما لا يُعرف فواجب اجتنابه على سائر المسلمين.

74. Ibn 'Abbas (May Allah be pleased with them) reported: Messenger of Allah ﷺ said, "I was shown the past nations. I saw a Prophet who had a very small group (less than ten in total) with him, another Prophet who was accompanied by only one or two men and some did not have even one. Suddenly I was shown a huge crowd and I thought that they were my Ummah, but I was told: 'This is Musa (Moses) and his people, but look towards the other side.' I looked and beheld a great assemblage. I was told: 'These are your people and amongst them there are seventy thousand who shall enter Jannah without being taken to account or torment". Then the Prophet ﷺ stood up and went into his apartment, and the Companions began to guess who may be those people who would enter Jannah without any accounting or torment. Some said: "Probably, they are the ones who kept company with Messenger of Allah ﷺ". Others said: "Probably, they are the ones who have been born as Muslims and have never associated anyone with Allah in worship". Then Messenger of Allah ﷺ came out and asked, "What are you discussing?" So they told him. He then said, "They are those who do not make Ruqyah (blowing over themselves after reciting the Qur'an or some prayers and supplications the Prophet ﷺ used to say) nor seek it, nor perceive omens (i.e., they are not pessimistic) but keep trust in their Rubb (Allah)." On this 'Ukashah bin Mihsan stood up and asked: "Pray to Allah to make me one of them." The Prophet ﷺ said, "You are one of them." Then another man stood up and asked the same thing. The

Prophet ﷺ answered, "'Ukashah has surpassed you". [Al-Bukhari and Muslim].

[75] الثاني: عن ابن عباس رضي الله عنهما أيضاً: أنَّ رَسُول الله كَانَ يقول: «اللَّهُمَّ لَكَ أَسْلَمْتُ، وَبِكَ آمَنْتُ، وَعَلَيْك تَوَكَّلْتُ، وَإِلَيْكَ أَنَبْتُ، وَبِكَ خَاصَمْتُ. اللَّهُمَّ إِنِّي أعُوذُ بعزَّتِكَ؛ لا إِلهَ إلا أَنْتَ أَنْ تُضلَّني، أَنْتَ الحَيُّ الَّذِي لا يَمُوتُ، وَالجِنُّ والإِنْسُ يَمُوتُونَ». مُتَّفَقٌ عَلَيهِ، وهذا لفظ مسلم واختصره البخاري. قوله: «اللهم لك أسلمت»، أي: استسلمت لحكمك وأمرك، وسلمتُ: رضيتُ وآمنتُ وصدقتُ وأيقنتُ. وفي الحديث: الالتجاء إلى الله والاعتصام به، فمن اعتزَّ بغير الله ذلّ، ومن اهتدى بغير هدايته ضلّ، ومن اعتصم بالله تعالى وتوكّل عليه عظُم وجلّ.

75. Ibn 'Abbas (May Allah be pleased with them) reported that the Messenger of Allah ﷺ used to supplicate: "O Allah! To You I have submitted, and in You do I believe, and in You I put my trust, to You do I turn, and for You I argued. O Allah, I seek refuge with You through Your Power; there is none worthy of worship except You Alone; that You safeguard me against going astray. You are the Ever Living, the One Who sustains and protects all that exists; the One Who never dies, whereas human beings and jinn will all die". [Al-Bukhari and Muslim].

[76] الثالث: عن ابن عباس رضي الله عنهما أيضاً، قَالَ: حَسْبُنَا اللهُ وَنِعْمَ الوَكِيلُ، قَالَهَا إبرَاهيمُ حِينَ أُلقِيَ في النَّارِ، وَقَالَهَا مُحَمَّدٌ حِينَ قَالُوا: إنَّ النَّاسَ قَدْ جَمَعوا لَكُمْ فَاخْشَوْهُمْ فَزَادَهُمْ إيماناً وَقَالُوا: حَسْبُنَا الله ونعْمَ الوَكيلُ. رواه البخاري.وفي رواية لَهُ عن ابن عَبَّاسٍ رضي الله عنهما، قَالَ: كَانَ آخر قول إبْرَاهِيمَ حِينَ أُلْقِيَ في النَّارِ: حَسْبِي الله ونِعْمَ الوَكِيلُ. قوله: ﴿حسبنا الله﴾، أي: هو كافينا. ﴿ونعم الوكيل﴾، أي: الموكول إليه الأمور. ورُوي أنَّ إبراهيم لما أرادوا إلقاءه في النار، رفع رأسه إلى السماء فقال: «اللَّهُمَّ أنت الواحدُ في السماء، وأنا الواحد في الأرض، ليس أحدٌ يعبدك غيري، حسبي الله ونعم الوكيل». فقال الله عزَّ وجلّ: ﴿يَا نَارُ كُونِي بَرْداً وَسَلاماً عَلَى إبْرَاهِيمَ﴾.

76. Ibn 'Abbas (May Allah be pleased with them) said: When (Prophet) Ibrahim (Abraham) was thrown into the fire, he said: "Allah (Alone) is sufficient for us, and, He is the Best Disposer of affairs." So did Messenger of Allah Muhammad ﷺ when he was told: "A great army of the pagans had gathered against him, so fear

them". But this (warning) only increased him and the Muslims in Faith and they said: "Allah (Alone) is sufficient for us, and He is the Best Disposer of affairs (for us)". [Al-Bukhari].

[77] الرابع: عن أبي هريرةَ عن النبيّ قَالَ: «يَدْخُلُ الجَنَّةَ أَقْوامٌ أفْئِدَتُهُمْ مِثلُ أفْئِدَةِ الطَّيرِ». رواه مسلم.قيل: معناه متوكلون، وقيل: قلوبهم رَقيقَةٌ. هذا الحديث أصلٌ عظيم في التوكل. وحقيقته: هو الاعتماد على الله عزَّ وجلّ في استجلاب المصالح ودفع المضار. قال سعيد بن جبير: التوكُّل جماع الإيمان. واعلم أنَّ التوكُّل لا ينافي السعي في الأسباب، فإنَّ الطير تغدو في طلب رزقها. وقد قال الله تعالى: ﴿وَمَا مِن دَآبَّةٍ فِي الأَرْضِ إلا عَلَى اللّهِ رِزْقُهَا﴾ [هود (6)]. قال يوسف بن أسباط: كان يقال: اعمل عمل رجل لا ينجيه إلا عمله، وتوكَّل توكُّل رجل لا يصيبه إلا ما كُتب له. وفي حديث جابر عن النبي: «لن تموتَ نفس حتى تستكمل رزقها، فاتقوا الله وأجملوا في الطلب، خذوا ما حلَّ ودعوا ما حرم».

77. Abu Hurairah ﵁ reported: The Prophet ﷺ said, "A group of people (both men and women) whose hearts will be like the hearts of birds, will enter Jannah". [Muslim].

It has been interpreted that such people are those who put their trust in Allah; another interpretation is that these people are tender-hearted.

[79] السادس: عن عُمَر قَالَ: سمعتُ رَسُول الله يقول: «لَوْ أَنَّكُمْ تَتَوَكَّلُونَ عَلَى اللهِ حَقَّ تَوَكُّلِهِ لَرَزَقَكُمْ كَمَا يَرْزُقُ الطَّيْرَ، تَغْدُو خِمَاصاً وَتَرُوحُ بِطَاناً». رواه الترمذي، وَقالَ: (حديث حسن).معناه: تَذْهبُ أَوَّلَ النَّهَارِ خِمَاصاً: أي ضَامِرَةَ البُطُونِ مِنَ الجُوعِ، وَتَرجعُ آخِرَ النَّهَارِ بِطَاناً. أَي مُمْتَلِئَةَ البُطُونِ. أي: لو توكلتم على الله في ذهابكم ومجيئكم وتصرُّفكم لسهّل لكم رزقكم.

79. 'Umar ﵁ said: I heard Messenger of Allah ﷺ saying: "If you all depend on Allah with due reliance, He would certainly give you provision as He gives it to birds who go forth hungry in the morning and return with full belly at dusk". [At-Tirmidhi].

[80] السابع: عن أبي عُمَارة البراءِ بن عازب رضي الله عنهما، قَالَ: قَالَ رسولُ الله: «يَا فُلانُ، إذَا أَوَيْتَ إلَى فراشِكَ، فَقُل: اللَّهُمَّ أسْلَمتُ نَفْسي إلَيْك، وَوَجَّهتُ وَجْهِي إلَيْك، وَفَوَّضتُ أَمْري إلَيْكَ، وَألجأْتُ ظَهري إلَيْك رَغبَةً وَرَهبَةً إلَيْكَ، لا مَلْجأ وَلا مَنْجَا مِنْكَ إلا إلَيْكَ، آمنْتُ بِكِتَابِكَ الَّذِي أنْزلْتَ؛ وَنَبِيِّكَ الَّذِي أرْسَلْتَ. فَإنَّ مِتَّ مِنْ لَيلَتِكَ مِتَّ عَلَى

الفِطْرَةِ، وَإِنْ أَصْبَحْتَ أَصَبْتَ خَيْراً». مُتَّفَقٌ عَلَيْهِ. وفي رواية في الصحيحين، عن البراءِ، قَالَ: قَالَ لي رَسُولُ الله: «إِذَا أَتَيْتَ مَضْجَعَكَ فَتَوَضَّأْ وُضُوءَكَ لِلصَّلاةِ، ثُمَّ اضْطَجِعْ عَلَى شِقِّكَ الأَيْمَنِ، وَقُلْ... وذَكَرَ نَحْوَهُ ثُمَّ قَالَ: وَاجْعَلْهُنَّ آخِرَ مَا تَقُولُ». في هذا الحديث: فضل الاستسلام، والتفويض، والالتجاء إلى الله عزَّ وجلَّ.

80. Al-Bara' bin 'Azib (May Allah be pleased with them) said: Messenger of Allah ﷺ asked me to recite whenever I go to bed: "Allahumma aslamtu nafsi ilaika, wa wajjahtu wajhi ilaika, wa fawwadtu amri ilaika, wal-ja'tu zahri ilaika, raghbatan wa rahbatan ilaika, la malja wa la manja minka illa ilaika. Amantu bikitabikal-ladhi anzalta, wa nabiyyikal-ladhi arsalta (O Allah! I have submitted myself to You, I have turned my face to You, entrusted my affairs to You; and committed my back to You out of desire for You and fear of You; expecting Your reward and fearing Your punishment). There is no refuge and no place of safety from You but with You. I believe in the Book You have revealed and in the Prophet You have sent." Messenger of Allah ﷺ said that if anyone recited these words and died that night, he would die in the true religion. In case he remains alive till morning, he will obtain good. [Al-Bukhari and Muslim].

In another narration: He reported Messenger of Allah ﷺ as saying: "If you go to bed, perform the Salat Wudu', lie down on your right side and say [the above Du'a (supplication)] and let these words be your last".

[81] الثامنُ: عـن أبي بكـرٍ الصِّديـقِ عبـدِ اللهِ بـنِ عثمـانَ بـنِ عامـرِ بـنِ عمـرَ ابـنِ كعـبِ بـنِ سعدِ بـنِ تَيْـمِ بـنِ مـرةَ بـنِ كعـبِ بنِ لُـؤَيِّ بـنِ غالـبٍ القرشي التيمـي - وَهُـوَ وَأَبُـوهُ وَأُمُّـهُ صَحَابَةٌ - - قَـالَ: نَظَـرْتُ إلَى أَقْدَامِ المُشْرِكِينَ وَنَحْـنُ فِي الغَـارِ وَهُـمْ عَلَى رُؤُوسِنَـا، فقلتُ: يَا رسولَ اللهِ، لَوْ أَنَّ أَحَدَهُـمْ نَظَـرَ تَحْتَ قَدَمَيْـهِ لأَبْصَرَنَـا. فَقَـالَ: «مَـا ظَنُّكَ يَـا أَبَا بَكـرٍ بِاثْنَيْنِ اللهُ ثَالِثُهُمَا». مُتَّفَـقٌ عَلَيْـهِ. في هـذا الحديـث: تنبيـه علـى أنَّ مـن تـوكَّل علـى الله كفـاه ونصره، وأعانه، وكلأه وحفظه.

81. Abu Bakr As-Siddiq ﷺ said: When Messenger of Allah ﷺ and I were in the cave of Thaur and I saw the feet of the polytheists who were above us at the mouth of the cave (on the eve of the Emigra-

tion), I submitted: "O Messenger of Allah! If one of them were to look down below his feet, he would see us". He ﷺ said, "O Abu Bakr! What do you think of two whose third is Allah". [Al-Bukhari and Muslim].

[82] التاسع: عن أم المؤمنين أمِّ سَلَمَةَ وَاسمها هِنْدُ بنتُ أبي أمية حذيفة المخزومية رضي الله عنها: أنَّ النَّبيّ كَانَ إِذَا خَرَجَ مِنْ بَيتِهِ، قَالَ: «بِسْمِ اللهِ تَوَكَّلْتُ عَلَى اللهِ، اللَّهُمَّ إِنِّي أَعُوذُ بِكَ أَنْ أَضِلَّ أَوْ أُضَلَّ، أَوْ أَزِلَّ أَوْ أُزَلَّ، أَوْ أَظْلِمَ أَوْ أُظْلَمَ، أَوْ أَجْهَلَ أَوْ يُجْهَلَ عَلَيَّ» حديثٌ صحيح، رواه أبو داود والترمذي وغيرهما بأسانيد صحيحةٍ. قَالَ الترمذي: (حديث حسن صحيح). وهذا لفظ أبي داود.

82. Umm Salamah ﷺ reported: Whenever the Prophet ﷺ stepped out of his house, he would say, "Bismillah, tawakkaltu 'alallah. Allahumma inni a'udhu bika an adilla aw udalla, aw azilla aw uzalla, aw azlima aw uzlama, aw ajhala aw yujhala 'alayya". "[I go forth. (I begin with the Name of Allah, I trust in Allah; O Allah! I seek refuge in You from leaving or being led astray, or against slipping or being caused to slip; or doing injustice or being done injustice; or doing wrong or having wrong done to me)]". [Abu Dawud and At-Tirmidhi reported it. According to At-Tirmidhi, this Hadith is classified as Hasan Sahih. Its wording is from Abu Dawud].

[83] العاشر: عن أنس قَالَ: قَالَ رَسُول الله: «مَنْ قَالَ - يَعْني: إِذَا خَرَجَ مِنْ بَيتِهِ -: بِسمِ اللهِ تَوَكَّلْتُ عَلَى اللهِ، وَلا حَولَ وَلا قُوَّةَ إلا باللهِ، يُقالُ لَهُ: هُدِيتَ وَكُفِيتَ وَوُقِيتَ، وَتَنَحَّى عَنْهُ الشَّيطَانُ». رواه أبو داود والترمذي والنسائي وغيرهم. وَقَالَ الترمذي: (حديث حسن)، زاد أبو داود: «فيقول - يعني: الشيطان - لِشيطان آخر: كَيفَ لَكَ بِرجلٍ قَدْ هُدِيَ وَكُفِيَ وَوُقِيَ ؟». معنى «لا حول ولا قوّة إلا بالله»، أي: لا حول عن المعاصي إلا بعصمة الله. ولا قوّة على الطاعات إلا بالله. ورُوي عن ابن مسعود قال: كنت عند رسول الله فقلتها. فقال: «تدري ما تفسيرها ؟»، قلت: الله ورسوله أعلم. قال: «لا حول عن معصية الله، ولا قوّة على طاعة الله إلا بمعونة الله». أخرجه البزّار. قال بعض العلماء: ولعل تخصيصه بالطاعة والمعصية؛ لأنهما أمران مهمان في الدين.

83. Anas ﷺ reported: Messenger of Allah ﷺ said, "Whoever says (upon leaving his house): 'Bismillah, tawakkaltu 'alallah, wa la hawla wa la quwwata illa billah [I begin with the Name of Allah; I

trust in Allah; there is no altering of conditions but by the Power of Allah],' it will be said to him: 'You are guided, defended and protected.' The devil will go far away from him". [Abu Dawud, At-Tirmidhi and An-Nasa'i].

Abu Dawud reported it with this addition: "One devil will say to another: 'How can you deal with a man who has been guided, defended and protected?".

[84] وعن أنس قَالَ: كَانَ أَخَوانِ عَلَى عهد النّبيّ وَكَانَ أحَدْهُمَا يَأتِي النَّبيَّ وَالآخَرُ يَحْتَرِفُ، فَشَكَا المُحْتَرِفُ أخَاهُ للنبي، فَقَالَ: «لَعَلَّكَ تُرْزَقُ بِهِ». رواه الترمذي بإسناد صحيحٍ عَلَى شرطِ مسلم.«يحترِف»: يكتسب ويتسبب. في الحديث: تنبيهٌ على أنَّ من انقطع إلى الله كفاه مهماته. وأنَّ العبدَ يُرزق بغيره، كما في الحديث الآخر: «وهل ترزقون - أو قال: تنصرون - إلا بضعفائكم».

84. Anas ؓ reported: There were two brothers in the days of the Prophet ﷺ. One of them used to attend the Prophet's circle (to acquire knowledge) and the other used to earn their living). Once the latter complained to the Prophet ﷺ against the former (for not earning his living). He ﷺ replied, "Perhaps you are being provided because of him". [At-Tirmidhi].

CHAPTER 8

Uprightness and Steadfastness [85-86 of 1896]

قَالَ اللهُ تَعَالَى: ﴿فَاسْتَقِمْ كَمَا أُمِرْتَ﴾ [هود (112)]. أي: استقم على دين ربك، والعمل به، والدعاء إليه. والاستقامة: هي لزوم المنهج المستقيم. قال عمر رضي الله عنه: الاستقامة: أنْ تقوم على الأمر والنهي، ولا تروغ عنه روغان الثعلب. وَقَالَ تَعَالَى: ﴿إِنَّ الَّذِينَ قَالُوا رَبُّنَا اللَّهُ ثُمَّ اسْتَقَامُوا تَتَنَزَّلُ عَلَيْهِمُ الْمَلائِكَةُ أَلا تَخَافُوا وَلا تَحْزَنُوا وَأَبْشِرُوا بِالْجَنَّةِ الَّتِي كُنْتُمْ تُوعَدُونَ * نَحْنُ أَوْلِيَاؤُكُمْ فِي الْحَيَاةِ الدُّنْيَا وَفِي الآخِرَةِ وَلَكُمْ فِيهَا مَا تَشْتَهِي أَنْفُسُكُمْ وَلَكُمْ فِيهَا مَا تَدَّعُونَ * نُزُلاً مِنْ غَفُورٍ رَحِيمٍ﴾ [فصلت (30: 32)]. يخبر تعالى أنَّ من وحّده واستقام على طاعته أنه آمن عند الموت ويوم القيامة، وأنَّ جزاءه الجنة. وقوله: ﴿نزلاً﴾ أي: رزقًا مهيأً. وَقَالَ تَعَالَى: ﴿إِنَّ الَّذِينَ قَالُوا رَبُّنَا اللهُ ثُمَّ اسْتَقَامُوا فَلا خَوْفٌ عَلَيْهِمْ وَلا هُمْ يَحْزَنُونَ * أُولَئِكَ أَصْحَابُ الْجَنَّةِ خَالِدِينَ فِيهَا جَزَاءً بِمَا كَانُوا يَعْمَلُونَ﴾ [الأحقاف (13، 14)]. أي: استقاموا على التوحيد، واتباع الكتاب والسنة.

Allah, the Exalted, says:

"So stand (ask Allah to make) you (Muhammad ﷺ) firm and straight (on the religion of Islamic Monotheism) as you are commanded..." (11:112)

"Verily, those who say: 'Our Rubb is Allah (Alone),' and then they stand firm, on them the angels will descend (at the time of their death) (saying): 'Fear not, nor grieve! But receive the glad tidings of Jannah which you have been promised! We have been your friends in the life of this world and are (so) in the Hereafter. Therein you shall have (all) that your inner-selves desire, and therein you shall have (all) for which you ask. An entertainment from (Allah), the Oft-Forgiving, Most Merciful.'" (41:30-32)

"Verily, those who say: 'Our Rubb is (only) Allah,' and thereafter stand firm and straight (on the Islamic Faith of Monotheism), on them shall be no fear, nor shall they grieve. Such shall be the dwellers of Jannah, abiding therein (forever), - a reward for what they used to do." (46:13,14)

[85] وعن أبي عمرو، وقيل: أبي عَمرة سفيان بن عبد الله قَالَ: قُلْتُ: يَا رَسُول الله، قُلْ لي في الإِسْلامِ قَولاً لا أسْأَلُ عَنْهُ أَحَداً غَيْرَكَ. قَالَ: «قُلْ: آمَنْتُ بِاللهِ، ثُمَّ استَقِمْ». رواه مسلم. هذا الحديث جمع معاني الإسلام والإيمان كلها، وهو على وفاق قوله تعالى: ﴿إِنَّ الَّذِينَ قَالُوا رَبُّنَا اللَّهُ ثُمَّ اسْتَقَامُوا﴾. قال بعض العارفين: مرجع الاستقامة إلى أمرين: * صحة الإيمان بالله. * واتباع ما جاء به رسول الله ظاهرًا وباطنًا. وقد قال النبي: «استقيموا ولن تحصوا، واعلموا أن خير أعمالكم الصلاة، ولا يحافظ على الوضوء إلا مؤمن».

85. Sufyan bin 'Abdullah ؓ reported: I said, "O Messenger of Allah, tell me something of Islam which I will not ask anyone else about it." He ﷺ said, "Say, 'I believe in Allah' and then be steadfast". [Muslim].

[86] وعن أبي هريرةَ قَالَ: قَالَ رَسُول الله: «قَارِبُوا وَسَدِّدُوا، وَاعْلَمُوا أَنَّهُ لَنْ يَنْجُوَ أَحَدٌ مِنْكُمْ بعَمَلِهِ» قالُوا: وَلا أَنْتَ يَا رَسُول الله ؟ قَالَ: «وَلا أنا إلا أنْ يَتَغَمَّدَنِي الله برَحمَةٍ مِنهُ وَفَضْلٍ». رواه مسلم.وَ«المُقَارَبَةُ»: القَصدُ الَّذِي لا غُلُوَّ فِيهِ وَلا تَقْصيرَ، وَ«السَّدادُ»: الاستقامة والإصابة. وَ«يتَغَمَّدني»: يلبسني ويسترني.قَالَ العلماءُ: مَعنَى الاستقامَةِ لُزُومُ طَاعَةِ الله تَعَالَى، قالوا: وهِيَ مِنْ جَوَامِعِ الكَلِم، وَهِيَ نِظَامُ الأُمُورِ؛ وبِاللهِ التَّوفِيقُ. في هذا الحديث: دلالةٌ على أنه ليس أحد من الخلْق يقدر على توفية حق الربوبية. لقوله: «ولا أنا، إلا أن يتغمَّدني الله برحمة منه وفضل». ولكن الأعمال سببٌ لدخول الجنة. كما قال تعالى: ﴿ادْخُلُواْ الْجَنَّةَ بِمَا كُنتُمْ تَعْمَلُونَ﴾ [النحل (32)]، والتوفيق للأعمال الصالحة من فضل الله ورحمته.

86. Abu Hurairah ؓ reported: Messenger of Allah ﷺ said, "Follow the Right Path of Faith strictly, and be steadfast; and keep in mind that none of you can achieve salvation through his (good) actions." Someone asked, "Not even you, O Messenger of Allah?" He ﷺ said, "Not even me, unless Allah grants me His Mercy and Grace". [Muslim].

CHAPTER 9

Pondering over the Great Creation of Allah, The passing away of Life of the World, the Horrors of the Day of Requital and Laxity of One's Nafs [86-86 of 1896]

[86] وعـن أبي هريـرةَ قَـالَ: قَـالَ رَسُـول اللـه: «قَارِبُوا وَسَـدِّدُوا، وَاعْلَمُـوا أَنَّهُ لَنْ يَنْجُـوَ أَحَدٌ مِنْكُـمْ بعَمَلِـهِ» قالُـوا: وَلا أَنْـتَ يَـا رَسُـول اللـه ؟ قَـالَ: «وَلا أنـا إلا أنْ يَتَغَمَّـدَني اللـه برَحمَةٍ مِنـهُ وَفَضْـلٍ». رواه مسـلم.وَ«المُقَاربَةُ»: القَصـدُ الَّـذِي لا غُلُـوَّ فِيـهِ وَلا تَقْصِـيرَ، وَ«السَّـدادُ»: الاسـتقامة والإصابـة. وَ«يتَغَمَّـدني»: يلبسـني ويسـترني.قَالَ العلـماءُ: مَعنَـى الاسـتقامَةِ لُزُومُ طَاعَـةِ اللـه تَعَـالَى، قالـوا: وهِـيَ مِـنْ جَوَامِـعِ الكَلِـم، وَهِـيَ نِظَـامُ الأُمُـورِ؛ وبِاللـهِ التَّوفِيقُ. في هـذا الحديـث: دلالـةٌ عـلى أنـه ليـس أحـد مـن الخلْق يقـدر على توفيـة حـق الربوبية. لقولـه: «ولا أنـا، إلا أن يتغمَّـدني اللـه برحمـة منـه وفضـل». ولكـن الأعـمال سـببٌ لدخول الجنـة. كـما قـال تعـالى: ﴿ادْخُلُـواْ الْجَنَّـةَ بِمَـا كُنتُـمْ تَعْمَلُـونَ﴾ [النحـل (32)]، والتوفيـق للأعـمال الصالحـة مـن فضـل اللـه ورحمته.

86. Abu Hurairah reported: Messenger of Allah said, "Follow the Right Path of Faith strictly, and be steadfast; and keep in mind that none of you can achieve salvation through his (good) actions." Someone asked, "Not even you, O Messenger of Allah?" He said, "Not even me, unless Allah grants me His Mercy and Grace". [Muslim].

CHAPTER 10

Hastening to do Good Deeds [87-94 of 1896]

وفنـاء الدنيـا وأهـوال الآخـرة وسـائر أمورهـما وتقصـير النفـس وتهذيبهـا وحملهـا عَـلَى الاسـتقامة التفكر في المخلوقات: كالعرش، والكرسي، والسـماء والأرض يدل على كمال الخالق وعظمتـه. وفي الحديـث: «ما السـماء والأرض، وما بينهما في العـرش إلا كحلقة أُلْقِيتْ في فلاة مـن الأرض»، وقـد قـال اللـه تعـالى: ﴿وَمَا قَـدَرُوا اللَّهَ حَـقَّ قَـدْرِهِ وَالأَرْضُ جَمِيعاً قَبْضَتُـهُ يَوْمَ الْقِيَامَـةِ وَالسَّـماوَاتُ مَطْوِيَّـاتٌ بِيَمِينِهِ سُبْحَانَهُ وَتَعَالَى عَمَّا يُشْرِكُـونَ﴾ [الزمر (67)]. والتفكُّر في فنـاء الدنيـا: يبعثـه عـلى الزهـد فيهـا، والإقبـال عـلى الآخـرة. والتفكُّـر في أهـوال الآخـرة: يبعثـه عـلى فعـل الطاعـات، وتـرك المنهيـات، وتقصير أمـل النفـس بذكـر المـوت، وتهذيبها مـن الأخـلاق السيئة. وحملهـا على الاسـتقامة يورثها العز في الدنيـا والآخرة. قَالَ اللـه تَعَالَى: ﴿إِنَّـمَا أَعِظُكُـمْ بِوَاحِـدَةٍ أَنْ تَقُومُـوا للهِ مَثْنَـى وَفُرَادَى ثُمَّ تَتَفَكَّرُوا﴾ [سبأ (46)]. يقول تعالى: قـل يـا محمـد لهؤلاء الزاعمـين أنك مجنـون: إنما أعظكم آمركـم وأوصيكم بواحـدة، هي: أن تقومـوا للـه مـن غـير هـوى ولا عصبيـة مثنـى وفـرادى، أي: اثنـين اثنين، وواحـدًا واحـدًا. ثم تتفكـروا جميعًـا في حـال محمـد فتعلمـوا مـا بصاحبكـم مـن جنة إن هـو إلا نذيـر لكم بين يـدي عـذاب شـديد. وَقَـالَ تَعَـالَى: ﴿إِنَّ فِي خَلْـقِ السَّـمَاوَاتِ وَالأَرْضِ وَاخْتِـلافِ اللَّيْـلِ وَالنَّهَارِ لآيَـاتٍ لأُولِي الأَلْبَـابِ * الَّذِيـنَ يَذْكُـرُونَ اللهَ قِيَاماً وَقُعُـوداً وَعَلَى جُنُوبِهِمْ وَيَتَفَكَّـرُونَ فِي خَلْقِ السَّـمَاوَاتِ وَالأَرْضِ رَبَّنَـا مَـا خَلَقْـتَ هَـذَا بَاطِلاً سُـبْحَانَكَ﴾ الآيات [آل عمـران (190، 191)]. التفكـر في المخلوقـات أفضـل العبـادات. وفي بعـض الآثـار بينما رجلٌ مستلق على فراشـه إذْ رفـع رأسـه فنظر إلى السـماء والنجوم، فقال: «أشـهد أن لك ربًّا وخالقًا اللَّهُمَّ اغفر لي» فنظر اللـه إليـه فغفـر له. وَقَـالَ تَعَالَى: ﴿أَفَـلا يَنْظُرُونَ إِلَى الإِبِـلِ كَيْفَ خُلِقَتْ * وَإِلَى السَّـمَاءِ كَيْفَ رُفِعَـتْ * وَإِلَى الْجِبَـالِ كَيْـفَ نُصِبَـتْ * وَإِلَى الأَرْضِ كَيْـفَ سُـطِحَتْ * فَذَكِّـرْ إِنَّمَا أَنْـتَ مُذَكِّرٌ﴾ [الغاشـية (17: 21)]. يحـثُّ تعـالى على النظـر إلى أنـواع المخلوقـات الدالـة عـلى وحدانيته، واقتـداره عـلى الخلـق، والبعـث، وغـير ذلك، وخُصَّـت هذه الأربـع من بين المخلوقـات، لأنها ظاهـرة لـكل أحـد، وخُصَّـت الإبـل مـن بـين المركوبـات لأنهـا أعجب مـا عنـد العـرب. وَقَالَ تَعَـالَى: ﴿أَفَلَـمْ يَسِـيرُوا فِي الأَرْضِ فَيَنْظُـرُوا﴾ الآيـة [محمـد (10)]. يحـثُّ تعالى على المسير في الأرض، فينظـروا آثـار الأمـم قبلهـم واضمحلالهـم بعـد وجودهـم، وكـمال قوتهـم، فيعلمون أنَّ الحـيّ القيُّـوم هـو اللـه وأنَّ غـيره فـانٍ فـلا يركنـوا إلى الدنيـا ولا يغـترُّوا بهـا. والآيـات في البـاب كثـيرة. ومـن الأحاديـث الحديث السابق: «الكَيِّـسُ مَنْ دَانَ نَفْسَـهُ». لفـظ الحديث:

«الكَيِّسُ مَنْ دَانَ نَفْسَهُ وعمل لما بعد الموت، والعاجزُ من أتْبع نفسه هواها وتمنّى على الله الأماني». معنى دان نفسه: حاسبها. فإنّ محاسبته لها وعدم تركها هملاً إنما ينشأ عن تفكُّره في الدنيا وزوالها، وفي نفسه وانتقالها، كأنك بالدنيا ولم تكن، وبالآخرة ولم تزل، فيحاسب نفسه فيمنعها عمّا لا ينبغي، ويحملها على ما ينبغي. وبالله التوفيق.

Allah, the Exalted, says:

"I exhort you to one (thing) only: that you stand up for Allah's sake in pairs and singly, - and reflect (within yourselves the life history of the Prophet ﷺ)". (34:46)

"Verily! in the creation of the heavens and the earth, and in the alternation of night and day, there are indeed signs for men of understanding. Those who remember Allah (always, and in prayers) standing, sitting, and lying down on their sides, and think deeply about the creation of the heavens and the earth, (saying): 'Our Rubb! You have not created (all) this without purpose, glory to You! (Exalted be You above all that they associate with You as partners)". (3:190,191)

"Do they not look at the camels, how they are created? And at the heaven, how it is raised? And at the mountains, how they are rooted (and fixed firm)? And at the earth, how it is spread out? So remind them (O Muhammad ﷺ), you are only a one who reminds". (88:17-21)

"Have they not travelled through the earth, and seen..". (47:10)

Ayat of the Qur'an and Ahadith on the subject are many. See for example Hadith No. 66 mentioned before.

وحثّ من توجه لخير على الإقبال عليه بالجد من غير تردد قَالَ الله تَعَالَى: ﴿فَاسْتَبِقُوا الْخَيْرَاتِ﴾ [البقرة (148)]. أي سارعوا إليها قبل فواتها. وَقَالَ تَعَالَى: ﴿وَسَارِعُوا إِلَى مَغْفِرَةٍ مِنْ رَبِّكُمْ وَجَنَّةٍ عَرْضُهَا السَّمَاوَاتُ وَالأَرْضُ أُعِدَّتْ لِلْمُتَّقِينَ﴾ [آل عمران (133)]. يقول تعالى: بادروا إلى مغفرة من ربكم أعمال توجب المغفرة، كالإسلام، والتوبة، وأداء الفرائض،

وَجَنَّةٍ عَرْضُهَا السَّمَاوَاتُ وَالأَرْضُ أُعِدَّتْ لِلْمُتَّقِينَ﴾، وخصَّ العرض بالذكر؛ لأنَّ طول كل شيء غالبًا أكثر من عرضه، وأما طولها فلا يعلمه إلا الله. وأما الأحاديث:

Allah, the Exalted, says:

"So hasten towards all that is good". (2:148)

"And march forth in the way (which leads to) forgiveness from your Rubb, and for Jannah as wide as are the heavens and the earth, prepared for Al-Muttaqun (the pious)". (3:133)

[87] فالأولُ: عن أبي هريرة: أن رَسُول الله قَالَ: «بَادِرُوا بِالأعْمَال فتناً كقطَعِ اللَّيْلِ المُظْلِمِ، يُصْبحُ الرَّجُلُ مُؤْمِناً وَيُمْسِي كَافِراً، وَيُمْسِي مُؤمِناً ويُصبحُ كَافِراً، يَبيعُ دِينَهُ بعَرَضٍ مِنَ الدُّنيا». رواه مسلم. في هذا الحديث: الحث على اغتنام الأعمال الصالحة قبل ظهور ما يمنعها.

87. Abu Hurairah ﵁ reported: Messenger of Allah ﷺ said, "Be prompt in doing good deeds (before you are overtaken) by turbulence which would be like a part of the dark night. A man would be a believer in the morning and turn to disbelief in the evening, or he would be a believer in the evening and turn disbeliever in the morning, and would sell his Faith for worldly goods." [Muslim].

[88] الثَّاني: عن أبي سِروْعَة - بكسر السين المهملة وفتحها - عُقبةَ بن الحارث قَالَ: صَلَّيتُ وَرَاءَ النَّبيّ بالمَدِينَةِ العَصْرَ، فَسَلَّمَ ثُمَّ قَامَ مُسْرِعاً، فَتَخَطَّى رِقَابَ النَّاسِ إِلَى بعْضِ حُجَرِ نِسَائِهِ، فَفَزِعَ النَّاسُ مِنْ سُرْعَتِهِ، فَخَرَجَ عَلَيهِمْ، فَرأى أنَّهمْ قَدْ عَجبُوا مِنْ سُرعَتِه، قَالَ: «ذَكَرتُ شَيئاً مِنْ تِبرٍ عِندَنَا فَكَرِهتُ أنْ يَحْبِسَنِي فَأمَرتُ بِقِسْمَتِهِ». رواه البخاري. وفي روايةٍ لَهُ: «كُنتُ خَلَّفتُ في البَيْتِ تِبراً مِنَ الصَّدَقةِ فَكَرِهتُ أنْ أُبَيِّتَهُ». «التِّبْرُ»: قِطَعُ ذَهَبٍ أَوْ فِضَّةٍ. في هذا الحديث: المبادرة لأداء القُرُبات، وفعل الخيرات.

88. 'Uqbah bin Al-Harith ﵁ said: Once I performed the 'Asr prayer in Al-Madinah behind the Prophet ﷺ. He ﷺ got up quickly after finishing the prayer with Taslim, and stepping over the people, went to one of the rooms of his wives. The people were startled at his haste, and when he came out and saw their astonishment at his

urgency he said, "I recalled that there was left with me some gold which was meant for charity; I did not like to keep it any longer, so I gave orders that it should be distributed". [Al-Bukhari].

In another narration, Messenger of Allah said, "I had left some gold for Sadaqah in the house, and did not wish to keep it overnight".

[89] الثالـث: عـن جابـر قَـالَ: قَـالَ رجل للنبـي يَومَ أُحُـد: أَرَأيتَ إنْ قُتِلـتُ فَأَيْنَ أَنـا ؟ قَالَ: «في الجنَّـةِ» فَأَلْقَـى تَمَـرَاتٍ كُـنَّ في يَـدِهِ، ثُـمَّ قَاتَلَ حَتَّـى قُتِلَ. مُتَّفَـقٌ عَلَيهِ.في هـذا الحديث: المبـادرة إلى الخيـر، والمسـارعة إليـه. وفيـه: مـا كان الصحابـة عليـه مـن حـب نصر الإسـلام، والرغبـة في الشـهادة ابتغـاء مرضاة اللـه وثوابه.

89. Jabir ؓ reported: A man, said to the Prophet ﷺ during the battle of Uhud: "Tell me where I shall be if I am killed". When he ﷺ replied that he would be in Jannah, the man threw away some dates which he had in his hand and fought until he was killed. [Al-Bukhari and Muslim].

[90] الرابـع: عـن أبي هريـرة، قَـالَ: جـاءَ رَجُـلٌ إِلَى النَّبيِّ فقَالَ: يَا رسـولَ اللـه، أيُّ الصَّدَقَةِ أعْظَـمُ أجْـرَاً ؟ قَـالَ: «أنْ تَصَـدَّقَ وَأنـتَ صَحيـحٌ شَـحيحٌ، تَخـشَى الفَقـرَ وتَأمُـلُ الغِنَـى، وَلا تُمهِـلْ حَتَّـى إذَا بَلَغـتِ الحُلقُـومَ قُلْـتَ لِفُـلان كـذا ولِفُـلانٍ كَـذا، وقَـدْ كَانَ لِفُـلانٍ». مُتَّفَـقٌ عَلَيهِ.«الحُلقُـومُ»: مَجـرَى النَّفَـسِ. وَ«المَـرِيءُ»: مجـرى الطعـامِ والـشرابِ. في هـذا الحديـث: فضـل الصدقـة في حـال الصحـة. وروى أبـو داود وغـيره عن أبي سـعيد الخدري رضي اللـه عنـه، قـال: قـالَ رسـول اللـه: «لأن يتصـدَّق المـرءُ في حياتـه بدرهم خـير له من أنْ يتصـدق بمئـة عنـد موتـه».

90. Abu Hurairah ؓ said: There came a man to the Prophet ﷺ and said, "O Messenger of Allah, which charity is the most rewardable?" He ﷺ said, "That you should give charity (in a state when you are) healthy and stingy and fear poverty, hoping to become rich (charity in such a state of health and mind is the best). And you must not defer (charity to such a length) that you are about to die and would be saying: 'This is for so-and-so, and this for so-and-so.' Lo! It has already come into (the possession of) so-and-so". [Al-Bukhari and Muslim].

[91] الخامس: عن أنس: أنَّ رسول الله أخذ سيفاً يَومَ أُحُدٍ، فَقَالَ: «مَنْ يَأخُذُ مِنِّي هَذَا ؟» فَبَسطُوا أيدِيَهُمْ كُلُّ إنسَانٍ مِنهُمْ يقُولُ: أَنَا أَنَا. قَالَ: «فَمَنْ يَأخُذُهُ بحَقِّه ؟» فَأَحْجَمَ القَومُ فقَالَ أَبُو دُجَانَةَ: أنا آخُذُهُ بِحَقِّهِ، فأخذه فَفَلَقَ بِهِ هَامَ المُشْرِكِينَ. رواه مسلم. اسم أبي دجانةَ: سماك بن خَرَشة. قوله: «أحجَمَ القَومُ»: أي توقفوا. وَ«فَلَقَ بِهِ»: أي شق. «هَامَ المُشرِكِينَ»: أي رُؤُوسهم. في هذا الحديث: المبادرة إلى قتال المشركين بالجد إذا أمكن ذلك. وفي بعض السير عن الزبير قال: وجدت في نفسي حين سألت النبي السيف فَمُنِعْتُهُ، وأعطاه أبا دجانة، فقلت: والله لأنظرن ما يصنع فاتّبعته، فأخذ عصابة حمراء فعصب بها رأسه، فقالت الأنصار: أخرج أبو دجانة عصابة الموت. فخرج وهو يقول: أنا الذي عاهدني خليلي ونحن بالسفح لدى النخيل ألا أقوم الدهر في الكيول أضرب بسيف الله والرسول فجعل لا يلقى أحدًا إلا قتله.

91. Anas ﷺ said: Messenger of Allah ﷺ took up a sword on the day of the battle of Uhud and said, "Who will take this sword from me?" Everyone stretched forth his hand saying: "I will take it; I will take it". He (the Prophet ﷺ) said, "Who will take it with its full responsibility (i.e., to use it to fight Allah's enemies with it)?" The Companions hesitated. Abu Dujanah ﷺ said: "I shall take it;" and with it he cracked the skulls of the pagans. [Muslim].

[92] السادس: عن الزبير بن عدي، قَالَ: أتينا أنسَ بن مالك فشكونا إِلَيْه مَا نلقى مِنَ الحَجَّاجِ. فَقَالَ: «اصْبِرُوا؛ فَإِنَّهُ لا يَأتِي عَلَيْكُم زَمَانٌ إلا والَّذِي بَعدَهُ شَرٌّ مِنهُ حَتَّى تَلقَوا رَبَّكُمْ» سَمِعتُهُ مِنْ نَبِيِّكُمْ. رواه البخاري. في هذا الحديث: أنه ينبغي للإنسان أن يبادر لصالح الأعمال وإن لحقته المتاعب والمشاق، ولا يترقب الخلو عن ذلك. قال الشاعر: يا زمان بكيت منه، فلما صرت في غيرِه بكيتُ عليه قال بعض العلماء: الوقت سيف إن لم تقطعه بصالح العمل ذهب عليك بلا فائدة. فلا راحة للمؤمن دون لقاء ربه.

92. Az-Zubair bin 'Adi said: We went to Anas bin Malik ﷺ and complained to him of suffering at the hands of Al-Hajjaj. He replied: "Show endurance, for no time will come but will be followed by one worse (than the present one) till you meet your Rubb. I heard this from your Prophet ﷺ". [Al-Bukhari].

[93] السابع: عن أبي هريرة: أن رَسُول الله، قَالَ: «بادِرُوا بِالأَعْمَالِ سَبْعاً، هَلْ تَنْتَظِرُونَ إلا فَقراً مُنسياً، أَوْ غِنىً مُطغِياً، أَوْ مَرَضاً مُفسِداً، أَوْ هَرَماً مُفْنِداً، أَوْ مَوتاً مُجهِزاً، أَوْ الدَّجَّالَ فَشَرُّ غَائِبٍ يُنْتَظَرُ، أَوْ السَّاعَةَ فالسَّاعَةُ أدهَى وَأَمَرُّ». رواه الترمذي، وَقالَ: (حديث

حسـن). في هـذه الحديـث: الحـث عـلى المبـادرة بالأعـمال الصالحـة قبـل الموانـع الطارئة.

93. Abu Hurairah ﷺ reported: Messenger of Allah ﷺ said, "Hasten to do good deeds before you are overtaken by one of the seven afflictions." Then (giving a warning) he said, "Are you waiting for such poverty which will make you unmindful of devotion; or prosperity which will make you corrupt, or disease as will disable you, or such senility as will make you mentally unstable, or sudden death, or Ad-Dajjal who is the worst expected absent, or the Hour, and the Hour will be most grievous and most bitter". [At-Tirmidhi].

[94] الثامـن: عَنْـهُ: أن رَسُـول اللـه قَـالَ يَـومَ خيـبر: «لأُعْطِيَنَّ هـذِهِ الرَّايَـةَ رَجُلاً يُحِـبُّ اللهَ وَرَسُـولَهُ يَفتَـحُ اللـهُ عَـلَى يَدَيـهِ». قَـالَ عُمَـرُ: مَـا أحبَبْـتُ الإِمَـارَةَ إلا يومَئِـذٍ، فَتَسَـاوَرتُ لَهَـا رَجَـاءَ أنْ أُدْعَـى لَهَـا، فَدَعـا رسـولُ الله عـليّ بن أبي طالـب فَأعْطَـاهُ إيَّاهَا، وَقـالَ: «امْشِ وَلا تَلتَفِـتْ حَتَّـى يَفتَـح اللـهُ عَلَيـكَ». فَسَـارَ عـليٌّ شـيئاً ثُـمَّ وَقَفَ ولم يلتفـت فصرخ: يَا رَسُـول اللـه، عَـلَى مـاذا أُقَاتِـلُ النَّـاسَ ؟ قَـالَ: «قاتِلْهُمْ حَتَّـى يَشْـهَدُوا أنْ لا إله إلا اللـهُ، وَأنَّ مُحَمداً رسـولُ اللـه، فَـإذَا فَعَلُوا ذلك فقَـدْ مَنَعوا مِنْكَ دِمَاءهُـمْ وَأمْوَالَهُمْ إلا بحَقِّهَا، وحسَـابُهُمْ عَلَى اللـه». رواه مسلم.«فَتَسَـاوَرْتُ» هُـوَ بالسـين المهملـة: أي وثبـت متطلعاً. في هـذا الحديث: الحـث عـلى المبـادرة إلى مـا أمـر بـه، والأخـذ بظاهـر الأمـر وتـرك الوجـوه المحتمـلات إذا خالفـت الظاهـر لأنَّ عليًّـا وقـف ولم يلتفت.

94. Abu Hurairah ﷺ reported: On the day of the battle of Khaibar, Messenger of Allah ﷺ said, "I shall hand over this banner to one who loves Allah and His Messenger, and Allah will give us victory through him." 'Umar ﷺ said: "I had never longed for leadership but that day I expected that I might be called for. However, Messenger of Allah ﷺ called 'Ali bin Abu Talib ﷺ and handed the banner to him and said, "Go forth and do not turn around till Allah bestows victory upon you". (On hearing this) 'Ali proceeded a little and then halted and without turning around inquired in a loud voice: "O Messenger of Allah, for what shall I fight them?" He ﷺ replied, "Go on fighting till they affirm that none has the right to be worshiped but Allah and that Muhammad is the Messenger of Allah. If they admit that, their lives and their properties will be

secured, subject to their obligations according to Islam, and they will be answerable to Allah". [Muslim].

CHAPTER 11

The Struggle (in the Cause of Allah) [95-111 of 1896]

قَالَ اللهِ تَعَالَى: ﴿وَالَّذِينَ جَاهَدُوا فِينَا لَنَهْدِيَنَّهُمْ سُبُلَنَا وَإِنَّ اللهَ لَمَعَ الْمُحْسِنِينَ﴾ [العنكبوت (69)]. المجاهدة: مفاعلة من الجهد، فإن الإنسان يجاهد نفسه باستعمالها فيما ينفعها، وهي تجاهده بضد ذلك. قال بعض العلماء: جهاد النفس هو الجهاد الأكبر. وجهاد العدو هو الجهاد الأصغر. وَقالَ تَعَالَى: ﴿وَاذْكُرِ اسْمَ رَبِّكَ وَتَبَتَّلْ إِلَيْهِ تَبْتِيلاً﴾ [المزمل (8)]: أي: انْقَطِعْ إِلَيْه. يقول تعالى: ﴿وَاذْكُرِ اسْمَ رَبِّكَ﴾، أي: أكثر من ذكره، وأخلص واجتهد في وقت فراغك. وَقالَ تَعَالَى: ﴿وَاعْبُدْ رَبَّكَ حَتَّى يَأْتِيَكَ الْيَقِينُ﴾ [الحجر (99)]. أي: الموت وَقالَ تَعَالَى: ﴿فَمَنْ يَعْمَلْ مِثْقَالَ ذَرَّةٍ خَيْراً يَرَهُ﴾ [الزلزلة (7)]. في هذا الآية تشويق لتقديم العمل الصالح بين يديه ليجد ثوابه عند قدومه على ربه. وَقالَ تَعَالَى: ﴿وَمَا تُقَدِّمُوا لأَنْفُسِكُمْ مِنْ خَيْرٍ تَجِدُوهُ عِنْدَ اللهِ هُوَ خَيْراً وَأَعْظَمَ أَجْراً﴾ [المزمل (20)]. أي ما أخرجتم لله خير لكم وأعظم أجرًا عند الله مما ادخرتم. وَقالَ تَعَالَى: ﴿وَمَا تُنْفِقُوا مِنْ خَيْرٍ فَإِنَّ اللهَ بِهِ عَلِيمٌ﴾ [البقرة (273)]. يعني: فيجزيكم بخير منه. والآيات في الباب كثيرة معلومة. وأما الأحاديث:

Allah, the Exalted, says:

"As for those who strive hard in Us (Our Cause), We will surely, guide them to Our paths (i.e., Allah's religion - Islamic Monotheism). And verily, Allah is with the Muhsinun (gooddoers)". (29:69)

"And worship your Rubb until there comes unto you the certainty (i.e., death)". (15:99)

"And remember the Name of your Rubb and devote yourself to Him with a complete devotion." (73:8)

"So whosoever does good equal to the weight of an atom (or a small ant), shall see it". (99:7)

"And whatever good you send before you for yourselves (i.e., Nawafil - non-obligatory acts of worship: prayers, charity, fasting, Hajj and Umrah, etc.), you will certainly find it with Allah, better and greater in reward." (73:20)

"And whatever you spend in good, surely, Allah knows it well." (2:273)

[95] فالأول: عن أبي هريرة قَالَ: قَالَ رَسُول الله: «إنَّ الله تَعَالَى قَالَ: مَنْ عادى لي وَلِيّاً فَقَدْ آذَنْتُهُ بالحَرْبِ، وَمَا تَقَرَّبَ إِلَيَّ عَبْدي بشَيءٍ أَحَبَّ إِلَيَّ مِمَّا افْتَرَضْتُ عَلَيهِ، وَمَا يَزَالُ عَبْدِي يَتَقرَّبُ إِلَيَّ بالنَّوافِلِ حَتَّى أُحِبَّه، فَإِذَا أَحبَبْتُهُ كُنْتُ سَمعَهُ الَّذِي يَسْمَعُ بِهِ، وَبَصَرَهُ الَّذِي يُبْصِرُ بِهِ، ويَدَهُ الَّتي يَبْطِشُ بِهَا، وَرِجْلَهُ الَّتِي يَمْشي بِهَا، وَإِنْ سَأَلَني لأُعْطِيَنَّهُ، وَلَئِنِ اسْتَعَاذَنِي لأُعِيذَنَّهُ». رواه البخاري.«آذَنْتُهُ»: أعلمته بأني محارِب لَهُ. «اسْتَعَاذَني» روي بالنون وبالباءِ. الولي: مَنْ تولى الله بالطاعة والتقوى، فإنَّ الله يتولاه بالحفظ والنصرة. وفي الحديث: الوعيد الشديد لمن عادى وليًّا من أجل طاعته لله عزَّ وجلّ. وأنَّ أحب العبادة إلى الله أداء فرائضه. وأنَّ من تقرَّب إلى الله بالنوافل أحبه، ونصره، وحفظه، وأجاب دعاءه، ورقاه من درجة الإيمان إلى درجة الإحسان، فلا ينطقُ بما يسخط الله، ولا تُحَرَّك جوارحه في معاصي الله.

95. Abu Hurairah ﷺ reported: Messenger of Allah ﷺ said, "Allah the Exalted has said: 'I will declare war against him who shows hostility to a pious worshipper of Mine. And the most beloved thing with which My slave comes nearer to Me is what I have enjoined upon him; and My slave keeps on coming closer to Me through performing Nawafil (prayer or doing extra deeds besides what is obligatory) till I love him. When I love him I become his hearing with which he hears, his seeing with which he sees, his hand with which he strikes, and his leg with which he walks; and if he asks (something) from Me, I give him, and if he asks My Protection (refuge), I protect him". [Al-Bukhari].

[96] الثاني: عن أنس عن النَّبيّ فيما يرويه عن ربّه قَالَ: «إِذَا تَقَربَ العَبْدُ إِلَيَّ شِبْراً

تَقَرَّبْتُ إِلَيْهِ ذِرَاعاً، وَإِذَا تَقَرَّبَ إِلَيَّ ذِرَاعاً تَقَرَّبْتُ مِنهُ بَاعاً، وإِذَا أَتَانِي يَمشي أَتَيْتُهُ هَرْوَلَةً». رواه البخاري. معنى هذا الحديث: أنَّ من تقرّب إلى الله بشيء من الطاعات ولو قليلاً قابله الله بأضعاف من الإثابة والإكرام، وكلما زاد في الطاعة زاده في الثواب، وأسرع برحمته وفضله.

96. Anas ؓ reported: The Prophet ﷺ said, "Allah says: ' When a slave of Mine draws near to Me a span, I draw near to him a cubit; and if he draws near to Me a cubit, I draw near to him a fathom. And if he comes to Me walking, I go to him running."'. [Al-Bukhari].

[97] الثالث: عن ابن عباس رضي الله عنهما قَالَ: قَالَ رَسُولُ اللهِ: «نِعْمَتَانِ مَغْبُونٌ فيهما كَثِيرٌ مِنَ النَّاسِ: الصِّحَّةُ، وَالفَرَاغُ». رواه. البخاري. في هذا الحديث: أن من لم يعمل في فراغه وصحته فهو مغبون. قال الله تعالى: ﴿يَوْمَ يَجْمَعُكُمْ لِيَوْمِ الْجَمْعِ ذَٰلِكَ يَوْمُ التَّغَابُنِ﴾ [التغابن (9)]. وفي الحديث: «اغتنم خمسًا قبل خمس: شبابك قبل هرمك، وصحتك قبل سقمك، وفراغك قبل شغلك، وغناك قبل فقرك، وحياتك قبل موتك».

97. Ibn Abbas ؓ reported: Messenger of Allah ﷺ said, "There are two blessings in which many people incur loss. (They are) health and free time (for doing good)". [Al-Bukhari]

[98] الرابع: عن عائشة رَضي الله عنها: أنَّ النَّبِيَّ كَانَ يَقُومُ مِنَ اللَّيلِ حَتَّى تَتَفَطَّرَ قَدَمَاهُ فَقُلْتُ لَهُ: لِمَ تَصنَعُ هَذَا يَا رَسولَ الله، وَقَدْ غَفَرَ اللهُ لَكَ مَا تَقَدَّمَ مِنْ ذَنْبِكَ وَمَا تَأَخَّرَ؟ قَالَ: «أَفَلاَ أُحِبُّ أَنْ أَكُونَ عَبْداً شَكُوراً». مُتَّفَقٌ عَلَيهِ، هَذَا لفظ البخاري. ونحوه في الصحيحين من رواية المغيرة بن شعبة. في هذا الحديث: أخذُ الإنسان على نفسه بالشدة في العبادة، وإنْ أضر ذلك ببدنه إذا لم يفض به إلى الملل. قال النبي: «خذوا من الأعمال ما تطيقون، فإنَّ اللهَ لا يَمَلُّ حَتى تَمَلُّوا». وفيه: أنَّ الشكر يكون بالعمل كما يكون باللسان.

98. 'Aishah ؓ said: The Prophet ﷺ would stand (in prayer) so long that the skin of his feet would crack. I asked him, "Why do you do this while your past and future sins have been forgiven?" He said, "Should I not be a grateful slave of Allah?" [Al-Bukhari and Muslim].

[99] الخامس: عن عائشة رضي الله عنها، أنَّها قَالَتْ: كَانَ رَسُولُ اللهِ إذا دَخَلَ العَشْرُ

أَحْيَا اللَّيـلَ، وَأَيْقَـظَ أَهْلَـهُ، وَجَـدَّ وَشَـدَّ المِئْزَر. مُتَّفَـقٌ عَلَيهِ. والمـراد: العشر الأواخر مِنْ شـهر رمضـان. و«المِئْـزَرُ»: الإزار، وَهُـوَ كناية عـن اعتـزالِ النسـاءِ. وقيـل: المُـرادُ تَشْـميرُهُ لِلعِبَادةِ، يُقـالُ: شَـدَدْتُ لِهَـذَا الأمْـرِ مِئْـزَري: أي تَشَـمَّرْتُ وَتَفَرَّغْـتُ لَـهُ. في هـذا الحديـث: الجِدُّ والاجتهـاد في العبـادة، خصوصًـا في الأوقـات الفاضلة، واغتنام صالح العمـل في العشر الأواخر مـن رمضـان؛ لأنَّ فيهـا ليلـة خير مـن ألف شـهر.

99. 'Aishah ﵂ said: With the start of the last ten days of Ramadan, Messenger of Allah ﷺ would pray all the night, and would keep his family awake for the prayers. He tied his lower garment (i.e., avoided sleeping with his wives) and devoted himself entirely to prayer and supplication. [Al-Bukhari and Muslim].

[100] السـادس: عـن أبي هريـرة قـالَ: قَـالَ رَسُـول اللـه: «المُؤْمِـنُ القَـوِيُّ خَـيرٌ وَأَحَـبُّ إِلَى اللهِ مِـنَ المُؤْمِـنِ الضَّعيـفِ وَفي كُلٍّ خَـيرٌ. احْـرِصْ عَـلَى مَـا يَنْفَعُـكَ، واسْـتَعِنْ بِاللـهِ وَلا تَعْجَـزْ. وَإنْ أَصَابَـكَ شَيءٌ فَـلا تَقُـلْ لَـوْ أنّي فَعَلْـتُ كَانَ كَذَا وَكَـذَا، وَلَكِنْ قُلْ: قَـدرُ اللّهِ، وَمَا شَـاءَ فَعـلَ؛ فـإنَّ لَـوْ تَفْتَـحُ عَمَـلَ الشَّـيطَانِ». رواه مسـلم. المؤمـنُ القـوي، هو مـن يقوم بالأوامـر ويـترك النواهـي بقـوة ونشـاط، ويصبر عـلى مخالطـة النـاس ودعوتهـم، ويصبر عـلى أذاهـم. وفي الحديـث: الأمـر بفعـل الأسـباب والاسـتعانة باللـه. وفيه: التسـليم لأمر اللـه، والرضـا بقـدر الله.

100. Abu Hurairah ﵁ reported: Messenger of Allah ﷺ said, "A strong believer is better and dearer to Allah than a weak one, and both are good. Adhere to that which is beneficial for you. Keep asking Allah for help and do not refrain from it. If you are afflicted in any way, do not say: 'If I had taken this or that step, it would have resulted into such and such,' but say only: 'Allah so determined and did as He willed.' The word 'if' opens the gates of satanic thoughts". [Muslim].

[101] السـابع: عَنْـهُ: أنَّ رَسُـول اللـه قَـالَ: «حُجِبَـتِ النَّـارُ بالشَّـهَواتِ، وَحُجِبَـتِ الجَنَّـةُ بِالمَـكَارِهِ». مُتَّفَـقٌ عَلَيـهِ.وفي روايـة لمسـلم: «حُفَّـتْ» بـدل «حُجِبَـتْ» وَهُـوَ بمعنـاه: أي بينه وبينهـا هَـذَا الحجـاب فـإذا فعلـه دخلها. في هـذا الحديث: أنَّ الجنـة لا تُنـال إلا بالصبر على المـكاره، وأنَّ النَّـار لا يُنْجَـى منهـا إلا بفطـام النفـس عـن الشـهوات المحرمـة.

101. Abu Hurairah ﵁ reported: Messenger of Allah ﷺ said. "The

(Hell) Fire is surrounded with all kinds of desires and passions, while Jannah is surrounded with adversities." [Al-Bukhari and Muslim].

[102] الثامـن: عـن أبي عبـد اللـه حُذَيفَـةَ بنِ اليمانِ رضي اللـه عنهما، قَالَ: صَلَّيْتُ مَعَ النَّبيِّ ذَاتَ لَيلَـةٍ فَافْتَتَـحَ البقَـرَةَ، فَقُلْـتُ: يَرْكَـعُ عِنْـدَ المئَـةِ، ثُـمَّ مَـضَى. فَقُلْـتُ: يُصَـلِّي بِهَـا في ركعَة فَمَـضَى، فقُلْـتُ: يَرْكَـعُ بِهَـا، ثُـمَّ افْتَتَـحَ النِّسَـاءَ فَقَرَأَهَـا، ثُـمَّ افْتَتَـحَ آلَ عِمْـرَانَ فَقَرَأَهَـا، يَقـرأُ مُتَرَسِّـلاً: إِذَا مَرَّ بآية فِيهَا تَسـبيحٌ سَـبَّحَ، وَإِذَا مَرَّ بسُـؤَالٍ سَـأَلَ، وَإِذَا مَرَّ بتَعَوُّذٍ تَعَوَّذَ، ثُمَّ رَكَعَ، فَجَعَـلَ يَقُـولُ: «سُـبْحَانَ رَبِّيَ العَظِيـمِ» فَـكَانَ رُكُوعُـهُ نَحـواً مِـنْ قِيَامِهِ، ثُـمَّ قَالَ: «سَـمِعَ اللهُ لِمَـنْ حَمِـدَهُ» ثُـمَّ قَـامَ قِيَامًـا طَويـلاً قَريباً مِمَّا رَكَـعَ، ثُمَّ سَـجَدَ، فَقَـالَ: «سُـبْحَانَ رَبِّيَ الأَعْلَى» فَـكَانَ سُـجُودُهُ قَريبـاً مِـنْ قِيَامِـهِ. رواه مسـلم. في هـذا الحديـث: فضلُ تطويل صـلاة الليل، قـال اللـه تعـالى: ﴿أَمَّنْ هُـوَ قَانِتٌ آنَاءَ اللَّيْلِ سَـاجِداً وَقَائِمـاً يَحْذَرُ الآخِـرَةَ وَيَرْجُـو رَحْمَةَ رَبِّهِ قُلْ هَـلْ يَسْـتَوِي الَّذِيـنَ يَعْلَمُونَ وَالَّذِيـنَ لا يَعْلَمُـونَ إِنَّمَا يَتَذَكَّـرُ أُوْلُوا الأَلْبَـابِ﴾ الزمر (9)].

102. Hudhaifah ﷺ reported: I offered Salat (Tahajjud - optional night prayer) with the Prophet ﷺ one night, and he started reciting (Surat) Al-Baqarah. I thought that he would bow at the end of one hundred Verses, but he continued reciting; I, then, thought that he would perhaps recite the whole (Surah) in a Rak'ah, but he proceeded on, and I thought he would perhaps bow on completing (this Surah); he then started (reciting Surat) An-Nisa'; he then started (Surat) Al-'Imran and his recitation was unhurried. And when he recited the Verses which referred to the Glory of Allah, he glorified Him (by saying Subhan Allah - My Rubb, the Supreme is far removed from every imperfection), the Great, and when he recited the Verses that mention supplication, he supplicated, and when he recited the Verses that mention seeking Refuge of the Rubb, he sought (His) Refuge. Then he bowed and said: "My Rubb, the Supreme is far removed from every imperfection (Subhana Rabbiyal-Azim);" his bowing lasted about the same length of time as his standing (and then on returning to the standing posture after Ruku') he said: "Allah listened to him who praised Him (Sami' Allahu liman hamidah, Rabbana wa lakal hamd)." Then he stood about the same length of time as he had spent in bowing. He then prostrated himself and said: "My Rubb, the Supreme is

far removed from every imperfection (Subhana Rabbiyal-A'la)," and his prostration lasted nearly the same length of time as his standing. [Muslim].

[103] التاسـع: عـن ابـن مسـعود قـال: صَلَّيْتُ مَعَ النَّبـيّ لَيلَةً، فَأَطَـالَ القِيامَ حَتَّـى هَمَمْتُ بأَمْرِ سُـوءٍ ! قيـل: وَمَـا هَمَمْـتَ بِـهِ ؟ قَـالَ: هَمَمْـتُ أَنْ أَجْلِـسَ وَأَدَعَـهُ. مُتَّفَقٌ عَلَيـهِ. في هذا الحديـث: أنـه ينبغـي الأدب مـع الأئمة، بـأن لا يخالفوا بقـول، ولا فعل مالم يكـن حرامًا، فإن مخالفـة الإمـام في أفعالـه معـدودة في العمل السيء.

103. Ibn Mas'ud ﷺ said: One night I joined the Prophet ﷺ in his (optional) Salat. He prolonged the standing so much that I thought of doing something evil. He was asked: "What did you intend to do?" He replied: "To sit down and leave him". [Al-Bukhari and Muslim].

[104] العـاشر: عـن أنـس عـن رَسُـول اللـه، قَـالَ: «يَتْبَـعُ المَيـتَ ثَلاَثَـةٌ: أَهْلُـهُ وَمَالُـهُ وَعَملُهُ، فَيَرجِـعُ اثنَـانِ وَيَبْقَـى وَاحِـدٌ: يَرجِـعُ أَهْلُـهُ وَمَالُـهُ، وَيَبقَـى عَملُـهُ». مُتَّفَـقٌ عَلَيـهِ. في هـذا الحديـث: الحـث عـلى تحسـين العمـل ليكـون أنيسـه في قـبره.

104. Anas ﷺ reported: Messenger of Allah ﷺ said, "Three follow a dead body: members of his family, his possessions and his deeds. Two of them return and one remains with him. His family and his possessions return; his deeds remain with him". [Al-Bukhari and Muslim].

[105] الحـادي عـشر: عـن ابـن مسـعود قَـالَ: قَـالَ النَّبـيّ: «الجَنَّـةُ أَقْـرَبُ إِلَى أَحَدِكُـمْ مِـنْ شِرَاكِ نَعْلِـهِ، وَالنَّـارُ مِثـلُ ذلِـكَ». رواه البخاري. في هذا الحديث: الترغيـب في قليل الخير وإن قـلَّ، والترهيـب عـن قليـل الـشر وإن قـل. وأنَّ الطاعـة مقَّربـة إلى الجنـة، والمعصيـة مقرَّبـة إلى النـار، قـال اللـه تعـالى: ﴿فَمَـنْ يَعْمَـلْ مِثْقَـالَ ذَرَّةٍ خَـيْراً يَرَهُ * وَمَـنْ يَعْمَـلْ مِثْقَـالَ ذَرَّةٍ شَرّاً يَـرَهُ﴾ [الزلزلـة (7، 8)] في هـذا الحديـث: إن العبـد ليتكلـم بالكلمـة من رضـوان الله يرفعه اللـه بهـا درجـات، وأن العبـد ليتكلـم بالكلمـة من سـخط اللـه يهوي بهـا في النـار أبعد مما بـين المـشرق والمغرب.

105. Ibn Mas'ud ﷺ reported: The Prophet ﷺ said, "Jannah is nearer to anyone of you than your shoe-lace, and so is the (Hell) Fire". [Al-Bukhari].

[106] الثاني عشر: عن أبي فِراسٍ ربيعةَ بنِ كعبٍ الأسلميِّ خادمِ رَسُول الله، ومن أهلِ الصُّفَّةِ، قَالَ: كُنْتُ أَبِيتُ مَعَ رسولِ الله فآتِيهِ بِوَضُوئِهِ وَحَاجَتِهِ، فَقَالَ: «سَلْنِي» فقُلْتُ: اسْأَلُكَ مُرَافَقَتَكَ فِي الجَنَّةِ. فَقَالَ: «أَوَ غَيرَ ذلِكَ» ؟ قُلْتُ: هُوَ ذَاكَ، قَالَ: «فأَعِنِّي عَلَى نَفْسِكَ بِكَثْرَةِ السُّجُودِ». رواه مسلم. في هذا الحديث: الحث على الإكثار من الصلاة، وأنه يوجب القرب من الله تعالى، ومرافقة النبي في الجنة، وقد قال الله تعالى: ﴿وَمَن يُطِعِ اللّهَ وَالرَّسُولَ فَأُوْلَـئِكَ مَعَ الَّذِينَ أَنْعَمَ اللّهُ عَلَيْهِم مِّنَ النَّبِيِّينَ وَالصِّدِّيقِينَ وَالشُّهَدَاء وَالصَّالِحِينَ وَحَسُنَ أُولَـئِكَ رَفِيقاً﴾ [النساء (69)]، وقال تعالى: ﴿وَاسْجُدْ وَاقْتَرِبْ﴾ [العلق (19)].

106. Rabi'ah bin Ka'b Al-Aslami (May Allah be pleased with him (a servant of the Messenger of Allah and also one of the people of As-Suffah) said: I used to spend my night in the company of Messenger of Allah ﷺ and used to put up water for his ablutions. One day he said to me, "Ask something of me." I said: "I request for your companionship in Jannah". He inquired, "Is there anything else?" I said, "That is all." He said, "Then help me in your request by multiplying your prostrations". [Muslim].

[107] الثالث عشر: عن أبي عبد الله، ويقال: أَبُو عبد الرحمن ثوبان - مولى رَسُول الله -، قَالَ: سَمِعْتُ رسولَ الله يَقُولُ: «عَلَيْكَ بِكَثْرَةِ السُّجُودِ؛ فَإِنَّكَ لَنْ تَسْجُدَ للهِ سَجْدَةً إلا رَفَعَكَ اللهُ بِهَا دَرَجَةً، وَحَطَّ عَنكَ بِهَا خَطِيئَةً». رواه مسلم. سبب رواية ثوبان لهذا الحديث: أن معدان بن طلحة قال: أتيت ثوبان فقلت: أخبرني بعمل أعمل به يدخلني الله به الجنة ؟ - أو قال بأحب الأعمال إلى الله - فسكتَ، ثم سأله، فسكت، ثم سأله الثالثة، فقال: سألت عن ذلك رسول الله، فقال: «عليك بكثرة السجود...». الحديث. وفي آخره: فلقيت أبا الدرداء فسألته، فقال لي مثل ما قال ثوبان.

107. Thauban ﷺ said: I heard Messenger of Allah ﷺ saying, "Perform Salah more often. For every prostration that you perform before Allah will raise your position one degree and will remit one of your sins". [Muslim].

[108] الرابع عشر: عن أَبي صَفوان عبد الله بنِ بُسْرٍ الأسلمي، قَالَ: قَالَ رَسُول الله: «خَيرُ النَّاسِ مَنْ طَالَ عُمُرهُ، وَحَسُنَ عَمَلُهُ». رواه الترمذي، وَقالَ: «حديث حسن».«بُسْر» بضم الباء وبالسين المهملة. في هذا الحديث: فضلُ طول العمر إذا أُحسن فيه العمل. وفي بعض الروايات: «وشركم من طال عمره وساء عمله».

108. 'Abdullah bin Busr Al-Aslami ؓ said: Messenger of Allah ﷺ said, "The best of people is one whose life is long and his conduct is good". [At-Tirmidhi].

[109] الخامس عشر، عن أنس، قَالَ: غَابَ عَمِّي أَنَسُ بْنُ النَّضْرِ عن قِتالِ بدرٍ، فَقَالَ: يَا رسولَ الله، غِبْتُ عَنْ أَوَّلِ قِتالٍ قَاتَلْتَ المُشْرِكِينَ، لَئِنِ اللهُ أَشْهَدَنِي قِتالَ المُشْرِكِينَ لَيرَيَنَّ اللهُ مَا أَصْنَعُ. فَلَمَّا كَانَ يَوْمُ أُحُدٍ انْكَشَفَ المُسْلِمُونَ، فَقَالَ: اللَّهُمَّ أعْتَذِرُ إلَيْكَ مِمَّا صَنَعَ هؤلاءِ - يعني: أَصْحَابُهُ - وأَبْرَأُ إلَيْكَ مِمَّا صَنَعَ هؤلاءِ - يَعني: المُشركينَ - ثُمَّ تَقَدَّمَ فَاسْتَقْبَلَهُ سَعدُ بْنُ مُعاذٍ، فَقَالَ: يَا سعدَ بنَ معاذٍ، الجَنَّةُ وربِّ الكَعْبَةِ إنِّي أجِدُ ريحَهَا مِنْ دُونِ أُحُدٍ. قَالَ سَعدٌ: فَمَا اسْتَطَعتُ يَا رسولَ الله مَا صَنَعَ ! قَالَ أنسٌ: فَوَجَدْنَا بِهِ بِضْعاً وَثَمانِينَ ضَربَةً بالسَّيفِ، أَوْ طَعْنَةً بِرُمحٍ، أَوْ رَمْيَةً بِسَهْمٍ، وَوَجَدْنَاهُ قَدْ قُتِلَ وَمَثَّلَ بِهِ المُشركونَ فما عَرَفَهُ أَحَدٌ إلا أُخْتُهُ بِبَنَانِهِ. قَالَ أنس: كُنَّا نَرَى أَوْ نَظُنُّ أن هذِهِ الآيةَ نزلت فِيهِ وفي أشباهِهِ: ﴿مِنَ الْمُؤْمِنِينَ رِجَالٌ صَدَقُوا مَا عَاهَدُوا اللَّهَ عَلَيْهِ﴾ [الأحزاب (23)] إلَى آخِرِهَا. مُتَّفَقٌ عَلَيهِ.قوله: «لَيَرَيَنَّ اللهُ» روي بضمِ الياءِ وكسرِ الـراءِ: أي لَيُظْهِرَنَّ اللهُ ذلِكَ للنَّاسِ، وَرُوِيَ بفتحهِمَا ومعناهُ ظاهرٌ، واللهُ أعلمُ. في هـذا الحديثِ: جوازُ الأخذِ بالشـدةِ في الجهادِ وبذلِ المرءِ نفسَهُ في طلبِ الشهادةِ، والوفاءِ بالعهدِ.

109. Anas ؓ said: My uncle Anas bin An-Nadr ؓ was absent from the battle of Badr and he said: "O Messenger of Allah! I was absent from the first battle you fought against the pagans, and if Allah let me participate in a battle against the pagans, Allah will see what I do." So he encountered the day of Uhud Battle. The Muslims left the positions (the Prophet ﷺ told them to keep) and were defeated, he said: "O Allah! excuse these people (i.e., the Muslims) for what they have done, and I am clear from what the pagans have done". Then he went forward with his sword and met Sa'd bin Mu'adh (fleeing) and said to him: "By the Rubb of the Ka'bah! I can smell the fragrance of Jannah from a place closer than Uhud Mount". Sa'd said: "O Messenger of Allah, what he did was beyond my power". Anas said: "We saw over eighty wounds on his body caused by stabbing, striking and shooting of arrows and spears. We found that he was killed, and mutilated by the polytheists. Nobody was able to recognize him except his sister who recognized him by the tips of his fingers." Anas ؓ said: "We believe that the Ayah 'Among the believers are men who have been

true to their covenant with Allah [i.e., they have gone out for Jihad (holy fighting), and showed not their backs to the disbelievers]...' (33:23), refers to him and his like". [Al-Bukhari and Muslim].

[110] السادس عشر: عن أبي مسعود عقبة بن عمرو الأنصاري البدري قَالَ: لَمَّا نَزَلَتْ آيـةُ الصَّدَقَـةِ كُنَّـا نُحَامِـلُ عَلَى ظُهُورِنَـا، فَجَاءَ رَجُـلٌ فَتَصَدَّقَ بِشَيءٍ كَثيرٍ، فقالوا: مُراءٍ، وَجَاءَ رَجُلٌ آخَرُ فَتَصَدَّقَ بِصَاعٍ، فقالُوا: إنَّ اللهَ لَغَنيٌّ عَنْ صَاعِ هَـذَا ! فَنَزَلَتْ: ﴿الَّذِينَ يَلْمِزُونَ الْمُطَّوِّعِينَ مِنَ الْمُؤْمِنِينَ فِي الصَّدَقَاتِ وَالَّذِينَ لا يَجِدُونَ إلا جُهْدَهُمْ﴾ [التوبة (79)]. مُتَّفَقٌ عَلَيهِ. وَ«نُحَامِلُ» بضم النون وبالحاء المهملة: أي يحمل أحدنا عَلَى ظهره بالأجرة ويتصدق بِهَا. قوله: (لما نزلت آية الصدقة) قال الحافظ: كأنه يشير إلى قوله تعالى: ﴿خُذْ مِنْ أَمْوَالِهِمْ صَدَقَةً تُطَهِّرُهُمْ وَتُزَكِّيهِم بِهَا﴾ الآية [التوبة (103)]. قوله: «وجاء رجل فتصدَّق بصاع»، وكان تحصيله له بأن أجّر نفسه على النزع من البئر بصاعين من تمر، فذهب بصاع لأهله وتصدَّق بالآخر. وفي هذا: أنَّ العبد يتقرب إلى الله بجهده وطاقته، وحسب قدرته واستطاعته.

110. Abu Mas'ud 'Uqbah bin 'Amr Al-Ansari ﷺ said: When the Ayah enjoining Sadaqah (charity) was revealed, we used to carry loads on our backs to earn something that we could give away in charity. One person presented a considerable amount for charity and the hypocrites said: "He has done it to show off." Another one gave away a few Sa' of dates and they said: "Allah does not stand in need of this person's dates". Thereupon, it was revealed:

"Those who defame such of the believers who give charity (in Allah's Cause) voluntarily, and such who could not find to give charity (in Allah's Cause) except what is available to them..." (9:79) [Al-Bukhari and Muslim].

[111] السابع عشر: عن سعيد بن عبد العزيز، عن ربيعة بن يزيد، عن أبي إدريس الخولاني، عن أبي ذر جندب بن جُنادة، عن النَّبيّ فيما يروي عن اللهِ تَبَارَكَ وتعالى، أنَّهُ قَالَ: «يَا عِبَادي، إنِّي حَرَّمْتُ الظُّلْمَ عَلَى نَفْسي وَجَعَلْتُهُ بيْنَكم مُحَرَّماً فَلا تَظَالَمُوا. يَا عِبَادي، كُلُّكُمْ ضَالٌّ إلا مَنْ هَدَيْتُهُ فاستَهدُوني أهْدِكُمْ. يَا عِبَادي، كُلُّكُمْ جَائِعٌ إلا مَنْ أطْعَمْتُهُ فَاسْتَطعِمُوني أُطْعِمْكُمْ. يَا عِبَادي، كُلُّكُمْ عَارٍ إلا مَنْ كَسَوْتُهُ فاسْتَكْسُوني أكْسُكُمْ. يَا عِبَادي، إنَّكُمْ تُخْطِئُونَ باللَّيلِ وَالنَّهارِ وَأنَا أغْفِرُ الذُّنُوبَ جَميعاً، فَاسْتَغْفِرُوني أغْفِرْ لَكُمْ. يَا عِبَادي، إنَّكُمْ لَنْ تَبْلُغوا ضُرِّي فَتَضُرُّوني، وَلَنْ تَبْلُغُوا نَفعي فَتَنْفَعُوني. يَا عِبَادي، لَوْ أنَّ أوَّلَكُمْ وَآخِرَكُمْ وَإنْسَكُمْ وَجِنَّكُمْ كَانُوا عَلَى أتْقَى قَلْبِ رَجُلٍ وَاحِدٍ مِنْكُمْ مَا زَادَ ذلِكَ في

مُلكي شيئاً. يَا عِبَادي، لَوْ أنَّ أوَّلَكُمْ وَآخِرَكُمْ وَإنْسَكُمْ وَجنَّكُمْ كَانُوا عَلَى أفْجَرِ قَلْبِ رَجُلٍ وَاحِدٍ مَا نَقَصَ ذلِكَ من مُلكي شيئاً. يَا عِبَادي، لَوْ أنَّ أوَّلَكُمْ وَآخِرَكُمْ وَإنْسَكُمْ وَجنَّكُمْ قَامُوا في صَعِيدٍ وَاحِدٍ فَسَألُوني فَأعْطَيتُ كُلَّ إنْسَانٍ مَسْألَتَهُ مَا نَقَصَ ذلِكَ مِمَّا عِنْدِي إلا كما يَنْقصُ المِخْيَطُ إذَا أُدْخِلَ البَحْرَ. يَا عِبَادي، إنَّمَا هِيَ أعْمَالُكُمْ أُحْصِيهَا لَكُمْ ثُمَّ أُوَفِّيكُمْ إيَّاهَا، فَمَنْ وَجَدَ خَيراً فَلْيَحْمَدِ الله وَمَنْ وَجَدَ غَيْرَ ذلِكَ فَلا يَلُومَنَّ إلا نَفْسَهُ». قَالَ سعيد: كَانَ أبُو إدريس إذَا حَدَّثَ بهذا الحديث جَثَا عَلَى رُكبتيه. رواه مسلم. وروينا عن الإمام أحمد بن حنبل رحمه الله، قَالَ: لَيْسَ لأهل الشام حديث أشرف من هَذَا الحديث. هذا حديث جليل شريف، وهو من الأحاديث القدسية التي يرويها النبي عن الله عز وجل. وفي هذا الحديث: قبح الظلم وأن جميع الخلق مفتقرون إلى الله تعالى في جلب مصالحهم، ودفع مضارهم في أمور دينهم ودنياهم. وأنَّ الله تعالى يحب أن يسأله العباد ويستغفروه. وأنَّ ملكه لا يزيد بطاعة الخلق ولا ينقص بمعصيتهم. وأن خزائنه لا تنفذ ولا تنقص. وأن ما أصاب العبد من خير فمن فضل الله تعالى، وما أصابه من شر فمن نفسه وهواه. وهو مشتمل على قواعد عظيمة في أصول الدين وفروعه وآدابه، وغير ذلك.

111. Abu Dharr ؓ said: The Prophet ﷺ said, "Allah, the Exalted, and Glorious, said; 'O My slaves, I have prohibited Myself injustice; and have made oppression unlawful for you, so do not oppress one another. O My slaves, all of you are liable to err except the one whom I guide on the Right Path, so seek guidance from Me so that I will guide you to the Right Path. O My slaves, all of you are hungry except the one whom I feed, so ask food from Me, I will feed you. O My slaves, all of you are naked except those whom I clothe, so ask clothing of Me and I shall clothe you. O My slaves, you commit sins night and day and I forgive all sins, so seek My forgiveness and I shall forgive you. O My slaves, you can neither do Me any harm nor can you do Me any good. O My slaves, were the first of you and the last of you, the human of you and jinn of you to be as pious as the most pious heart of any man of you, that would not increase My domain a thing. O My slaves, were the first of you, and the last of you, the human of you and the jinn of you to be as wicked as the most wicked heart of any man of you, that would not decrease My domain in a thing. O My slaves, were the first of you and the last of you, the human of you and the jinn of you to stand in one place and make a request of Me, and were I to give everyone what he requested, that would not

decrease what I have, any more than a needle decrease the sea if put into it. O My slaves, it is but your deeds that I reckon for you and then recompense you for, so let him who finds good (i.e., in the Hereafter) praise Allah and let him who finds other than that blame no one but himself."'.[Muslim].

CHAPTER 12

Urging towards increasing Good Actions in later part of Life [112-116 of 1896]

قَالَ اللـه تَعَالَى: ﴿أَوَلَمْ نُعَمِّرْكُمْ مَا يَتَذَكَّرُ فِيهِ مَنْ تَذَكَّرَ وَجَاءكُمُ النَّذِيرُ﴾ [فاطر (37)]. قَالَ ابن عباس والمُحَقِّقُونَ: أَو لَمْ نُعَمِّرْكُمْ سِتِّينَ سَنَةً ؟ وَيُؤَيِّدُهُ الحديث الَّذِي سنذْكُرُهُ إنْ شاء اللـه تَعَالَى، وقيل: معناه ثماني عَشْرَة سَنَةً، وقيل: أرْبَعينَ سَنَةً، قاله الحسن والكلبي ومسروق ونُقِلَ عن ابن عباس أيضاً. وَنَقَلُوا أنَّ أَهْلَ المدينَةِ كانوا إذَا بَلَغَ أَحَدُهُمْ أربْعينَ سَنَةً تَفَرَّغَ للعِبادَةِ، وقيل: هُوَ البُلُوغُ. وقوله تَعَالَى: ﴿وجَاءكُمُ النَّذِيرُ﴾ قَالَ ابن عباس والجمهور: هُوَ النَّبيّ، وقيل: الشَّيبُ، قاله عِكْرِمَةُ وابن عُيَيْنَة وغيرهما. والله أعلم. قوله تعالى: ﴿أَوَلَمْ نُعَمِّرْكُم مَّا يَتَذَكَّرُ فِيهِ مَن تَذَكَّرَ وَجَاءكُمُ النَّذِيرُ﴾ [فاطر (37)]. هذا توبيخ من الله تعالى لأهل النار. يقول: أَوَ مَا عشتم في الدنيا أعمارًا لو كنتم ممن ينتفع بالحق لانتفعتم به في مدة عمركم. قال قتادة: اعلموا أنَّ طول العمر حجَّة، فنعوذ بالله أنْ نُعيَّر بطول العمر، قد نزلت هذه الآية: ﴿أَوَ لَم نُعَمِركُم مَّا يَتَذَكَّرُ﴾، وأنَّ فيهم لابن ثماني عشرة سنة. وعن ابن عباس رضي الله عنهما مرفوعًا: إذا كان يوم القيامة قيل: أين أبناء الستين ؟ وهو العمر الذي قال الله تعالى فيه: ﴿أَوَ لَم نُعَمِركُم مَّا يَتَذَكَّرُ فِيه مَن تَذَكَّرَ وَجَآءَكُمُ النَّذِيرُ﴾. وقال الشاعر:إذا بلغ الفتى ستين عامًا فقد ذهب المسرة والفتاء وعن قتادة: ﴿وَجَآءَكُمُ النَّذِيرُ﴾ احتج عليهم بالعمر والرسل. وقرأ عبد الرحمن بن زيد: ﴿هَذَا نَذِيرٌ مِنَ النُّذُرِ الأُولَى﴾. والشيب، نذير أيضًا؛ لأنه يأتي في سن الاكتهال، وهو علامة لمفارقة سِنِّ الصبا الذي هو سِنُّ اللهو واللعب. قال الشاعر:
رأيت الشيب من نذر المنايا لصاحبه وحسبك من نذير

Allah, the Exalted, says:

> "Did We not give you lives long enough, so that whosoever would receive admonition, - could receive it? And the warner came to you." (35:37)

Ibn 'Abbas and others said that "long enough" in the Verse means sixty years. The Hadith which follows supports this. Others said it means eighteen years; Al-Hasan Al-Basri, Al-Kalbi and Masruq said it means forty years, it has also been reported by Ibn Abbas and others that whenever the people of Al-Madinah turned forty years of age, they would devote themselves completely to worship. "Long enough" in the Verse has also been interpreted to mean the age of puberty. Ibn 'Abbas and the majority of Muslim scholars said that the "warner" in the Verse refers to the Prophet ﷺ. 'Ikrimah bin 'Umaiyyah and others interpreted this word as the grayness or whiteness of hair". Allah knows better.

[112] وأما الأحاديث فالأول: عن أبي هريرةَ عن النَّبيّ قَالَ: «أعْذَرَ الله إلَى امْرِئٍ أخَّرَ أجَلَهُ حَتَّى بَلَغَ سِتِّينَ سَنَةً». رواه البخاري.قَالَ العلماء: معناه لَمْ يَتْرُكْ لَهُ عُذراً إذْ أمْهَلَهُ هذِهِ المُدَّةَ. يقال: أعْذَرَ الرجُلُ إذَا بَلَغَ الغايَةَ في العُذْرِ. المعنى: أنَّ الله تعالى لم يُبْقِ للعبد اعتذارًا. كأن يقول: لو مُدَّ لي في الأجل لفعلت ما أُمرت به. فينبغي له الاستغفار والطاعة، والإقبال على الآخرة بالكلية.

112. Abu Hurairah ﷺ reported: The Prophet ﷺ said, "Allah excuses and grants forgiveness to a person until he attains the age of sixty years". [Al-Bukhari].

[113] الثاني: عن ابن عباس رضي الله عنهما، قَالَ: كَانَ عمر يُدْخِلُنِي مَعَ أشْيَاخِ بَدرٍ فكأنَّ بَعْضَهُمْ وَجَدَ في نفسِهِ، فَقَالَ: لِمَ يَدْخُلُ هَذَا معنا ولَنَا أبْنَاءٌ مِثلُهُ ؟! فَقَالَ عُمَرُ: إنَّهُ مِنْ حَيثُ عَلِمْتُمْ ! فَدعَانِي ذاتَ يَومٍ فَأدْخَلَنِي مَعَهُمْ فما رَأيتُ أنَّهُ دعاني يَومَئذٍ إلا لِيُرِيَهُمْ، قَالَ: مَا تقُولُون في قولِ الله تعالى: ﴿إذَا جَاءَ نَصْرُ اللهِ وَالْفَتْحُ﴾ ؟ [النصر:1]. فَقَالَ بعضهم: أُمِرْنَا نَحْمَدُ اللهَ وَنَسْتَغْفِرُهُ إذَا نَصَرنَا وَفَتحَ عَلَيْنَا، وَسَكتَ بَعْضُهُمْ فَلَمْ يَقُلْ شَيئاً. فَقَالَ لِي: أكَذلِكَ تقُول يَا ابنَ عباسٍ ؟ فقلت: لا. قَالَ: فما تقول ؟ قُلْتُ: هُوَ أجَلُ رَسُول الله أعلَمَهُ لَهُ، قَالَ: ﴿إذَا جَاءَ نَصْرُ اللهِ وَالْفَتْحُ﴾ وذلك علامةُ أجَلِكَ ﴿فَسَبِّحْ بِحَمْدِ رَبِّكَ وَاسْتَغْفِرْهُ إنَّهُ كَانَ تَوَّاباً﴾ [النصر (3)]. فَقَالَ عمر: مَا أعلم مِنْهَا إلا مَا تقول. رواه البخاري. في هذا الحديث: فضل ابن عباس وسعة علمه، وكمال فهمه، وتأثير لإجابة دعوة النبي أنْ يفقِّهه الله في الدين، ويعلمه التأويل.فكم من صغير لاحظته عناية من الله فاحتاجت إليه الأكابر.

113. Ibn 'Abbas (May Allah be pleased with them) said: 'Umar ﷺ used to make me sit with the noble elderly men who had partic-

ipated in the battle of Badr. Some of them disliked it and said to 'Umar: "Why do you bring in this boy to sit with us when we have sons like him?" 'Umar replied: "Because of the status he has, which you already know about (i.e., belongs to the source of knowledge and the house of the Prophet ﷺ)." One day, 'Umar called me and seated me in the gathering of those people; and I think that he called me just to show them (of my religious knowledge). 'Umar then questioned them (in my presence). "How do you interpret the ayah of Allah: 'When there comes the Help of Allah (to you, O Muhammad ﷺ against your enemies) and the Conquest (of Makkah).'" Someone said that when Allah's Help and the Conquest (of Makkah) came to us, we were called upon to celebrate the Praise of Allah and ask for His forgiveness. Some others remained silent and did not utter a word. Thereupon 'Umar asked me: "Ibn 'Abbas! Do you say the same." I replied: "No". He said: "What do you say then?" I replied: "That is the sign of the Prophet's death about which he had been informed.

Allah, the Exalted, says:

'When there comes the help of Allah (to you, O Muhammad ﷺ against your enemies) and the Conquest (of Makkah)'.

So declare the remoteness of your Rubb from every imperfection, and ask for His forgiveness. Verily, He is the One Who accepts the repentance and Who forgives".

On that 'Umar ؓ said: "I do not know anything about it other than what you have said". [Al-Bukhari]

[114] الثالث: عن عائشة رضي الله عنها، قَالَتْ: مَا صلّى رَسُول الله صلاةً بَعْدَ أنْ نَزَلتْ عَلَيهِ: ﴿إِذَا جَاءَ نَصْرُ اللهِ وَالْفَتْحُ﴾ إلا يقول فِيهَا: «سُبحَانَكَ رَبَّنَا وَبِحَمْدِكَ، اللَّهُمَّ اغْفِرْ لي». مُتَّفَقٌ عَلَيهِ.وفي رواية في الصحيحين عنها: كَانَ رَسُول الله يُكْثِرُ أنْ يقُولَ في ركُوعِهِ وسُجُودهِ: «سُبْحَانَكَ اللَّهُمَّ رَبَّنَا وَبِحَمدِكَ، اللَّهُمَّ اغْفِرْ لِي»، يَتَأوَّلُ القُرآنَ. معنى: «يَتَأَوَّلُ القُرآنَ» أي يعمل مَا أُمِرَ بِهِ في القرآن في قوله تَعَالَى: ﴿فَسَبِّحْ بِحَمْدِ رَبِّكَ وَاسْتَغْفِرْهُ﴾. وفي رواية لمسلم: كَانَ رَسُول الله يُكثِرُ أنْ يَقُولَ قَبلَ أنْ يَمُوتَ:

«سُبحَانَكَ اللَّهُمَّ وَبِحَمدِكَ أَسْتَغْفِرُكَ وَأتُوبُ إلَيْكَ». قَالَتْ عائشة: قُلْتُ: يَا رَسُول الله، مَا هذِهِ الكَلِماتُ الَّتي أرَاكَ أحْدَثْتَها تَقُولُهَا ؟ قال: «جُعِلَتْ لي عَلامَةٌ في أُمَّتِي إذَا رَأيْتُها قُلتُها ﴿إذَا جَاءَ نَصْرُ اللهِ وَالْفَتْحُ﴾ ... إلَى آخِرِ السورة. وفي رواية لَهُ: كَانَ رسولُ الله يُكثِرُ مِنْ قَولِ: «سبْحَانَ اللهِ وَبِحَمدِهِ أسْتَغفِرُ اللهَ وأتُوبُ إلَيْهِ». قَالَتْ: قُلْتُ: يَا رسولَ اللهِ، أَرَاكَ تُكثِرُ مِنْ قَولِ سُبحَانَ اللهِ وَبِحَمدِهِ أسْتَغْفِرُ اللهَ وأتُوبُ إلَيْه ؟ فَقَالَ: «أخبَرَنِي رَبِّي أنِّي سَأرَى عَلامَةً في أُمَّتي فإذا رَأيْتُها أكْثَرْتُ مِنْ قَولِ: سُبْحَانَ اللهِ وبِحَمدهِ أسْتَغْفِرُ اللهَ وَأَتُوبُ إلَيْه فَقَدْ رَأَيْتُهَا: ﴿إذَا جَاءَ نَصْرُ اللهِ وَالْفَتْحُ﴾ فتح مكّة، ﴿وَرَأَيْتَ النَّاسَ يَدْخُلُونَ فِي دِينِ اللهِ أَفْوَاجاً * فَسَبِّحْ بِحَمْدِ رَبِّكَ وَاسْتَغْفِرْهُ إنَّهُ كَانَ تَوَّاباً﴾». في هذا الحديث: مواظبته على التسبيح والتحمد والاستغفار في ركوعه وسجوده، وأشرف أوقاته وأحواله. وفيه: خضوعه لربه وانطراحه بين يديه، ورؤية التقصير في أداء مقام العبودية، وحق الربوبية. وفيه: الحث على الازدياد من الخير في أواخر العمر.

114. ' Aishah ﷺ said: After the revelation of (the Surah) "When the Help of Allah comes (to you, O Muhammad ﷺ against your enemies) and the Conquest (of Makkah)" (110:1), Messenger of Allah ﷺ used to recite in every prayer: "Subhanaka Rabbana wa bihamdika, Allahum-maghfir li (Far removed You are from every imperfection, our Rubb, and all praise is for You, forgive me, O Allah)". [Al-Bukhari and Muslim].

Another narration is: Messenger of Allah ﷺ recited frequently in bowing and prostration: "Subhanaka Rabbana wa bihamdika, Allahum-maghfir li. (Far removed You are from every imperfection, our Rubb, and all praise is for You, forgive me, O Allah)". He elucidated that it has been commanded in the Noble Qur'an to recite: "So glorify the Praises of your Rubb, and ask for His forgiveness. Verily, He is the One Who accepts the repentance and Who forgives". (V.110:1) And he (the Messenger of Allah) acted upon it.

According to the narration in Muslim, Messenger of Allah ﷺ frequently recited these words just before he passed away: "Subhanaka Rabbana wa bihamdika. Astaghfiruka wa atubu ilaika." I ('Aishah ﷺ asked him: "O Messenger of Allah! What are these new words which I hear from you repeatedly." He replied, "A sign has been appointed for me relating to my people that I should repeat these words at the sight of that sign". Then he recited Surat An-Nasr.

Another narration in Muslim related from 'Aishah ﷺ is: Messenger of Allah ﷺ often recited, "Glory be to Allah and praise be to Him; I seek forgiveness of Allah and turn to Him in repentance." I said to him: "O Messenger of Allah, I hear you recite frequently: 'O Allah, You are free from every imperfection our Rubb and all praise is for You; I seek forgiveness of Allah and turn to Him in repentance."' He replied, "My Rubb has informed me that I would soon see a sign regarding my people, whenever I see it, I repeat this statement more often (of His Glorification and Praise and beg pardon of Him and turn to Him). Now I have witnessed the sign. The revelation of Surat An-Nasr and the victory is the conquest of Makkah."

> "When there comes the Help of Allah (to you, O Muhammad ﷺ against your enemies) and the Conquest (of Makkah). And you see that the people enter Allah's religion (Islam) in crowds. So glorify the Praises of your Rubb, and ask His forgiveness. Verily, He is the One Who accepts the repentance and Who forgives." (110:1-3)

[115] الرابع: عن أنس قَالَ: إنَّ اللهَ تَابَعَ الوَحيَ عَلَى رسولِ الله قَبلَ وَفَاتهِ حَتَّى تُوُفِّيَ أَكْثَرَ مَا كَانَ الوَحْيَ عَلَيْه. مُتَّفَقٌ عَلَيهِ. الحِكمة في كثرة الوحي عند وفاته، لتكمل الشريعة فلا يبقى مما يوحى إليه بشيء. قال الله تعالى: ﴿الْيَوْمَ أَكْمَلْتُ لَكُمْ دِينَكُمْ وَأَتْمَمْتُ عَلَيْكُمْ نِعْمَتِي وَرَضِيتُ لَكُمُ الإِسْلاَمَ دِيناً﴾ [المائدة (3)]. وكان خلقه القرآن يعمل بما فيه.

115. Anas ﷺ said: Allah the Rubb of honour and glory sent Revelation to His Messenger ﷺ more frequently before his death than at any other time. [Al-Bukhari and Muslim].

[116] الخامس: عن جابر قَالَ: قَالَ رسول الله: «يُبْعَثُ كُلُّ عَبْدٍ عَلَى مَا مَاتَ عَلَيهِ». رواه مسلم. في هذا الحديث: تحريضٌ للإنسان على حسن العمل، وملازمة الهَدْي المحمدي في سائر الأحوال، والإخلاص لله تعالى في الأقوال والأعمال، ليموت على تلك الحالة الحميدة فيُبعث كذلك، وبالله التوفيق.

116. Jabir ؓ said: The Prophet ﷺ said, "Every one will be raised in the condition in which he dies". [Muslim].

CHAPTER 13

Numerous ways of doing Good [117-141 of 1896]

قَالَ اللـه تَعَالَى: ﴿وَمَـا تَفْعَلُـوا مِـنْ خَيْرٍ فَإِنَّ اللـهَ بِـهِ عَلِيـمٌ﴾ [البقـرة (215)]. فيجزيكـم عليـه. وَقَالَ تَعَالَى: ﴿وَمَـا تَفْعَلُوا مِـنْ خَيْرٍ يَعْلَمْـهُ الله﴾ [البقـرة (197)]. فلا يُضيِّعـه. وَقالَ تَعَالَى: ﴿فَمَـنْ يَعْمَـلْ مِثْقَـالَ ذَرَّةٍ خَيْراً يَـرَهُ﴾ [الزلزلـة (7)]. يعنـي: يـرى جـزاءه في الآخـرة. قـال سـعيد بـن جبير: كان المسـلمون يَرَوْن أنهـم لا يؤجرون علـى الشيء القليـل إذا أعطوه، وكان آخـرون يَـرون أنْ لا يُلامـون علـى الذنب اليسـير: الكذبـة، والنظرة، والغيبة، وأشـباهها. فنزلـت: ﴿فَمَـنْ يَعْمَـلْ مِثْقَـالَ ذَرَّةٍ خَيْراً يَرَهُ * وَمَنْ يَعْمَـلْ مِثْقَالَ ذَرَّةٍ شَرّاً يَـرَهُ﴾ [الزلزلة (7، 8)]. وَقَالَ تَعَالَى: ﴿مَنْ عَمِلَ صَالِحاً فَلِنَفْسِهِ﴾ [الجاثـية (15)].والآيات في البـاب كثيرة. كقولـه تعـالى: ﴿مَـنْ عَمِلَ صَالِحاً مِّن ذَكَرٍ أَوْ أُنثَـى وَهُـوَ مُؤْمِـنٌ فَلَنُحْيِيَنَّـهُ حَيَاةً طَيِّبَـةً وَلَنَجْزِيَنَّهُـمْ أَجْرَهُـم بِأَحْسَـنِ مَـا كَانُـواْ يَعْمَلُـونَ﴾ [النحـل (97)] وغيرهـا. وأمـا الأحاديـث فكثـيرة جـداً وهـي غيرُ منحـصرةٍ فنذكـرُ طرفـاً مِنْهَا:

Allah, the Exalted, says:

"... and whatever you do of good deeds, truly, Allah knows it well." (2:215)

"And whatever good you do, (be sure) Allah knows it." (2:197)

"So whosoever does good equal to the weight of an atom (or a small ant), shall see it." (99:7)

"Whosoever does a good deed, it is for his ownself..." (45:15)

[117] الأول: عـن أبي ذر جُنْـدبِ بـنِ جُنَـادَةَ قَـالَ: قُلْـتُ: يَـا رسـولَ الله، أيُّ الأعـمالِ أفْضَلُ ؟ قَـالَ: «الإيمَـانُ باللـهِ وَالجِهـادُ في سَـبيلِهِ». قُلْـتُ: أيُّ الرِّقَـابِ أفْضَـلُ ؟ قَـالَ: «أنْفَسُـهَا عِنْدَ أهلِهَـا وَأكثَرهَـا ثَمَنـاً». قُلْـتُ: فـإنْ لَـمْ أفْعَلْ ؟ قَـالَ: «تُعِـينُ صَانِعـاً أَوْ تَصْنَعُ لأَخْـرَقَ». قُلْتُ:

يَا رَسُـول اللـه، أرأيْـتَ إنْ ضَعُفْـتُ عَنْ بَعْـضِ العَمَلِ ؟ قَالَ: «تَكُـفُّ شَرَّكَ عَنِ النَّـاسِ؛ فإنَّهَا صَدَقَـةٌ مِنْـكَ عَلَى نَفْسِـكَ». مُتَّفَـقٌ عليه.«الصَّانِعُ» بالصـاد المهملة هَذَا هُوَ المشـهور، وروي «ضائعـاً» بالمعجمـة: أي ذا ضِيـاع مِـنْ فقـرٍ أَوْ عيالٍ ونحوَ ذلِـك، «وَالأَخْرَقُ»: الَّـذِي لا يُتقِنْ مَـا يُحَاوِل فِعلـهُ. في هـذا الحديـث: بيـان كـثرة طـرق الخـير، وأن الإنسـان إذا عجـز عـن خصلـة مـن خصـال الخـير قـدر على الأُخـرى، فإذا عجـز عن ذلك كـفَّ شرّه عن النـاس. وما لا يُـدرك كلّـه لا يـترك جُلُّه.

117. Abu Dharr ﷺ reported: I asked: "O Messenger of Allah! Which action is the best?" He ﷺ said, "Faith in Allah and Jihad in the way of Allah." I asked: "Which neck (slave) is best (for emancipation)?" He said, "That which is dearest of them in price and most valuable of them to its masters". I asked: "If I cannot afford (it)?" He said, "Then help a labourer or work for one who is disabled". I asked: "If I cannot do (it)?" He said, "You should restrain yourself from doing wrong to people, because it (serves as) charity which you bestow upon yourself". [Al-Bukhari and Muslim].

[118] الثـاني: عـن أبي ذر أيضـاً: أنَّ رسـول اللـه قَـالَ: «يُصْبـحُ عَـلَى كُلِّ سُـلامَى مِـنْ أَحَدِكُمْ صَدَقـةٌ: فَـكُلُّ تَسـبيحَةٍ صَدَقَةٌ، وَكُلُّ تَحمِيدةٍ صَدَقَة، وَكُلُّ تَهْلِيلَـةٍ صَدَقَةٌ، وَكُلُّ تَكبيرَةٍ صَدَقَةٌ، وَأمْـرٌ بِالمعـرُوفِ صَدَقَـةٌ، ونَهـيٌ عَـنِ المُنْكَـرِ صَدَقةٌ، وَيُجـزئُ مِنْ ذلِـكَ رَكْعَتَـانِ يَرْكَعُهُما مِنَ الضُّحَى». رواه مسـلم. «السُّـلامَى» بضم السـين المهملة وتخفيف اللام وفتح الميم: المفصل. قـال في القامـوس: المفاصـل: مفاصـل الأعضـاء، الواحـد منهـا كَمَنْـزِلٍ. والمِفْصَـلُ: كمِنْـبَرٍ. اللسـان. وفي هـذا الحديـث: فضيلـة التسـبيح وسـائر الأذكار، والأمـر بالمعـروف والنهي عن المنكـر، وأنَّ الصدقـة تكـون بغـير المـال مـن جميـع أنواع فعـل المعـروف والإحسـان. وفيه: فضـل صـلاة الضحـى، وأنهـا تكفي مـن صدقات الأعضـاء؛ لأنَّ الصـلاة عمل لجميـع أعضاء الجسـد، وتنهى عـن الفحشـاء والمنكر.

118. Abu Dharr ﷺ reported: Messenger of Allah ﷺ said, "When you get up in the morning, charity is due from every one of your joints. There is charity in every ascription of glory to Allah; there is charity in every declaration of His Greatness; there is charity in every utterance of praise of Him; there is charity in every declaration that He is the only true God (worthy of worship); there is charity in enjoining good; there is charity in forbidding evil. Two Rak'ah of Duha (Forenoon prayer) is equal to all this (in reward)". [Muslim].

[119] الثالث: عَنْهُ، قَالَ: قَالَ النَّبِيُّ: «عُرِضَتْ عَلَيَّ أَعْمَالُ أُمَّتِي حَسَنُهَا وَسَيِّئُهَا فَوَجَدْتُ فِي مَحَاسِنِ أَعْمَالِهَا الأَذَى يُمَاطُ عَنِ الطَّرِيقِ، وَوَجَدْتُ فِي مَسَاوِئِ أَعمَالِهَا النُّخَاعَةُ تَكُونُ فِي المَسْجِدِ لا تُدْفَنُ». رواه مسلم. في هذا الحديث: التنبيه على فضل كل ما نفع الناس أو أزال عنهم ضررًا. وأنَّ القليل من الخير والشر مكتوب على العبد، قال الله تعالى: ﴿فَمَنْ يَعْمَلْ مِثْقَالَ ذَرَّةٍ خَيْراً يَرَهُ * وَمَنْ يَعْمَلْ مِثْقَالَ ذَرَّةٍ شَرّاً يَرَهُ﴾ [الزلزلة (7، 8)].

119. Abu Dharr ﷺ reported: The Prophet ﷺ said, "The deeds of my people, good and bad, were presented before me, and I found the removal of harmful objects from the road among their good deeds, and phlegm which might be in a mosque left unburied among their evil deeds". [Muslim].

[120] الرابع: عَنْهُ: أنَّ ناساً قالوا: يَا رَسُولَ الله، ذَهَبَ أهلُ الدُّثُور بالأُجُورِ، يُصَلُّونَ كَمَا نُصَلِّي، وَيَصُومُونَ كَمَا نَصُومُ، وَيَتَصَدَّقُونَ بِفُضُولِ أمْوَالِهِمْ، قَالَ: «أَوَلَيسَ قَدْ جَعَلَ اللهُ لَكُمْ مَا تَصَدَّقُونَ بِهِ: إنَّ بِكُلِّ تَسْبِيحَةٍ صَدَقَةً، وَكُلِّ تَكبيرَةٍ صَدَقَةً، وَكُلِّ تَحمِيدَةٍ صَدَقَةً، وَكُلِّ تَهْلِيلَةٍ صَدَقَةً، وَأَمْرٌ بالمَعْرُوفِ صَدَقَةٌ، وَنَهيٌ عَنِ المُنْكَرِ صَدَقَةٌ، وفي بُضْعِ أَحَدِكُمْ صَدَقَةٌ» قالوا: يَا رسولَ اللهِ، أيَأتِي أَحَدُنَا شَهْوَتَهُ وَيَكُونُ لَهُ فِيهَا أجْرٌ ؟ قَالَ: «أَرَأَيتُمْ لَوْ وَضَعَهَا فِي حَرامٍ أَكَانَ عَلَيهِ فِيهَا وِزرٌ ؟ فكَذلِكَ إِذَا وَضَعَهَا فِي الحَلالِ كَانَ لَهُ أجْرٌ». رواه مسلم.«الدُّثُورُ» بالثاء المثلثة: الأموال وَاحِدُهَا: دثْر. في هذا الحديث: فضل التنافس في الخير، والحرص على العمل الصالح، وجبر خاطر من لا يقدر على الصدقة، ونحوها، وترغيبه فيما يقوم مقامها من التسبيح والتحميد والتهليل والتكبير. وفيه: أنَّ فعل المباحات إذا قارنَهُ بنيَّة صالحة يؤجر عليه العبد.

120. Abu Dharr ﷺ reported: Some people said to Messenger of Allah ﷺ: "O Messenger of Allah, the rich have taken away (all the) reward. They observe Salat (prayers) as we do; and give Sadaqah (charity) out of their surplus wealth." Upon this he (the Prophet ﷺ) said, "Has Allah not prescribed for you (a course) following which you can (also) give Sadaqah? In every declaration of the glorification of Allah (i.e., saying Subhan Allah) there is a Sadaqah, and in every Takbir (i.e., saying Allahu Akbar) is a Sadaqah, and in every celebration of praise (saying Al-hamdu lillah) is a Sadaqah, and in every declaration that He is One (La ilaha illallah) is a Sadaqah, and in enjoining of good is a Sadaqah, and in forbidding evil is a Sadaqah, and in man's sexual intercourse (with his wife)

there is a Sadaqah." They (the Companions) said: "O Messenger of Allah, is there reward for him who satisfies his sexual need among us?" He said, "You see, if he were to satisfy it with something forbidden, would it not be a sin on his part? Similarly, if he were to satisfy it legally, he should be rewarded". [Muslim].

[121] الخامس: عَنْهُ، قَالَ: قَالَ لي النَّبيّ: «لا تَحْقِرنَّ مِنَ المَعرُوفِ شَيئاً وَلَوْ أنْ تَلقَى أخَاكَ بِوَجْهٍ طَلِيقٍ». رواه مسلم. في هذا الحديث: الحثُّ على فعل المعروف قليلاً كان أو كثيراً، بالمال، أو الخُلُق الحسن.

121. Abu Dharr ﵁ reported: The Prophet ﷺ said, "Do not belittle any good deed, even meeting your brother (Muslim) with a cheerful face". [Muslim].

[122] السادس: عن أبي هريرةَ، قَالَ: قَالَ رَسُول الله: «كُلُّ سُلامَى مِنَ النَّاسِ عَلَيهِ صَدَقَةٌ، كُلَّ يَومٍ تَطلُعُ فِيهِ الشَّمْسُ: تَعْدِلُ بَينَ الاثْنَينِ صَدَقةٌ، وتُعِينُ الرَّجُلَ في دَابَّتِهِ، فَتَحْمِلُهُ عَلَيْهَا أَوْ ترفَعُ لَهُ عَلَيْهَا مَتَاعَهُ صَدَقَةٌ، وَالكَلِمَةُ الطَيِّبَةُ صَدَقَةٌ، وبكلِّ خَطْوَةٍ تَمشيهَا إلَى الصَّلاةِ صَدَقَةٌ، وتُمِيطُ الأذَى عَنِ الطَّرِيقِ صَدَقَةٌ». مُتَّفَقٌ عَلَيهِ. ورواه مسلم أيضاً من رواية عائشة رَضي الله عنها، قَالَتْ: قَالَ رَسُول الله: «إنَّهُ خُلِقَ كُلُّ إنْسانٍ مِنْ بَنِي آدَمَ عَلَى سِتِّينَ وثلاثمئة مفْصَل، فَمَنْ كَبَّرَ اللهَ، وحَمِدَ الله، وَهَلَّلَ اللهَ، وَسَبَّحَ الله، وَاسْتَغْفَرَ الله، وَعَزَلَ حَجَراً عَنْ طَرِيقِ النَّاسِ، أَوْ شَوْكَةً، أَوْ عَظماً عَن طريقِ النَّاسِ، أَوْ أمَرَ بِمَعْرُوف، أَوْ نَهَى عَنْ منكر، عَدَدَ السِّتِّينَ والثَّلاثِمئَة فَإنَّهُ يُمْسِي يَومَئِذٍ وقَدْ زَحْزَحَ نَفسَهُ عَنِ النَّارِ». السُّلاَمَى: المِفْصل. فيصبح على ابن آدم كل يوم ثلاثمئة وستون صدقة بعدد مفاصله. فمن أتى بعددها من الطاعات الفعلية والقولية فقد أدّى شكر الله فيها.

122. Abu Hurairah ﵁ reported: Messenger of Allah ﷺ said, "Every day the sun rises charity (Sadaqah) is due on every joint of a person: you administer justice between two men is a charity; and assisting a man to mount his beast, or helping him load his luggage on it is a charity; and a good word is a charity; and every step that you take (towards the mosque) for Salat (prayer) is a charity and removing harmful things from the road is a charity". [Al-Bukhari and Muslim].

In Muslim, it is reported on the authority of 'Aishah ﵂ that Messenger of Allah ﷺ said, "Everyone of the children of Adam has been created with three hundred and sixty joints; so he who declares the Glory of Allah (i.e., saying Allahu Akbar), praises Allah (i.e., Al-hamdu lillah), declares Allah to be One (i.e., La ilaha illallah), glorifies Allah, and seeks forgiveness from Allah (i.e., Astaghfirullah), and removes stone, or thorn, or bone from people's path, and enjoins good and forbids evil, to the number of those three hundred and sixty, will walk that day having rescued himself from Hell".

[123] السابع: عَنْهُ، عن النَّبيِّ قَالَ: «مَنْ غَدَا إِلَى المَسْجِدِ أَوْ رَاحَ، أَعَدَّ اللهُ لَهُ فِي الجَنَّةِ نُزُلاً كُلَّمَا غَدَا أَوْ رَاحَ». مُتَّفَقٌ عَلَيهِ. «النُّزُلُ»: القوت والرزق وما يُهيأ للضيف. في هذا الحديث: فضل المشي إلى صلاة الجماعة في المسجد.

123. Abu Hurairah ﷺ reported: The Prophet ﷺ said, "He who goes to the mosque at dawn or dusk (for Salat), Allah prepares a hospitable abode for him in Jannah, every time when he walks to it or comes back from it". [Al-Bukhari and Muslim].

[124] الثامن: عَنْهُ، قَالَ: قَالَ رَسُول الله: «يَا نِسَاءَ المُسْلِمَاتِ، لا تَحْقِرَنَّ جَارَةٌ لِجَارَتِهَا وَلَوْ فِرْسِنَ شَاةٍ». مُتَّفَقٌ عَلَيهِ. قَالَ الجوهري: الفرسن مِنَ البَعيرِ كالحَافِرِ مِنَ الدَّابَةِ قَالَ: وَرُبَّمَا اسْتُعِيرَ فِي الشَّاةِ. في هذا الحديث: الحث على صلة الجارة ولو بظلف شاة، وفي معناه الحديث الآخر: «إذا طبخت مرقةً فأكثِر ماءَها، وتعاهد جيرانك».

124. Abu Hurairah ﷺ reported: O Muslim women, never belittle any gift you give your neighbour even if it is a hoof of a sheep". [Al-Bukhari and Muslim].

[125] التاسع: عَنْهُ، عن النَّبيِّ، قَالَ: «الإيمَانُ بِضْعٌ وَسَبعُونَ أَوْ بِضعٌ وسِتُّونَ شُعْبَةً: فَأَفْضَلُهَا قَولُ: لا إلهَ إلا اللهُ، وَأَدْنَاهَا إمَاطَةُ الأذَى عَنِ الطَّرِيقِ، والحياءُ شُعبَةٌ مِنَ الإيمانِ». مُتَّفَقٌ عَلَيهِ. «البِضْعُ» من ثلاثة إلى تسعة بكسر الباء وقد تفتح. وَ«الشُّعْبَةُ»: القطعة. شعب الإيمان: هي الأعمال الشرعية، وهي تتفرع عن أعمال القلب وأعمال اللسان، وأعمال البدن.

125. Abu Hurairah ﷺ: The Prophet ﷺ said, "Iman has over seventy branches, the uppermost of which is the declaration: 'None has

the right to be worshipped but Allah'; and the least of which is the removal of harmful object from the road, and modesty is a branch of Iman." [Al-Bukhari and Muslim].

[126] العاشر: عَنْهُ: أنَّ رَسُول اللهِ، قَالَ: «بَيْنَما رَجُلٌ يَمشي بِطَريقٍ اشْتَدَّ عَلَيهِ العَطَشُ، فَوَجَدَ بِئراً فَنَزَلَ فِيهَا فَشربَ، ثُمَّ خَرَجَ فإذَا كَلْبٌ يَلْهَثُ يأكُلُ الثَّرَى مِنَ العَطَشِ، فَقَالَ الرَّجُلُ: لَقَدْ بَلَغَ هَذَا الكَلْبُ مِنَ العَطَشِ مِثلُ الَّذِي كَانَ قَدْ بَلَغَ مِنِّي فَنَزَلَ البِئْرَ فَمَلأَ خُفَّهُ مَاءً ثُمَّ أمْسَكَهُ بفيهِ حَتَّى رَقِيَ، فَسَقَى الكَلْبَ، فَشَكَرَ الله لَهُ، فَغَفَرَ لَهُ» قالوا: يَا رَسُول اللهِ، إنَّ لَنَا في البَهَائِمِ أَجْراً ؟ فقَالَ: «في كُلِّ كَبِدٍ رَطْبَةٍ أجْرٌ». مُتَّفَقٌ عَلَيهِ. وفي رواية للبخاري: «فَشَكَرَ اللهُ لَهُ، فَغَفَرَ لَهُ، فأدْخَلَهُ الجَنَّةَ» وفي رواية لهما: «بَيْنَما كَلْبٌ يُطِيفُ بِرَكِيَّةٍ قَدْ كَادَ يقتلُهُ العَطَشُ إذْ رَأَتْهُ بَغِيٌّ مِنْ بَغَايَا بَنِي إسْرَائِيل، فَنَزَعَتْ مُوقَها فَاسْتَقَتْ لَهُ بِهِ فَسَقَتْهُ فَغُفِرَ لَهَا بِهِ». «المُوقُ»: الخف. وَ«يُطِيفُ»: يدور حول «رَكِيَّةٍ»: وَهِي البئر.

في هذا الحديث: فضْل الإحسان إلى الحيوان، وأنه سبب لمغفرة الذنوب ودخول الجنة.

126. Abu Hurairah رضي الله عنه reported: Messenger of Allah ﷺ said, "While a man was walking on his way he became extremely thirsty. He found a well, he went down into it to drink water. Upon leaving it, he saw a dog which was panting out of thirst. His tongue was lolling out and he was eating moist earth from extreme thirst. The man thought to himself: 'This dog is extremely thirsty as I was.' So he descended into the well, filled up his leather sock with water, and holding it in his teeth, climbed up and quenched the thirst of the dog. Allah appreciated his action and forgave his sins". The Companions asked: "Shall we be rewarded for showing kindness to the animals also?" He ﷺ said, "A reward is given in connection with every living creature". [Al-Bukhari and Muslim].

In the narration of Al-Bukhari, the Prophet ﷺ is reported to have said: "Allah forgave him in appreciation of this act and admitted him to Jannah".

Another narration says: "Once a dog was going round the well and was about to die out of thirst. A prostitute of Banu Israel happened to see it. So she took off her leather sock and lowered it into the well. She drew out some water and gave the dog to drink. She was forgiven on account of her action".

[127] الحادي عشر: عَنْهُ، عن النَّبيّ، قَالَ: «لَقدْ رَأيْتُ رَجُلاً يَتقَلَّبُ في الجَنَّةِ في شَجَرَةٍ قَطَعَهَا مِنْ ظَهْرِ الطَرِيقِ كَانَتْ تُؤذِي المُسْلِمِينَ». رواه مسلم. وفي رواية: «مَرَّ رَجُلٌ بِغُصْنِ شَجَرَةٍ عَلَى ظَهرِ طَرِيقٍ، فقَالَ: وَاللهِ لأُنْحِيَنَّ هَذَا عَنِ المُسْلِمينَ لا يُؤذِيهِمْ، فَأُدخِلَ الجَنَّةَ». وفي رواية لهما: «بَيْنَمَا رَجُلٌ يَمْشي بِطَرِيقٍ وَجَدَ غُصْنَ شَوكٍ عَلَى الطريقِ فأخَّرَه فَشَكَرَ اللهُ لَهُ، فَغَفَرَ لَهُ». في هذا الحديث: فضيلة كل ما نفع المسلمين وأزال عنهم ضررًا، وأنَّ ذلك سبب للمغفرة ودخول الجنة.

127. Abu Hurairah ﵁ reported: The Prophet ﷺ said, "I saw a man going about in Jannah (and enjoying himself) as a reward for cutting from the middle of the road, a tree which was causing inconvenience to the Muslims". [Muslim].

Another narration says: "A man who passed by a branch of a tree leaning over a road and decided to remove it, saying to himself, 'By Allah! I will remove from the way of Muslims so that it would not harm them.' On account of this he was admitted to Jannah".

According to the narration in Al-Bukhari and Muslim: Messenger of Allah ﷺ said, "While a man was walking, he saw a thorny branch on the road, so he removed it and Allah appreciated his action and forgave him".

[128] الثاني عشر: عَنْهُ، قَالَ: قَالَ رَسُول الله: «مَنْ تَوَضَّأَ فَأَحْسَنَ الوُضُوءَ، ثُمَّ أَتَى الجُمعَةَ فَاسْتَمَعَ وَأَنْصَتَ غُفِرَ لَهُ مَا بَيْنَهُ وَبَيْنَ الجُمُعَةِ وَزِيادَةُ ثَلاثَةِ أيَّامٍ، وَمَنْ مَسَّ الحَصَا فَقَدْ لَغَا». رواه مسلم. معنى المغفرة له ما بين الجمعتين وزيادة ثلاثة أيام: أنَّ الحسنةَ بعشر أمثالها. وفي الحديث الآخر: إشارة إلى الحث على إقبال القلب والجوارح على الخطبة، واجتناب العبث.

128. Abu Hurairah ﵁ reported: Messenger of Allah ﷺ said, "He who performs his Wudu' perfectly and comes to Jumu'ah prayer and listens (to the Khutbah) silently, the sins which he has committed since the previous Friday plus three more days (i.e., 10 days) will be forgiven for him. One who distracts himself with pebbles during the Khutbah will not get the (Jumu'ah) reward". [Muslim].

[129] الثالث عشر: عَنْهُ: أنَّ رَسُول الله قَالَ: «إذَا تَوَضَّأَ العَبْدُ المُسْلِمُ، أو المُؤمِنُ فَغَسَلَ وَجْهَهُ خَرَجَ مِنْ وَجْهِهِ كُلُّ خَطِيئَةٍ نَظَرَ إلَيْهَا بِعَينهِ مَعَ المَاءِ، أَوْ مَعَ آخِرِ قَطْرِ المَاءِ، فَإذَا غَسَلَ يَدَيْهِ خَرَجَ مِنْ يَدَيهِ كُلُّ خَطِيئَةٍ كَانَ بَطَشَتْهَا يَدَاهُ مَعَ المَاءِ، أَوْ مَعَ آخِرِ قَطْرِ المَاءِ، فَإذَا غَسَلَ رِجْلَيهِ خَرَجَتْ كُلُّ خَطِيئَةٍ مشتها رِجْلاَهُ مَعَ المَاء أَوْ مَعَ آخِرِ قَطْرِ المَاءِ حَتَّى يَخْرُجَ نَقِيّاً مِنَ الذُّنُوبِ». رواه مسلم. في هذا الحديث: فضل الوضوء، وأنه يمحو خطايا الجوارح ويكفر الذنوب.

129. Abu Hurairah ﷺ reported: Messenger of Allah ﷺ said, "When a Muslim or a believer washes his face (in the course of Wudu'), every sin he has committed with his eyes is washed away from his face along with water, or with the last drop of water; when he washes his hands, every sin they wrought is erased from his hands with the water, or with the last drop of water; and when he washes his feet, every sin towards which his feet walked is washed away with water, or with the last drop of water, with the result that he comes out cleansed of all sins". [Muslim].

[130] الرابع عشر: عَنْهُ، عن رَسُول الله قَالَ: «الصَّلَوَاتُ الخَمْسُ، وَالجُمُعَةُ إلَى الجُمُعَةِ، وَرَمَضَانُ إلَى رَمَضَانَ مُكَفِّراتٌ لِمَا بَيْنَهُنَّ إذَا اجْتُنِبَتِ الكَبَائِرُ». رواه مسلم. في هذا الحديث: سعة رحمة الله تعالى، وأنَّ المداومة على الفرائض تكفر الصغائر من الذنوب، وقال الله تعالى: ﴿الَّذِينَ يَجْتَنِبُونَ كَبَائِرَ الْإِثْمِ وَالْفَوَاحِشَ إِلَّا اللَّمَمَ إِنَّ رَبَّكَ وَاسِعُ الْمَغْفِرَةِ﴾ [النجم (32)].

130. Abu Hurairah ﷺ reported: Messenger of Allah ﷺ said, "The five (daily) Salat (prayers), and from one Jumu'ah prayer to the (next) Jumu'ah prayer, and from Ramadan to Ramadan are expiations for the (sins) committed in between (their intervals); provided the major sins are not committed". [Muslim].

[131] الخامس عشر: عَنْهُ، قَالَ: قَالَ رَسُول الله: «ألا أَدُلُّكُمْ عَلَى مَا يَمْحُو اللهُ بِهِ الخَطَايَا وَيَرْفَعُ بِهِ الدَّرَجَاتِ ؟» قَالُوا: بَلَى، يَا رسولَ اللهِ، قَالَ: «إسْبَاغُ الوُضُوءِ عَلَى المَكَارِهِ، وَكَثْرَةُ الخُطَا إلَى المَسَاجِدِ، وَانْتِظَارُ الصَّلاةِ بَعْدَ الصَّلاةِ فَذلِكُمُ الرِّبَاطُ». رواه مسلم. إسباغ الوضوء: استيعاب أعضائه بالغسل. وسُمِّيت هذه الثلاث رباطًا؛ لأنَّ أعدى عدو للإنسان نفسه، وهذه الأعمال تسدُّ طرق الشيطان والهوى عن النفس، فإن جهاد النفس هو الجهاد الأكبر.

131. Abu Hurairah ﵁ reported: Messenger of Allah ﷺ said, "Should I not direct you to something by which Allah obliterates the sins and elevates (your) ranks." They said: "Yes, O Messenger of Allah". He said, "Performing Wudu' properly, even in difficulty, frequently going to the mosque, and waiting eagerly for the next Salat (prayer) after a Salat is over; indeed, that is Ar-Ribat". [Muslim].

[132] السادس عشر: عن أبي موسى الأشعرِيِّ قَالَ: قَالَ رسولُ الله: «مَنْ صَلَّى البَرْدَيْنِ دَخَلَ الجَنَّةَ». مُتَّفَقٌ عَلَيهِ. «البَرْدَانِ»: الصبح والعصر. وجه تخصيصهما بالذكر عن سائر الصلوات: أنَّ وقت الصبح يكون عند لذّة النوم، ووقت العصر يكون عند الاشتغال، وأنَّ العبد إذا حافظ عليهما كان أشد محافظة على غيرهما.

132. Abu Musa Al-Ash'ari ﵁ reported: Messenger of Allah ﷺ said, "He who observes the Fajr and 'Asr (prayers) will enter Jannah." [Al-Bukhari and Muslim].

[133] السابع عشر: عَنْهُ قَالَ: قَالَ رَسُول الله: «إذَا مَرِضَ العَبْدُ أَوْ سَافَرَ كُتِبَ لَهُ مِثْلُ مَا كَانَ يَعْمَلُ مُقِيماً صَحِيحاً». رواه البخاري. في هذا الحديث: عظيم فضل الله، وأنَّ من كان له عمل دائم فتركه لعذر صحيح، أنه يكتب له مثل عمله.

133. Abu Musa Al-Ash'ari ﵁ reported: Messcnger of Allah ﷺ said, "When a slave of Allah suffers from illness or sets on a journey, he is credited with the equal of whatever good works he used to do when he was healthy or at home". [Al-Bukhari].

[134] الثامن عشر: عن جَابرٍ قَالَ: قَالَ رسولُ الله: «كُلُّ مَعْرُوفٍ صَدَقَةٌ» رواه. البخاري، ورواه مسلم مِنْ رواية حُذَيفة. في هذا الحديث: أن كل ما يفعل الإنسان من أعمال البرِّ والخير فهو صدقة يُثاب عليها.

134. Jabir ﵁ reported that he heard Messenger of Allah ﷺ saying, "Every good deed is charity". [Al-Bukhari].

Muslim has reported the same on the authority of Hudhaifah ﵁.

[135] التاسع عشر: عَنْهُ، قَالَ: قَالَ رَسُول الله: «مَا مِنْ مُسْلِمٍ يَغْرِسُ غَرْساً إلا كَانَ مَا أُكِلَ مِنْهُ لَهُ صَدَقَةً، وَمَا سُرِقَ مِنهُ لَهُ صَدَقَةً، وَلا يَرْزَؤُهُ أَحَدٌ إلا كَانَ لَهُ صَدَقَةً». رواه مسلم. وفي

روايـة لَـهُ: «فَـلا يَغْـرِسُ المُسْـلِمُ غَرْسـاً فَيَـأْكُلَ مِنْهُ إنْسَـانٌ وَلا دَابَـةٌ وَلا طَـيْرٌ إلا كَانَ لَهُ صَدَقَة إِلَى يَـومِ القِيَامَـةِ». وفي روايـة لَـهُ: «لا يَغْرِسُ مُسْـلِمٌ غَرسـاً، وَلا يَـزرَعُ زَرعاً، فَيَأكُلَ مِنهُ إنْسَـانٌ وَلا دَابَـةٌ وَلا شَيءٌ، إلا كَانَـتْ لَـهُ صَدَقَةً».ورويـاه جميعـاً مـن روايـة أنس. قوله: «يَـرْزَؤُهُ» أي ينقصـه. في هـذا الحديـث: سـعة كـرم الله تعـالى، وأنَّه يثيب عـلى ما بعد الحيـاة، كما يثيب عليـه في الحيـاة، وأنَّ مـا أخـذ من الإنسـان بغير عمله فهـو صدقة له.

135. Jabir ﷺ reported: Messenger of Allah ﷺ said, "When a Muslim plants a tree, whatever is eaten from it is charity from him and whatever is stolen is charity and whatever is subtracted from it is charity". [Muslim].

Another narration says: "If a Muslim plants a tree, or sows a field and men and beasts and birds eat from it, all of it is charity from him".

[136] العـشرون: عَنْـهُ، قَـالَ: أراد بنـو سَـلِمَةَ أَن يَنتقِلـوا قـرب المسـجِدِ فبلـغ ذلِـكَ رسـولَ اللـه، فَقَـالَ لهـم: «إنَّـهُ قَـدْ بَلَغَني أنَّكُـمْ تُرِيـدُونَ أنْ تَنتَقِلُـوا قُربَ المَسـجِدِ ؟» فقالُـوا: نَعَمْ، يَـا رَسُـول اللـهِ قَـدْ أرَدْنَـا ذلِـكَ. فَقَـالَ: «بَنِـي سَـلِمَةَ، دِيَارَكُمْ تُكْتَـبْ آثَارُكُـمْ، دِيَارَكُـمْ تُكْتَبْ آثَارُكُـمْ». رواه مسـلم. وفي روايـةٍ: «إنَّ بِـكُلِّ خَطوَةٍ دَرَجَةً». رواه مسـلم. ورواه البخاري أيضاً بِمَعنـاه مِـنْ روايـة أنس. وَ«بَنُو سَـلِمَةَ» بكسر اللام: قبيلـة معروفة مِنَ الأنصـار، وَ«آثَارُهُمْ»: خطاهُـم. في هـذا الحديـث: أنَّ المـشي إلى المسجد مـن الحسـنات التـي تُكتـب لصاحبهـا. ويشـهد لـه قوله تعـالى: ﴿وَنَكْتُـبُ مَـا قَدَّمُـوا وَآثَارَهُمْ﴾ [يـس (12)].

136. Jabir ﷺ reported: The tribe Banu Salimah wanted to move nearer to the mosque. On learning this Messenger of Allah ﷺ said to them, "I heard that you intend to move nearer to the mosque". They said, "That is so, O Messenger of Allah, we do want to do that". He said, "O Banu Salimah, keep to your homes, your steps (to the mosque) are recorded". [Muslim].

Another narration says: "There is for every step (towards the mosque) a degree (of reward) for you". [Muslim].

[137] الحـادي والعـشرون: عـن أبي المنـذِر أُبَيِّ بـنِ كَعْب، قَـالَ: كَانَ رَجُلٌ لا أعْلَـمُ رَجلاً أبْعَدَ مِـنَ المَسْجِدِ مِنْـهُ، وَكَانَ لا تُخْطِئُـهُ صَـلاةٌ، فَقيلَ لَهُ أَوْ فَقُلْتُ لَهُ: لَوِ اشْـتَرَيْتَ حِـمَاراً تَرْكَبُهُ في الظَّلْـمَاءِ وفي الرَّمْضَـاءِ ؟ فَقَـالَ: مَـا يَـسُرُّنِي أنَّ مَنْـزِلِي إلَى جَنْـبِ المَسْجِدِ إنِّي أريـدُ أنْ يُكْتَبَ لِي مَمشَـايَ إلَى المَسْـجِدِ وَرُجُوعِـي إذَا رَجَعْـتُ إلَى أَهْـلِي فَقَـالَ رَسُـول اللـه: «قَدْ جَمَـعَ اللهُ لَكَ

ذلِـكَ كُلَّـهُ». رواه مسـلم. وفي روايـة: «إنَّ لَـكَ مَا احْتَسَـبْتَ». «الرَّمْضَـاءُ»: الأرْضُ التي أصابها الحـر الشـديد. في هـذا الحديث: دليل عـلى فضل تكثير الخطا إلى الذهاب إلى المسـجد، وأنه يكتـب لـه أجر ذهابه إلى المسـجد ورجوعـه إلى أهله.

137. Ubayy bin Ka'b ﷺ reported: There was a man, and I do not know of any other man whose house was farther than his from the mosque, and he never missed Salat (in congregation). It was said to him (or I said to him): "If you buy a donkey you could ride it in the dark nights and in the burning sand." He said: "I do not like my house to be by the side of the mosque, for I (eagerly) desire that my steps towards the mosque and back from it should be recorded when I return to my family." Upon this Messenger of Allah ﷺ said, "Allah has granted you all the rewards for you". [Muslim].

Another narration says: "You will get the reward for what you have anticipated".

[138] الثـاني والعـشرون: عـن أبي محمـد عبـدِ اللـهِ بـنِ عمـرو بن العـاصِ رَضي اللـه عنهما، قَـالَ: قَـالَ رَسُـول اللـه: «أرْبَعُـونَ خَصْلَـةً: أعْلاَهَـا مَنيحَةُ العَنْـزِ، مَا مِـنْ عَامِلٍ يَعْمَـلُ بِخَصْلَة مِنْهَـا؛ رَجَـاءَ ثَوَابِهَـا وتَصْدِيقَ مَوْعُودِهَـا، إلا أدْخَلَهُ اللهُ بِهَا الجَنَّـةَ». رواه البخاري.«المَنيحَةُ»: أنْ يُعْطِيَـهُ إيَّاهَـا لِيَـأكُلَ لَبَنَهَـا ثُـمَّ يَرُدَّهَـا إلَيْـهِ. قولـه: «أربعـون خصلـة». أي: مـن الـبِرّ دون منيحـة العنـز، كالسـلام، وتشـميت العاطـس، وإماطـة الأذى عـن الطريـق، ونحـو ذلـك من أعـمال الخير، قـال اللـه تعـالى: ﴿فَمَن يَعْمَـلْ مِثْقَـالَ ذَرَّةٍ خَيْراً يَـرَهُ﴾ [الزلزلـة (7)].

138. Abdullah bin 'Amr bin Al-'as (May Allah be pleased with them) reported: Messenger of Allah ﷺ said, "There are forty kinds of virtue; the uppermost of them is to lend a (milch) she-goat (to someone in order to benefit from it and then return it). He who practices any of these virtues expecting its reward and relying on the truthfulness of the promise made for it, shall enter Jannah." [Al-Bukhari].

[139] الثالـث والعـشرون: عـن عَـدِي بـنِ حَاتِمٍ قَالَ: سـمعت النَّبيّ يقـول: «اتَّقُوا النَّـارَ وَلَوْ بشِـقِّ تَمْـرَةٍ». مُتَّفَـقٌ عَلَيـهِ. وفي رواية لهما عَنْـهُ، قَالَ: قَالَ رَسُـول الله: «مَا مِنْكُمْ مِـنْ أحَدٍ إلا سَـيُكَلِّمُهُ رَبُّـهُ لَيْـسَ بَينَـهُ وَبَيْنَهُ تَرْجُـمَانٌ، فَيَنْظُرُ أيْمَـنَ مِنْهُ فَلا يَـرَى إلا مَا قَدَّمَ، وَيَنْظُرُ أشْـأَمَ مِنْـهُ فَـلا يَـرى إلا مَـا قَـدَّمَ، وَيَنظُـرُ بَـيْنَ يَدَيهِ فَلا يَـرَى إلا النَّـار تِلْقَاءَ وَجْهِـهِ، فَاتَّقُوا النَّـارَ وَلَو

بِشِـقِّ تَمْـرَةٍ، فَمَـنْ لَـمْ يَجِـدْ فَبِكَلِمَـةٍ طَيِّبَةٍ». في هـذا الحديث: الحضُّ على الزيـادة من صالح العمـل، والتقليـل مـن سيء العمـل، وأنَّ الصدقـة حجاب عـن النار، ولو قلَّت بمـال، أو كلام.

139. 'Adi bin Hatim ﷺ reported: I heard the Prophet ﷺ saying, "Protect yourself from (Hell) Fire, by giving of half of a date (in charity)". [Al-Bukhari and Muslim].

In another narration 'Adi bin Hatim ﷺ reported Messenger of Allah ﷺ as saying: "Allah will surely speak with everyone of you without an interpreter. He (the man) will look at his right side and will see nothing but (the deeds) which he had done before, and he will look to his left side and will see nothing but (the deeds) which he had done before. Then he will look in front of him and will find nothing but Hell-fire facing him. So protect (yourselves) from (Hell) Fire, by giving in charity even half a date; and if he does not finds it, then with a kind word".

[140] الرابـع والعـشرون: عـن أنـس قـال: قَـالَ رَسُـول اللـه: «إنَّ اللـهَ لَـيَرْضَى عَـنِ العَبْـدِ أنْ يَـأكُلَ الأَكْلَـةَ، فَيَحمَـدَهُ عَلَيْهَـا، أَوْ يَـشْرَبَ الشَّرْبَـةَ، فَيَحْمَـدَهُ عَلَيْهَـا». رواه مسـلم. وَ«الأَكْلَةُ» بفتـح الهمـزة: وَهـيَ الغَـدْوَةُ أَو العَشْـوَةُ. في هـذا الحديـث: بيـان فضل الحمد عنـد الطعام والـشراب، وهـذا مـن كرم اللـه تعالى، فإنه الـذي تفضَّل عليـك بالرزق، ورضي عنـك بالحمد.

140. Anas ﷺ reported: Messenger of Allah ﷺ said, "Allah will be pleased with His slave who praises Him (i.e., says Al-hamdu lillah) when he eats and praises Him when he drinks". [Muslim].

[141] الخامـس والعـشرون: عـن أَبي مـوسى عـن النَّبيّ، قَـالَ: «عَلَى كُلّ مُسْـلِمٍ صَدَقَـةٌ» قَالَ: أرأيـتَ إنْ لَـمْ يَجِـدْ ؟ قَالَ: «يَعْمَلُ بِيَدَيهِ فَيَنْفَعُ نَفْسَـهُ وَيَتَصدَّقُ» قَالَ: أرأيتَ إن لَمْ يَسْـتَطِعْ ؟ قَـالَ: «يُعِينُ ذَا الحَاجَـةِ المَلْهُـوفَ» قَـالَ: أرأيـتَ إنْ لَمْ يَسْـتَطِعْ، قَـالَ: «يَأمُرُ بِالمعْـرُوفِ أَوِ الخَـيْرِ» قَـالَ: أرَأَيْـتَ إنْ لَـمْ يَفْعَـلْ ؟ قَالَ: «يُمْسِـكُ عَـنِ الـشَّرِّ، فَإنَّهَـا صَدَقَـةٌ». مُتَّفَـقٌ عَلَيـهِ. في هـذا الحديـث: الحـثُّ عـلى اكتسـاب مـا تدعـو إليه حاجة الإنسـان مـن طعـام، وشراب، وملبـس، ليصـون بـه وجهه عن الناس، واكتسـاب ما يتصـدق به ليحصل له الثـواب الجزيل. وفيـه: فضـل إعانـة المحتاج والمضطر، واللـه في عون العبد ما كان العبد في عـون أخيه. وفيه: فضـل الأمـر بالمعـروف والخـير. وفيه: أنَّ الإمسـاك عن الـشرّ صدقةٌ.

141. Abu Musa Al-Ash'ari ﷺ reported: The Prophet ﷺ said, "Giving

in charity is an obligation upon every Muslim". It was said (to him): "What about one who does not find (the means) to do so?" He ﷺ said, "Let him work with his hands, thus doing benefit to himself and give in charity." It was said to him: "What if he does not have (the means) to do so?" He ﷺ said, "Then let him assist the needy, the aggrieved." It was said: "What about if he cannot even do this?" He ﷺ said, "Then he should enjoin good." He was asked: "What if he cannot do that?" He (the Prophet ﷺ) said, "He should then abstain from evil, for verily, that is a charity from him". [Al-Bukhari and Muslim].

CHAPTER 14

Moderation in Worship [142-152 of 1896]

قَالَ الله تَعَالَى: ﴿طه * مَا أَنْزَلْنَا عَلَيْكَ الْقُرْآنَ لِتَشْقَى﴾ [طـه (1، 2)]. أي: لتتعب الاقتصاد: التوسُّط في العبادة إبقاء للنفس، ودفعًا للملل؛ لأنَّ النفس كالدابة إذا رَفق بها صاحبها حصل مراده، وإن أتعبها انقطعت. قال الضحاك: لما أنزل الله القرآن على رسوله قام به هو وأصحابه فقال المشركون من قريش: ما أُنزل هذا القرآن على محمد إلا ليشقى. فأنزل الله تعالى: ﴿طه * مَا أَنْزَلْنَا عَلَيْكَ الْقُرْآنَ لِتَشْقَى * إِلَّا تَذْكِرَةً لِّمَن يَخْشَى﴾ [طه (1: 3)]. قال قتادة: لا والله ما جعله شقاء، ولكن جعله رحمة ونورًا ودليلاً إلى الجنة. قال مجاهد: هي كقوله: ﴿فَاقْرَؤُوا مَا تَيَسَّرَ مِنْهُ﴾ [المزمل (20)]. وكانوا يعلقون الحبال بصدورهم في الصلاة. وَقَالَ تَعَالَى: ﴿يُرِيدُ اللهُ بِكُمُ الْيُسْرَ وَلا يُرِيدُ بِكُمُ الْعُسْرَ﴾ [البقرة (185)]. نزلت هذا الآية في جواز الفطر في السفر، وهي عامة في جميع أمور الدين كما قال تعالى: ﴿وَمَا جَعَلَ عَلَيْكُمْ فِي الدِّينِ مِنْ حَرَجٍ﴾ [الحج (78)].

Allah, the Exalted, says:

> "Ta-Ha. We have not sent down the Qur'an unto you (O Muhammad ﷺ) to cause you distress". (20:1,2)

> "Allah intends for you ease, and He does not want to make things difficult for you". (2:185)

[142] وعن عائشة رضي الله عنها: أنَّ النَّبيّ دخل عَلَيْهَا وعِندها امرأةٌ، قَالَ: «مَنْ هذِهِ ؟» قَالَتْ: هذِهِ فُلاَنَةٌ تَذْكُرُ مِنْ صَلاتِهَا. قَالَ: «مهْ، عَلَيْكُمْ بِمَا تُطِيقُونَ، فواللهِ لا يَمَلُّ اللهُ حَتَّى تَمَلُّوا» وكَانَ أَحَبُّ الدِّينِ إِلَيْهِ مَا دَاوَمَ صَاحِبُهُ عَلَيهِ. مُتَّفَقٌ عَلَيهِ.و«مهْ»: كَلِمَةُ نَهْيٍ وَزَجْر. ومَعْنَى «لا يَمَلُّ اللهُ»: لا يَقْطَعُ ثَوَابَهُ عَنْكُمْ وَجَزَاءَ أعْمَالِكُمْ ويُعَامِلُكُمْ مُعَامَلَةَ المَالِّ حَتَّى تَمَلُّوا فَتَتْرُكُوا، فَيَنْبَغِي لَكُمْ أنْ تَأخُذُوا مَا تُطِيقُونَ الدَّوَامَ عَلَيهِ لِيَدُومَ ثَوابُهُ لَكُمْ وَفَضْلُهُ عَلَيْكُمْ. قال ابن الجوزي: إنما أحَبَّ العمل الدائمَ؛ لأنَّ مداوم الخير ملازم للخدمة. وقال المصنف: بدوام القليل تستمر الطاعة، بالذكر، والمراقبة والإخلاص، والإقبال على الله.

142. Aishah ؓ reported: The Prophet ﷺ came in when a woman was sitting beside me. He asked me, "Who is she?" I said: "She is the one whose performance of Salat (prayer) has become the talk of the town." Addressing her, he ﷺ said, "(What is this!) You are required to take upon yourselves only what you can carry out easily. By Allah, Allah does not withhold His Mercy and forgiveness of you until you neglect and give up (good works). Allah likes the deeds best which a worshipper can carry out constantly". [Al-Bukhari and Muslim].

[143] وعن أنس قَالَ: جَاءَ ثَلاثَةُ رَهْطٍ إِلَى بُيُوتِ أزْوَاجِ النَّبيِّ، يَسْأَلُونَ عَنْ عِبَادَةِ النَّبيِّ، فَلَمَّا أُخْبِرُوا كَأَنَّهُمْ تَقَالُّوهَا وَقَالُوا: أَيْنَ نَحْنُ مِنَ النَّبيِّ قدْ غُفِرَ لَهُ مَا تَقَدَّمَ مِنْ ذَنْبِهِ وَمَا تَأخَّرَ. قَالَ أحدُهُم: أمَّا أنا فَأُصَلِّي اللَّيلَ أبداً. وَقالَ الآخَرُ: وَأَنَا أصُومُ الدَّهْرَ وَلا أُفْطِرُ. وَقالَ الآخر: وَأَنا أعْتَزِلُ النِّسَاءَ فَلا أتَزَوَّجُ أبَداً. فجاء رسولُ الله إليهم، فَقَالَ: «أنْتُمُ الَّذِينَ قُلْتُمْ كَذَا وَكَذَا ؟ أَمَا واللهِ إنِّي لأخْشَاكُمْ للهِ، وَأَتْقَاكُمْ لَهُ، لَكِنِّي أصُومُ وَأُفْطِرُ، وأُصَلِّي وَأَرْقُدُ، وَأَتَزَوَّجُ النِّسَاءَ، فَمَنْ رَغِبَ عَنْ سُنَّتِي فَلَيْسَ مِنِّي». مُتَّفَقٌ عَلَيهِ. الخشية: خوفٌ مقرون بمعرفة. قال الله تعالى: ﴿إِنَّمَا يَخْشَى اللَّهَ مِنْ عِبَادِهِ الْعُلَمَاءُ﴾ [فاطر (28)]. وكان النبي يفطر ليتقوّى على الصوم، وينام ليتقوّى على القيام، ويتزوّج لكسر الشهوة وإعفاف النفس. وفي الحديث: النهي عن التعمُّق في الدين والتشبه بالمبتدعين.

143. Anas ؓ reported: Three men came to the houses of the wives of the Prophet ﷺ to inquire about the worship of the Prophet ﷺ. When they were informed, they considered their worship insignificant and said: "Where are we in comparison with the Prophet ﷺ while Allah has forgiven his past sins and future sins". One of them said: "As for me, I shall offer Salat all night long." Another said: "I shall observe Saum (fasting) continuously and shall not break it". Another said: "I shall abstain from women and shall never marry". The Prophet ﷺ came to them and said, "Are you the people who said such and such things? By Allah, I fear Allah more than you do, and I am most obedient and dutiful among you to Him, but still I observe fast and break it; perform Salat and sleep at night and take wives. So whoever turns away from my Sunnah does not belong to me". [Al-Bukhari and Muslim].

[144] وعـن ابـن مسـعود: أنّ النَّبـيّ، قَـالَ: «هَلَـكَ المُتَنَطِّعُـونَ». قالهـا ثَلاثـاً. رواه مسـلم. «المُتَنَطِّعونَ»: المتعمقـون المتشـددون في غير موضعِ التشـديدِ. المتنطـع: المتكلّف في العبادة بمـا يشـق فعلـه ولا يلزمـه، والخائـضُ فيـما لا يعنيـه وفيـما لا يبلغـه عقله.

144. Ibn Mas'ud ﷺ reported: The Prophet ﷺ said, "Ruined are those who insist on hardship in matters of the Faith." He repeated this three times. [Muslim]

[145] عـن أبي هريـرةَ عـن النَّبـيّ قَالَ: «إنَّ الدِّيـنَ يُسْرٌ، وَلَنْ يُشَـادَّ الدِّيْنُ إلا غَلَبَهُ، فَسَـدِّدُوا وَقَارِبُـوا وَأَبْـشِرُوا، وَاسْـتَعِينُوا بِالغَـدْوَةِ وَالرَّوْحَةِ وَشَيءٍ مِنَ الدُّلْجَـةِ». رواه البخاري. وفي رواية لَـهُ: «سَـدِّدُوا وَقَارِبُـوا، وَاغْـدُوا وَرُوحُـوا، وَشَيءٌ مِـنَ الدُّلْجَـةِ، القَصْـدَ القَصْـدَ تَبْلُغُـوا». قولـه: «الدِّيـنُ»: هُـوَ مرفـوع عَـلَى مَـا لَـمْ يسـم فاعلـه. وروي منصوبـاً وروي «لـن يشـادَّ الديـنَ أحـدٌ». وقولـه: «إلا غَلَبَـهُ»: أي غَلَبَـهُ الدِّيـنُ وَعَجَـزَ ذلِـكَ المُشَـادُّ عَـنْ مُقَاوَمَـةِ الدِّيـنِ لِكَـثْرَةِ طُرُقِـهِ. وَ«الغَـدْوَةُ»: سـير أولِ النهـارِ. وَ«الرَّوْحَةُ»: آخِرُ النهـارِ. وَ«الدُّلْجَةُ»: آخِـرُ اللَّيلِ. وهذا اسـتعارة وتمثيـل، ومعنـاه: اسْـتَعِينُوا عَـلَى طَاعَـةِ اللـهِ بِالأَعْـمَالِ في وَقْـتِ نَشَـاطِكُمْ وَفَـرَاغِ قُلُوبِكُمْ بِحَيْـثُ تَسْـتَلِذُّونَ العِبَادَةَ ولا تَسْـأَمُونَ وتبلُغُونَ مَقْصُودكُمْ، كَمَا أنَّ المُسَـافِرَ الحَاذِقَ يَسِـيرُ في هـذِهِ الأَوْقَـاتِ ويسـتريح هُـوَ وَدَابَّتُـهُ في غَيرِهَـا فَيَصِـلُ المَقْصُودَ بِغَـيْرِ تَعَـب، واللهُ أعلـم. معنـى الحديـث: لا يتعمـق أحـد في الأعـمال الدينيـة، ويـترك الرفق إلا عجـز وانقطع عـن عملـه كلـه أو بعضـه، فتوسـطوا مـن غير إفـراط، ولا تفريـط، وقاربـوا إن لم تسـتطيعوا العمـل بالأكمـل، فاعملـوا مـا يقـرب منـه، وأبـشروا بالثـواب عـلى العمـل الدائـم وإنْ قـل، واسـتعينوا عـلى تحصيـل العبـادات بفراغكـم ونشـاطكم، قـال اللـه تعـالى: ﴿فَـإِذَا فَرَغْـتَ فَانصَـبْ * وَإِلَى رَبِّـكَ فَارْغَـبْ﴾ [الـشرح (7، 8)].

145. Abu Hurairah ﷺ reported: The Prophet ﷺ said, "The religion (of Islam) is easy, and whoever makes the religion a rigour, it will overpower him. So, follow a middle course (in worship); if you can't do this, do something near to it and give glad tidings and seek help (of Allah) at morn and at dusk and some part of night". [Al-Bukhari].

[146] وعـن أنـس قَـالَ: دَخَـلَ النَّبـيُّ المَسْـجِدَ فَـإِذَا حَبْـلٌ مَمْـدُودٌ بَيْنَ السَّـارِيَتَيْنِ، فَقَـالَ: «مَا هَـذَا الحَبْـلُ ؟» قالُـوا: هَـذَا حَبْـلٌ لِزَيْنَـبَ، فَـإِذَا فَتَرَتْ تَعَلَّقَـتْ بِـهِ. فَقَالَ النَّبـيُّ: «حُلُّوهُ، لِيُصَلِّ أَحَدُكُـمْ نَشَـاطَهُ فَـإِذَا فَـتَرَ فَلْيَرْقُـدْ». مُتَّفَـقٌ عَلَيـهِ. في هـذ الحديـث: الحـث عـلى الاقْتِصاد في العبـادة، والنهـي عـن التعمُّـق فيهـا، والأمـر بالإقبـال عليها بنشـاط، وجـواز تنفُّل النسـاء في المسـجد إذا أمنـت الفتنة.

146. Anas ﷺ reported: The Prophet ﷺ came into the mosque and noticed a rope stretched between two poles. He enquired, "What is this rope for?" He was told: "This is Zainab's rope. When during her voluntary prayer, she begins to feel tired, she grasps it for support". The Prophet ﷺ said, "Untie it. You should perform prayers so long as you feel active. When you feel tired, you should go to sleep". [Al-Bukhari and Muslim].

[147] وعن عائشة رضي الله عنها: أنَّ رَسُول الله قَالَ: «إذَا نَعَسَ أَحَدُكُمْ وَهُوَ يُصَلِّي فَلْيَرْقُدْ حَتَّى يَذْهَبَ عَنْهُ النَّومُ، فإنَّ أحدكم إذَا صَلَّى وَهُوَ نَاعِسٌ لا يَدْرِي لَعَلَّهُ يَذْهَبُ يَسْتَغْفِرُ فَيَسُبُّ نَفْسَهُ». مُتَّفَقٌ عَلَيهِ. في هذا الحديث: أمر الناعس في الصلاة أنْ ينصرف منها، يعني: بعدما يتمها خفيفة.

147. 'Aishah ﷺ reported: Messenger of Allah ﷺ said, "When one of you feels drowsy during prayer, let him lie down till drowsiness goes away from him, because when one of you performs prayers while feeling sleepy, he does not know whether he seeks forgiveness or abuses himself". [Al-Bukhari and Muslim].

[148] وعن أَبي عبد الله جابر بن سمرة رضي الله عنهما، قَالَ: كُنْتُ أصَلِّي مَعَ النَّبيِّ الصَّلَوَاتِ، فَكَانتْ صَلاتُهُ قَصْداً وَخُطْبَتُهُ قَصْداً. رواه مسلم.قوله: «قَصْداً»: أي بين الطولِ والقِصرِ. في هذا الحديث: استحباب القصد في الصلاة، والخطبة وجميع الأمور.

148. Jabir bin Samurah ﷺ reported: I used to perform prayer with the Prophet ﷺ and his Salat was of a moderate length and his Khutbah too was moderate in length. [Muslim].

[149] وعن أبي جُحَيْفَة وَهْب بنِ عبد اللهِ قَالَ: آخَى النَّبيُّ بَيْنَ سَلْمَانَ وَأَبي الدَّرْداءِ، فَزارَ سَلْمَانُ أَبَا الدَّرداءِ فَرَأى أُمَّ الدَّرداءِ مُتبَذِّلَةً، فَقَالَ: مَا شَأنُكِ ؟ قَالَتْ: أخُوكَ أَبُو الدَّرداءِ لَيْسَ لَهُ حَاجَةٌ في الدُّنْيَا، فَجاءَ أَبُو الدَّرْدَاءِ فَصَنعَ لَهُ طَعَاماً، فَقَالَ لَهُ: كُلْ فَإِنِّي صَائِمٌ، قَالَ: مَا أنا بِآكِلٍ حَتَّى تَأكُلَ فأكل، فَلَمَّا كَانَ اللَّيلُ ذَهَبَ أَبُو الدَّرداءِ يَقُومُ فَقَالَ لَهُ: نَمْ، فنام، ثُمَّ ذَهَبَ يَقُومُ فقَالَ لَهُ: نَمْ. فَلَمَّا كَانَ من آخِرِ اللَّيلِ قَالَ سَلْمَانُ: قُم الآن، فَصَلَّيَا جَمِيعاً فَقَالَ لَهُ سَلْمَانُ: إنَّ لِرَبِّكَ عَلَيْكَ حَقّاً، وَإنَّ لِنَفْسِكَ عَلَيكَ حَقّاً، وَلأَهْلِكَ عَلَيكَ حَقّاً، فَأعْطِ كُلَّ ذِي حَقٍّ حَقَّهُ، فَأَتَى النَّبيَّ فَذَكَرَ ذلِكَ لَهُ فَقَالَ النَّبيُّ: «صَدَقَ سَلْمَانُ». رواه البخاري. في هذا الحديث: مشروعية المؤاخاة في الله، وزيارة

الإخوان، والمبيت عندهم، وجواز مخاطبة الأجنبية للحاجة، والنصح للمسلم، وتنبيه من غفل، وفضل قيام آخر الليل، وجواز النهي عن المستحبات إذا خشي أنَّ ذلك يفضي إلى السآمة والملل، وتفويت الحقوق المطلوبة، وكراهية الحمل على النفس في العبادة، وجواز الفطر من صوم التطوع للحاجة والمصلحة.

149. Abu Juhaifah ﷺ reported: The Prophet ﷺ made a bond of brotherhood between Salman and Abud-Darda'. Salman paid a visit to Abud-Darda' and found Umm Darda' (his wife) dressed in shabby clothes and asked her why she was in that state. She replied: "Your brother Abud-Darda' is not interested in (the luxuries of) this world. In the meantime Abud-Darda' came in and prepared a meal for Salman. Salman requested Abud-Darda' to eat (with him) but Abud-Darda' said: "I am fasting." Salman said: "I am not going to eat unless you eat." So, Abud-Darda' ate (with Salman). When it was night and (a part of the night passed), Abud-Darda' got up (to offer the night prayer) but Salman asked him to sleep and Abud-Darda' slept. After some time Abud-Darda' again got up but Salman asked him to sleep. When it was the last hours of the night, Salman asked him to get up and both of them offered (Tahajjud) prayer. Then Salman told Abud-Darda': "You owe a duty to your Rubb, you owe a duty to your body; you owe a duty to your family; so you should give to every one his due. Abud-Darda' came to the Prophet ﷺ and reported the whole story. Prophet ﷺ said, "Salman is right". [Al-Bukhari].

[150] وعن أَبي محمد عبدِ اللهِ بنِ عَمْرو بن العاصِ رضي الله عنهما، قَالَ: أُخْبرَ النَّبيُّ أنِّي أقُولُ: وَاللهِ لأَصُومَنَّ النَّهَارَ، وَلأَقُومَنَّ اللَّيلَ مَا عِشْتُ. فَقَالَ رسولُ الله: «أنتَ الَّذِي تَقُولُ ذلِكَ ؟» فَقُلْتُ لَهُ: قَدْ قُلْتُهُ بأبي أنْتَ وأمِّي يَا رسولَ الله. قَالَ: «فإنَّكَ لا تَسْتَطِيعُ ذلِكَ فَصُمْ وَأَفْطِرْ، وَنَمْ وَقُمْ، وَصُمْ مِنَ الشَّهْرِ ثَلاثةَ أيَّامٍ، فإنَّ الحَسَنَةَ بِعَشْرِ أمْثَالِهَا وَذَلكَ مِثلُ صِيامِ الدَّهْرِ» قُلْتُ: فَإنِّي أطيقُ أَفْضَلَ مِنْ ذلِكَ، قَالَ: «فَصُمْ يَوماً وَأَفطِرْ يَوْمَيْنِ» قُلْتُ: فَإنِّي أُطِيقُ أفضَلَ مِنْ ذلِكَ، قَالَ: «فَصُمْ يَوماً وَأفْطِرْ يَوماً فَذلِكَ صِيَامُ دَاوُد، وَهُوَ أعْدَلُ الصيامِ».وفي روايةَ: «هُوَ أفْضَلُ الصِّيامِ» فَقُلْتُ: فَإنِّي أُطيقُ أفْضَلَ مِنْ ذلِكَ، فَقَالَ رسولُ الله: «لا أفضَلَ مِنْ ذلِكَ»، قال: وَلأنْ أكُونَ قَبِلْتُ الثَّلاثَةَ الأَيَّامِ الَّتي قَالَ رَسُول الله أحَبُّ إليَّ مِنْ أهْلي وَمَالي.وفي روايةَ: «أَلَمْ أُخْبَرْ أنَّكَ تَصُومُ النَّهَارَ وتَقُومُ اللَّيلَ ؟» قُلْتُ: بَلَى، يَا رَسُول الله، قَالَ: «فَلا تَفْعَلْ: صُمْ وَأَفْطِرْ، وَنَمْ وَقُمْ؛ فإنَّ لِجَسَدِكَ عَلَيْكَ حَقّاً، وَإنَّ

لِعَيْنَيكَ عَلَيْكَ حَقّاً، وَإِنَّ لِزَوْجِكَ عَلَيْكَ حَقّاً، وَإِنَّ لِزَوْرِكَ عَلَيْكَ حَقّاً، وَإِنَّ بِحَسْبِكَ أَنْ تَصُومَ فِي كُلِّ شَهْرٍ ثَلاثَةَ أَيَّامٍ، فإِنَّ لَكَ بِكُلِّ حَسَنَةٍ عَشْرَ أَمْثَالِهَا، فَإِنَّ ذلِكَ صِيَامُ الدَّهْرِ» فَشَدَّدْتُ فَشُدِّدَ عَلَيَّ، قُلْتُ: يَا رَسُول الله، إِنِّي أَجِدُ قُوَّةً، قَالَ: «صُمْ صِيَامَ نَبِيِّ الله دَاوُد وَلا تَزد عَلَيهِ» قُلْتُ: وَمَا كَانَ صِيَامُ دَاوُد ؟ قَالَ: «نِصْفُ الدَّهْرِ» فَكَانَ عَبدُ الله يقول بَعدَمَا كَبِرَ: يَا لَيتَنِي قَبِلْتُ رُخْصَةَ رَسُول الله.وفي رواية: «أَلَمْ أُخْبَرْ أَنَّكَ تَصُومُ الدَّهرَ، وَتَقْرَأُ القُرآنَ كُلَّ لَيْلَة ؟» فقلت: بَلَى، يَا رَسُول الله، وَلَمْ أُرِدْ بذلِكَ إلا الخَيرَ، قَالَ: «فَصُمْ صَومَ نَبِيِّ اللهِ دَاوُد، فَإِنَّهُ كَانَ أَعْبَدَ النَّاسِ، وَاقْرَأْ القُرْآنَ فِي كُلِّ شَهْر» قُلْتُ: يَا نَبيَّ الله، إِنِّي أُطِيقُ أَفْضَلَ مِنْ ذلِكَ ؟ قَالَ: «فاقرأه في كل عشرين» قُلْتُ: يَا نبي الله، إني أطيق أفضل من ذلك ؟ قَالَ: «فَاقْرَأْهُ فِي كُلِّ عَشْر» قُلْتُ: يَا نبي الله، إِنِّي أُطِيقُ أَفْضَلَ مِنْ ذلِكَ ؟ قَالَ: «فاقْرَأْهُ فِي كُلِّ سَبْعٍ وَلا تَزِدْ عَلَى ذلِكَ» فشدَّدْتُ فَشُدِّدَ عَلَيَّ وَقالَ لِي النَّبيّ: «إِنَّكَ لا تَدرِي لَعَلَّكَ يَطُولُ بِكَ عُمُرٌ» قَالَ: فَصِرْتُ إِلَى الَّذِي قَالَ لِي النَّبيُّ. فَلَمَّا كَبِرْتُ وَدِدْتُ أَنِّي كُنْتُ قَبِلتُ رُخْصَةَ نَبِيِّ الله.وفي رواية: «وَإِنَّ لِوَلَدِكَ عَلَيْكَ حَقّاً».وفي رواية: «لا صَامَ مَنْ صَامَ الأَبَدَ» ثلاثاً.وفي رواية: «أَحَبُّ الصِيَامِ إِلَى اللهِ تَعَالَى صِيَامُ دَاوُد، وَأَحَبُّ الصَّلاةِ إِلَى اللهِ تَعَالَى صَلاةُ دَاوُدَ: كَانَ ينام نصف الليل، ويقوم ثلثه، وينام سدسه، وكان يصوم يوماً ويفطر يوماً، وَلا يَفِرُّ إِذَا لاقَى».وفي رواية قال: «أَنْكَحَني أَبِي امرَأَةً ذَاتَ حَسَبٍ وَكَانَ يَتَعَاهَدُ كَنَّتَهُ - أي: امْرَأَةَ وَلَدِهِ - فَيَسْأَلُهَا عَنْ بَعْلِهَا. فَتقُولُ لَهُ: نِعْمَ الرَّجُلُ مِنْ رَجُلٍ لَمْ يَطَأْ لَنا فِرَاشاً، وَلَمْ يُفَتِّشْ لَنَا كَنَفاً مُنْذُ أَتَيْنَاهُ. فَلَمَّا طَالَ ذلِكَ عَلَيهِ ذَكَرَ ذلك للنَّبيِّ، فَقَالَ: «القِنِي بِهِ» فَلَقيتُهُ بَعد ذلك، فَقَالَ: «كَيفَ تَصُومُ ؟» قُلْتُ: كُلَّ يَومٍ، قَالَ: «وَكَيْفَ تَخْتِمُ ؟» قُلْتُ: كُلَّ لَيْلَةٍ، وَذَكَرَ نَحْوَ مَا سَبَقَ، وَكَانَ يَقْرَأُ عَلَى بَعْضِ أَهْلِهِ السُّبُعَ الَّذِي يَقْرَؤُهُ، يَعْرِضُهُ مِنَ النَّهَارِ لِيَكُونَ أخفَّ عَلَيهِ بالليلِ، وَإِذَا أَرَادَ أَنْ يَتَقَوَّى أَفْطَرَ أَيَّاماً وَأَحْصَى وَصَامَ مِثْلَهُنَّ كَرَاهِيَةَ أَنْ يَترُكَ شَيئاً فَارَقَ عَلَيهِ النَّبيَّ. كل هذِهِ الرواياتِ صحيحةٌ، مُعظَمُها في الصحيحين، وقليل مِنْهَا فِي أحدِهِما. في هـذا الحديث: دليل على أنَّ أفضل الصيام صوم يوم وإفطار يوم وكراهة الزيادة على ذلك. قال الخطابي: محصل قصة عبد الله بن عمرو: أنَّ الله تعالى لم يتعبد عبده بالصوم خاصة، بل تعبّده بأنواعٍ من العبادات، فلو استفرغ جهده لقصَّر في غيره، فالأَوْلى الاقتصاد فيه ليتبقى بعض القوة لغيره. قال الحافظ: وفي قصة عبد الله بن عمرو من الفوائد: بيان رفق رسول الله بأمته، وشفقته عليهم، وإرشاده إياهم إلى ما يصلحهم، وحثّه إياهم على ما يطيقون الدوام عليه، ونهيهم عن التعمُّق في العبادة لما يخشى من إفضائه إلى الملل أو ترك البعض، وقد ذم الله تعالى قومًا لا زموا العبادة ثم فرطوا فيها. وفيه: جواز الإخبار عن الأعمال الصالحة، والأوراد، ومحاسن الأعمال، ولا يخفى أنَّ محل ذلك عند أمن الرياء. انتهى ملخصًا.

150. 'Abdullah bin 'Amr bin Al-'as (May Allah be pleased with them) reported: The Prophet ﷺ was informed that I said that I would perform prayers the whole night and observe fasting every day as long as I live. Messenger of Allah ﷺ said, "Is it you who said

this?" I said to him, "O Messenger of Allah! I ransom you with my parents, it is I who said that." Messenger of Allah ﷺ said, "You will not be able to do that. Observe fast and break it; sleep and get up for prayer, and observe fast for three days during the month; for every good is multiplied ten times and that will be equal to fasting the whole year." I said, "O Messenger of Allah! I can do more than that." He said, "Observe fast one day and leave off the next two days." I said, "O Messenger of Allah! I have strength to do more than that." Messenger of Allah ﷺ said, "Observe fast every other day, and that is the fasting of Dawud ﷺ and that is the most moderate fasting".

According to another narration: Messenger of Allah ﷺ said, "That is the best fasting." I said, "But I am capable of doing more than this". Thereupon, Messenger of Allah ﷺ said, "There is nothing better than this." 'Abdullah bin 'Amr (May Allah be pleased with them) said (when he grew old): "Had I accepted the three days (fasting during every month) as the Messenger of Allah had said, it would have been dearer to me than my family and my property".

In another narration 'Abdullah is reported to have said: Messenger of Allah ﷺ said to me, "O 'Abdullah! Have I not been informed that you observe fast during the day and offer prayer all the night." I replied, "Yes, O Messenger of Allah!" Messenger of Allah ﷺ said, "Don't do that. Observe fast for few days and then leave off for few days, perform prayers and also sleep at night, as your body has a right upon you, and your eyes have a right upon you; and your wife has a right upon you; your visitors have a right upon you. It is sufficient for you to observe fast three days in a month, as the reward of good deeds is multiplied ten times, so it will be like fasting the whole year." I insisted (on fasting) and so I was given a hard instruction. I said, "O Messenger of Allah! I have strength." Messenger of Allah ﷺ said, "Observe fast like the fasting of Prophet Dawud ﷺ; and do not fast more than that." I said: "How was the fasting of Prophet Dawud?" He ﷺ said, "Half of the year (i.e., he used to fast on every alternate day)."

Afterwards when 'Abdullah ﷺ grew old, he used to say: "Would that I had availed myself of the concession granted to me by Messenger of Allah."

In another narration 'Abdullah is reported to have said: Messenger of Allah ﷺ said, "I have been informed that you observe fast continuously and recite (the whole of the Qur'an) every night." I said, "Messenger of Allah! It is right, but I covet thereby nothing but good," whereupon he ﷺ said, "Then observe fasts like the fasting of Prophet Dawud ﷺ as he was the most ardent worshipper of Allah; recite the Qur'an once every month." I said, "O Prophet of Allah! I am capable of doing more than that." He said, "Then recite it (the complete Qur'an) in every twenty days." I said, "O Prophet of Allah I am capable of reciting more than that." He said, "Then recite it once in every ten days." I said, "O Prophet of Allah! I am capable of reciting more than that." He said, "Then recite it once in every seven days, but not recite more than that." The Prophet of Allah also said to me, "You do not know, you may have a longer life". When I grew old I wished I had availed myself of the concession (granted to me by) the Prophet of Allah.

In another narration 'Abdullah is reported to have said: Messenger of Allah ﷺ said, "The best fasting with Allah is that of (Prophet) Dawud, and the best prayer with Allah is that of Dawud ﷺ for he would sleep half of the night and stand for prayer for the third of it and (then) would sleep sixth part of it; he observed fast one day and leave off the other. He would not flee on meeting the enemy".

In another narration 'Abdullah is reported to have said: My father helped me marry a noble woman and he used to inquire of his daughter-in-law regarding her husband. She would say: "He is, indeed, a fine man. Since I have come to him, he has neither stepped on my bed nor he has had sexual intercourse with me". When this state of affairs lasted for some time, my father mentioned the matter to Messenger of Allah ﷺ who directed my father saying, "Send him to me". I went to him accordingly. He asked me, "How often do you observe fast?" I replied; "Daily". He asked me, "How long do you take in reading the Noble Qur'an completely." I said, "Once every night". Then he narrated the whole story. He (in his old age) would recite one seventh of his nightly recitation to some members of his family during the day to lighten his task at night. Whenever he wished to have a relief from his fast on alternate days, he would give up fasting for a few days and make up deficiency later by observing the number of fasts he had missed. He would not give up the number of fasts altogether because he did not like to abandon what he had settled with Messenger of Allah ﷺ.

[151] وعن أبي ربعي حنظلة بن الربيع الأُسَيِّديِّ الكاتب أحد كُتَّاب رَسُول الله، قَالَ: لقِيَنِي أَبُو بَكر فَقَالَ: كَيْفَ أَنْتَ يَا حَنْظَلَةُ ؟ قُلْتُ: نَافَقَ حَنْظَلَةُ ! قَالَ: سُبْحَانَ الله مَا تَقُولُ ؟! قُلْتُ: نَكُونُ عِنْدَ رَسُولِ الله يُذَكِّرُنَا بِالجَنَّةِ وَالنَّارِ كأَنَّا رَأْيَ عَيْنٍ فَإِذَا خَرَجْنَا مِنْ عِنْدِ رَسُولِ الله عَافَسْنَا الأَزْوَاجَ وَالأَوْلَادَ وَالضَّيْعَاتِ نَسِينَا كَثِيراً، قَالَ أَبُو بَكرٍ: فَوَاللهِ إِنَّا لَنَلْقَى مِثْلَ هَذَا، فانْطَلَقْتُ أَنَا وَأَبُو بَكرٍ حَتَّى دَخَلْنَا عَلَى رَسُولِ الله. فَقُلْتُ: نَافَقَ حَنْظَلَةُ يَا رَسُولَ الله ! فَقَالَ رَسُولُ الله: «وَمَا ذَاكَ ؟» قُلْتُ: يَا رَسُولَ الله، نَكُونُ عِنْدَكَ تُذَكِّرُنَا بِالنَّارِ وَالجَنَّةِ كأَنَّا رَأْيَ العَيْنِ فَإِذَا خَرَجْنَا مِنْ عِنْدِكَ عَافَسْنَا الأَزْوَاجَ وَالأَوْلَادَ وَالضَّيْعَاتِ نَسِينَا كَثِيراً. فَقَالَ رَسُولُ الله: «وَالَّذِي نَفْسِي بِيَدِهِ، لَوْ تَدُومُونَ عَلَى مَا تَكُونُونَ عِنْدِي، وَفِي الذِّكرِ، لَصَافَحَتْكُمُ الملَائِكَةُ عَلَى فُرُشِكُمْ وَفِي طُرُقِكُمْ، وَلَكِنْ يَا حَنْظَلَةُ سَاعَةً وَسَاعَةً» ثَلَاثَ مَرَّاتٍ. رواه مسلم. قوله: «رِبْعِيٌّ» بِكسر الرَّاء. وَ«الأُسَيِّدي» بضم الهمزة وفتح السين وبعدها ياء مكسورة مشددة. وقوله: «عَافَسْنَا» هُوَ بالعين والسين المهملتين أي: عالجنا ولاعبنا. وَ«الضَّيْعَاتُ»: المعايش. قوله: «ساعة وساعة»، أي: ساعة لأداء العبودية، وساعة للقيام بما يحتاجه الإنسان. قال بعض العارفين: الحال التي يجدونها عند النبي وفي الذكر مواجيد، والمواجيد تجيء وتذهب، وأما المعرفة، فهي ثابتة لا تزول. وفي حديث أبي ذر المشهور: «وعلى العاقل أنْ يكون له ساعات، ساعة يناجي فيها ربه، وساعة يحاسب فيها نفسه، وساعة يفكر فيها في سمع الله إليه، وساعة يخلو فيها لحاجته من مطعم ومشرب». وبالله التوفيق.

151. Hanzalah Al-Usayyidi ؓ who was one of the scribes of Messenger of Allah ﷺ, reported: I met Abu Bakr ؓ he said: "How are you O Hanzalah?" I said, "Hanzalah has become a hypocrite". He said, "Far removed is Allah from every imperfection, what are you saying?" I said, "When we are in the company of Messenger of Allah ﷺ and he reminds us of Hell-fire and Jannah, we feel as if we are seeing them with our very eyes, and when we are away from Messenger of Allah ﷺ, we attend to our wives, our children, our business, most of these things (pertaining to life hereafter) slip

out of our minds." Abu Bakr ؓ said, "By Allah, I also experience the same thing". So Abu Bakr ؓ and I went to Messenger of Allah ﷺ and I said to him, "O Messenger of Allah ﷺ, Hanzalah has turned hypocrite." Thereupon Messenger of Allah ﷺ said, "What has happened to you?" I said, "O Messenger of Allah, when we are in your company, and are reminded of Hell-fire and Jannah, we feel as if we are seeing them with our own eyes, but when we go away from you and attend to our wives, children and business, much of these things go out of our minds." Thereupon Messenger of Allah ﷺ said, "By Him in Whose Hand is my life if your state of mind remains the same as it is in my presence and you are always busy in remembrance (of Allah), the angels will shake hands with you in your beds and in your roads; but Hanzalah, time should be devoted (to the worldly affairs) and time should be devoted (to prayer)". He (the Prophet ﷺ) said this thrice. [Muslim].

[152] وعـنِ ابـن عبـاس رضي اللـه عنهـما، قَـالَ: بينـما النَّبـيُّ يخطـب إذَا هُـوَ برجـلٍ قائـم فسـأل عَنْـهُ، فقالـوا: أَبُـو إسْرَائيلَ نَذَرَ أنْ يَقُومَ في الشَّـمْسِ وَلا يَقْعُدَ، وَلا يَسْـتَظِل، وَلا يَتَكَلَّمَ، وَيَصُـومَ، فَقَـالَ النَّبـيّ: «مُـرُوهُ، فَلْيَتَكَلَّـمْ، وَلْيَسْـتَظِلَّ، وَلْيَقْعُـدْ، وَلْيُتِمَّ صَوْمَـهُ». رواه البخاري. في هـذا الحديـث: دليـل عـلى أنَّ مـن تقـرَّب إلى اللـه تعـالى بعمل لم يتعبـده الله بـه، أنه لا يلزمـه فعلـه، وإنْ نـذره. ومـن نـذر عبـادة مشروعة لزمـه فعلهـا. وفي الحديث الآخـر: «من نـذر أنْ يطيـع اللـه فليطعـه، ومـن نـذر أن يعـصي الله فـلا يعصه».

152. Ibn 'Abbas (May Allah be pleased with them) reported: While the Prophet ﷺ was delivering Khutbah (religious talk), he noticed a man who was standing, so he asked about him and was told that he was Abu Israel who had taken a vow to remain standing and not sit, or go into the shade, or speak while observing fasting. Thereupon Messenger of Allah ﷺ said, "Tell him to speak, to go into the shade, to sit and to complete his fast". [Al-Bukhari].

CHAPTER 15

The Righteous conduct on Regular base [153-155 of 1896]

قَالَ اللـه تَعَالَى: ﴿أَلَمْ يَأْنِ لِلَّذِينَ آمَنُوا أَنْ تَخْشَعَ قُلُوبُهُمْ﴾ [الحديد (16)]. قوله تعالى: ﴿أَلَمْ يَأْنِ﴾، يعني ألم يحن. قيل: نزلت في شأن الصحابة لما أكثروا المزاح. وَقَالَ تَعَالَى: ﴿وَقَفَّيْنَا بِعِيسَى ابْنِ مَرْيَمَ وَآتَيْنَاهُ الأِنْجِيلَ وَجَعَلْنَا فِي قُلُوبِ الَّذِينَ اتَّبَعُوهُ رَأْفَةً وَرَحْمَةً وَرَهْبَانِيَّةً ابْتَدَعُوهَا مَا كَتَبْنَاهَا عَلَيْهِمْ إلا ابْتِغَاءَ رِضْوَانِ اللهِ فَمَا رَعَوْهَا حَقَّ رِعَايَتِهَا﴾ [الحديد (27)]. الرهبانية التي ابتدعوها: رفض النساء: واتخاذ الصوامع. وفيه: تنبيه على أنَّ مَن أوجب على نفسه شيئًا لزمه. وَقَالَ تَعَالَى: ﴿وَلا تَكُونُوا كَالَّتِي نَقَضَتْ غَزْلَهَا مِنْ بَعْدِ قُوَّةٍ أَنْكَاثاً﴾ [النحل (92)]. وهي امرأة حمقاء من أهل مكة، كانت تغزل طول يومها ثم تنقضه. قال الخازن: والمعنى: أن هذه المرأة لم تكف عن العمل، ولا حين عملت كفت عن النقض، فكذلك من نقض عهده لا تركه، ولا حين عاهد وفَى به. انتهى. والآية عامة في كل من أبطل عمله. وَقَالَ تَعَالَى: ﴿وَاعْبُدْ رَبَّكَ حَتَّى يَأْتِيَكَ الْيَقِينُ﴾ [الحجر (99)]. أي: دُمْ على عبادة ربك حتى يأتيك الموت. وَأَمَّا الأَحاديث فمنها: حديث عائشة: وَكَانَ أَحَبُّ الدِّين إلَيْهِ مَا دَاوَمَ صَاحِبُهُ عَلَيهِ. وَقَدْ سَبَقَ في البَاب قَبْلَهُ.

Allah, the Exalted, says:

"Has not the time come for the hearts of those who believe (in the Oneness of Allah - Islamic Monotheism) to be affected by Allah's Reminder (this Qur'an), and that which has been revealed of the truth, lest they become as those who received the Scripture [the Taurat (Torah) and the Injeel (Gospel)] before (i.e., Jews and Christians), and the term was prolonged for them and so their hearts were hardened?" (57:16)

"And We sent 'Isa (Jesus) - son of Maryam (Mary), and gave him the Injeel (Gospel). And We ordained in the hearts of those who followed him, compassion and mercy. But the monasticism which

> they invented for themselves, We did not prescribe for them, but (they sought it) only to please Allah therewith, but that they did not observe it with the right observance." (57:27)
>
> "And be not like her who undoes the thread which she has spun, after it has become strong..." (16:92)
>
> "And worship your Rubb until there comes unto you the certainty (i.e., death)." (15:99)

And there are Ahadith, one of them is narrated by 'Aishah ﷺ: Messenger of Allah ﷺ liked that act of worship most in the performance of which a person was regular and constant. [Muslim].

[153] وعن عمر بن الخطاب قَالَ: قَالَ رَسُول الله: «مَنْ نَامَ عَنْ حِزْبِهِ مِنَ اللَّيلِ، أَوْ عَنْ شَيءٍ مِنْهُ، فَقَرَأَهُ مَا بَيْنَ صَلاةِ الفَجْرِ وَصَلاةِ الظُّهْرِ، كُتِبَ لَهُ كَأَنَّمَا قَرَأَهُ مِنَ اللَّيلِ». رواه مسلم. في هذا الحديث: دليل على أنَّ كل وَرْدٍ من قول أو فعل، يفوت الإنسان أنه يثبت له أجره إذا قضاه كاملاً.

153. 'Umar bin Al-Khattab ﷺ reported: Messenger of Allah ﷺ said, "Should anyone fall asleep at night and fail to recite his portion of the Qur'an, or a part of it, if he recites it between the Fajr prayer and the Zuhr prayer, it will be recorded for him as though he had recited it during the night". [Muslim].

[154] وعن عبد الله بن عَمْرو بن العاص رَضِيَ الله عنهما، قَالَ: قَالَ رَسُول الله: «يَا عبدَ اللهِ، لا تكُنْ مِثْلَ فُلان، كَانَ يَقُومُ اللَّيلَ فَتَرَكَ قِيَامَ اللَّيلِ». مُتَّفَقٌ عَلَيهِ. في هذا الحديث: استحباب الدوام على ما اعتاده المرء من خير، وكراهة قطع العبادة وإن لم تكن واجبة.

154. 'Abdullah bin 'Amr bin Al-'as (May Allah be pleased with them) reported: Messenger of Allah ﷺ said to me, "O Abdullah! Do not be like so-and-so. He used to get up at night for optional prayer but abandoned it later." [Al-Bukhari and Muslim].

[155] وعن عائشة رضي الله عنها، قَالَتْ: كَانَ رَسُول الله إِذَا فَاتَتْهُ الصَّلاةُ مِنَ اللَّيلِ مِنْ

وَجَعٍ أَوْ غَيْرِهِ، صَلَّى مِنَ النَّهارِ ثِنْتَيْ عَشْرَةَ رَكْعَةً. رواه مسلم. في هذا الحديث: دليل على مشروعية قضاء صلاة الليل، وكذلك سائر النوافل. وفي الحديث: «من نام عن الوتر أو نسيه فليصل إذا أصبح، أو ذكر» رواه أبو داود.

155. 'Aishah ﵂ reported: When Messenger of Allah ﷺ missed the optional night Salat (Tahajjud) due to pain or any other reason, he would perform twelve Rak'ah during the day time. [Muslim].

CHAPTER 16

Observing the Sunnah and the manners of its obedience [156-167 of 1896]

قَالَ اللـه تَعَـالَى: ﴿وَمَـا آتَاكُـمُ الرَّسُـولُ فَخُـذُوهُ وَمَـا نَهَاكُـمْ عَنْـهُ فَانْتَهُوا﴾ [الحـشر (7)]. في هـذا الآيـة دليـل عـلى وجـوب امتثال أوامـره ونواهيه وَقـالَ تَعَـالَى: ﴿وَمَـا يَنْطِقُ عَـنِ الْهَوَى إنْ هُـوَ إلا وَحْـيٌ يُوحَـى﴾ [النجـم (3، 4)]. أي: لا يقـول الرسـول إلا حقًـا، وليـس عـن هوى ولا غـرض؛ لأنَّ مـا يقولـه وحـيٌ مـن الله عز وجـلّ. وَقالَ تَعَـالَى: ﴿قُـلْ إنْ كُنْتُمْ تُحِبُّـونَ اللهَ فَاتَّبِعُـونِي يُحْبِبْكُـمُ اللـهُ وَيَغْفِـرْ لَكُـمْ ذُنُوبَكُـمْ﴾ [آل عمـران (31)]. نزلـت هـذه الآيـة حـين ادَّعـى أهـل الكتـاب محبَّـة اللـه فمـن ادَّعـى محبـة الله وهـو على غـير الطريقـة المحمدية فهـو كاذب في نفـس الأمـر. قـال بعـض العلـماء: ليس الشـأن أن تحِب إنمـا الشـأن أن تُحَبَّ. قـال الحسـن البـصري: زعـم قـوم أنهـم يحبُّـون اللـه فابتلاهم الله بهـذه الآيـة. وَقـالَ تَعَالَى: ﴿لَقَـدْ كَانَ لَكُـمْ فِي رَسُـولِ اللـهِ أُسْـوَةٌ حَسَـنَةٌ لِمَـنْ كَانَ يَرْجُـو اللـهَ وَالْيَـوْمَ الآخِـر﴾ [الأحزاب (21)]. الأُسـوة: الاقتـداء بـه في أقوالـه، وأفعاله، وأحواله. وَقـالَ تَعَالَى: ﴿فَلا وَرَبِّـكَ لا يُؤْمِنُونَ حَتَّـى يُحَكِّمُـوكَ فِيـمَا شَـجَرَ بَيْنَهُـمْ ثُـمَّ لا يَجِـدُوا فِي أَنْفُسِـهِمْ حَرَجـاً مِـمَّا قَضَيْـتَ وَيُسَـلِّمُوا تَسْـليماً﴾ [النسـاء (65)]. سـبب نـزول هـذه الآيـة: أنَّ رجـلاً مـن الأنصـار خاصمـه الزبير في شراج الحـرة كانـا يسـقيان بـه كلاهـما، وكان الزبـير الأعـلى. فقال رسـول الله: «اسـقِ يَا زبير، ثـم أرسـل المـاء إلى جـارك» فغضـب الأنصـاري فقـال: يَـا رسـول اللـه، أن كان ابـن عمِتـك، فتَلَـوَّن وجـه رسـول اللـه ثـم قـال للزبـير: «اسـقِ، ثـم احبـس المـاء حتـى يرجـع إلى الجَـدْر، فاسـتوعى رسـول اللـه حينئـذ حق الزبير، وكان رسـول الله أشـار عـلى الزبير برأي أراد سـعة لـه وللأنصـاري، فلـما أحفـظ الأنصـاري رسـول الله اسـتوعى للزبير حقـه، في صريـح الحكم. قـال الزبـير: «واللـه مـا أحسـب هـذه الآيـة إلا نزلـت في ذلـك ﴿فَـلا وَرَبِّـكَ لا يُؤْمِنُـونَ حَتَّى يُحَكِّمُـوكَ فِيـمَا شَـجَرَ بَيْنَهُـمْ ثُمَّ لا يَجِدُوا فِي أَنْفُسِـهِمْ حَرَجاً مِمَّا قَضَيْتَ وَيُسَـلِّمُوا تَسْـلِيماً﴾ [النسـاء (65)]. قـال ابـن كثـير: يُقسـم تعـالى بنفسـه الكريمـة المقدسـة، أنـه لا يؤمـن أحـد حتـى يُحكـم الرسـول في جميـع الأمـور، فـما حكـم بـه فهـو الحـق الـذي يَجِـبُ الانقيـاد له ظاهـرًا وباطنًـا. كـما ورد في الحديـث: «والـذي نفسي بيده لا يؤمن أحدكـم حتى يكون هواه تبعًـا لمـا جئـت بـه». وَقـالَ تَعَالَى: ﴿فَـإِن تَنَازَعْتُـمْ فِي شَيْءٍ فَـرُدُّوهُ إِلَى اللّـهِ وَالرَّسُـولِ إن كُنتُمْ تُؤْمِنُـونَ بِاللّـهِ وَالْيَـوْمِ الآخِرِ﴾ [النسـاء (59)]. قَالَ العلـماء: معناه إِلَى الكتاب والسُـنّة. وَقالَ تَعَـالَى: ﴿مَـنْ يُطِـعِ الرَّسُـولَ فَقَـدْ أَطَـاعَ الله﴾ [النسـاء (80)]. أي: من يطع الرسـول فيما أمر بـه فقـد أطـاع اللـه؛ لأنَّ اللـه أمـر بطاعته وإتباعـه. وَقالَ تَعَـالَى: ﴿وَإِنَّـكَ لَتَهْـدِي إِلَى صِرَاطٍ

مُسْتَقِيمٍ﴾ [الشورى (52)]. يعني: دين الإسلام. وَقالَ تَعالَى: ﴿فَلْيَحْذَرِ الَّذِينَ يُخَالِفُونَ عَنْ أَمْرِهِ أَنْ تُصِيبَهُمْ فِتْنَةٌ أَوْ يُصِيبَهُمْ عَذَابٌ أَلِيمٌ﴾ [النور (63)]. في هذه الآية: وعيد شديد لمن خالف أمر النبي، إما فتنة في الدنيا أو عذاب في الآخرة. وَقالَ تَعالَى: ﴿وَاذْكُرْنَ مَا يُتْلَى فِي بُيُوتِكُنَّ مِنْ آيَاتِ اللهِ وَالْحِكْمَةِ﴾ [الأحزاب (34)]. في هذه الآية: أمرٌ لنساء النبي أن لا ينسيَنَّ هذه النعمة الجليلة القدر وهي ما يُتلى في بيوتهن من كتاب الله تعالى، وسنَّة رسوله.والآيات في الباب كثيرة. أي: في باب المحافظة على السنة والاقتداء به واتباعه. وَأَما الأحاديث:

Allah, the Exalted, says:

"And whatsoever the Messenger (Muhammad ﷺ) gives you, take it; and whatsoever he forbids you, abstain (from it)". (59:7)

"Nor does he speak of (his own) desire. It is only a Revelation that is revealed." (53:3,4)

"Say (O Muhammad ﷺ to mankind): 'If you (really) love Allah then follow me (i.e., accept Islamic Monotheism, follow the Qur'an and the Sunnah), Allah will love you and forgive you of your sins". (3:31)

"Indeed in the Messenger of Allah (Muhammad ﷺ) you have a good example to follow for him who hopes for (the Meeting with) Allah and the Last Day..." (33:21)

"But no, by your Rubb, they can have no Faith, until they make you (O Muhammad ﷺ) judge in all disputes between them, and find in themselves no resistance against your decisions, and accept (them) with full submission". (4:65)

"(And) if you differ in anything amongst yourselves, refer it to Allah and His Messenger ﷺ". (4:59)

"He who obeys the Messenger (Muhammad ﷺ), has indeed obeyed Allah." (4:80)

"And verily, you (O Muhammad ﷺ) are indeed guiding (mankind) to the Straight Path (i.e., Allah's Deen of Islamic Monotheism):. (42:52)

"And let those who oppose the Messenger's (Muhammad ﷺ) commandment (i.e., his Sunnah -- legal ways, orders, acts of worship, statements) (among the sects), beware, lest some Fitnah (disbelief, trials, afflictions, earthquakes, killing, overpowered by a tyrant) should befall them or a painful torment be inflicted on them." (24:63)

"And remember (O you the members of the Prophet's family, the Graces of your Rubb), that which is recited in your houses of the Verses of Allah and Al-Hikmah (i.e., Prophet's Sunnah -- legal ways, so give your thanks to Allah and glorify His Praises for this Qur'an and the Sunnah)." (33:34)

[156] فالأول: عن أبي هريرةَ عن النَّبيّ قَالَ: «دَعُونِي مَا تَرَكْتُكُمْ، إِنَّمَا أَهْلَكَ مَنْ كَانَ قَبْلَكُمْ كَثْرَةُ سُؤالِهِمْ واخْتِلافُهُمْ عَلَى أنْبيَائِهِمْ، فَإذَا نَهَيْتُكُمْ عَنْ شَيْء فَاجْتَنِبُوهُ، وَإذَا أمَرْتُكُمْ بشيءٍ فَأْتُوا مِنْهُ مَا اسْتَطَعْتُمْ». مُتَّفَقٌ عَلَيهِ. هذا الحديثُ له سبب، وهو أنه خطب وقال: «يا أيها النَّاس، قد فرض الله عليكم الحج فحجوا»، فقال رجلٌ: أكُلُّ عام يا رسول الله ؟ فسكتَ حتى قالها مرارًا، فقال رسول الله: «لو قلت: نعم. لوجبت، ولما استطعتم»، ثم قال: «دعوني ما تركتكم..» الحديث. وهو من قواعد الإسلام المهمة، قال الله تعالى: ﴿وَمَا آتَاكُمُ الرَّسُولُ فَخُذُوهُ وَمَا نَهَاكُمْ عَنْهُ فَانْتَهُوا﴾ [الحشر (59)]. وقال تعالى: ﴿فَاتَّقُوا اللَّهَ مَا اسْتَطَعْتُمْ﴾ [التغابن (16)]. ويُستفاد منه: كراهة كثرة المسائل من غير ضرورة. قال مالك رحمه الله تعالى: «المِراء والجدال يذهب بنور العلم من قلب الرجل». وفي بعض الآثار: «إذا أراد الله بعبد خيرًا فتح له باب العلم، وأغلق عنه باب الجدل، وإذا أراد الله بعبد شرًّا فتح له باب الجدل وأغلق عنه باب العلم».

156. Abu Hurairah ؓ reported: The Prophet ﷺ said, "Do not ask me unnecessarily about the details of the things which I do not mention to you. Verily, the people before you were doomed because they were used to putting many questions to their Prophets and had differences about their Prophets. Refrain from what I forbid you and do what I command you to the best of your ability

and capacity". [Al-Bukhari and Muslim]

[157] الثاني: عن أَبي نَجيح العِرباضِ بنِ سَارية قَالَ: وَعَظَنَا رسولُ اللهِ مَوعظةً بَليغَةً وَجِلَتْ مِنْهَا القُلُوبُ، وَذَرَفَتْ مِنْهَا العُيُونُ، فَقُلْنَا: يَا رسولَ اللهِ، كَأَنَّهَا مَوْعِظَةُ مُوَدِّعٍ فَأَوْصِنَا، قَالَ: «أُوصِيكُمْ بِتَقْوَى اللهِ، وَالسَّمْعِ وَالطَّاعَةِ وَإِنْ تَأَمَّر عَلَيْكُمْ عَبْدٌ حَبَشِيٌّ، وَإِنَّهُ مَنْ يَعِشْ مِنْكُمْ فَسَيَرَى اخْتِلافاً كَثيراً، فَعَلَيْكُمْ بسُنَّتِي وسُنَّةِ الخُلَفاءِ الرَّاشِدِينَ المَهْدِيِّينَ عَضُّوا عَلَيْهَا بالنَّواجِذِ، وَإِيَّاكُمْ وَمُحْدَثَاتِ الأُمُورِ؛ فإنَّ كلَّ بدعة ضلالة». رواه أَبُو داود والترمذي، وَقالَ: «حديث حسن صحيح».«النَّواجذُ» بالذال المعجمةِ: الأنيَابُ، وَقِيلَ: الأَضْراسُ. الخلفاء الراشدون هم: أبو بكر وعمر وعثمان، وعلي رضي الله عنهم. وفي الحديث: التمسُّك بالسنَّة في الاعتقاد والأعمال والأقوال، والتحذير من البِدع، وهي ما أُحْدث في الدين مما لا أصل له في الشريعة. قوله: «أوصيكم بتقوى الله والسمع والطاعة». هاتان الكلمتان تَجْمَعَان سعادة الدنيا والآخرة. قال الحسن: والله لا يستقيم الدِّينُ إلا بالأُمراء وإن جاروا، والله لما يصلح الله بهم أكثر مما يفسدون.

157. 'Irbad bin Sariyah ﵁ reported: One day Messenger of Allah ﷺ delivered us a very eloquent Khutbah on account of which eyes shed tears and hearts were full of tears. A man said: "O Prophet of Allah, this is as if it were a parting advice. So advise us". He ﷺ said, "I admonish you to fear Allah, to listen and obey even if an Abyssinian slave is appointed as your leader. Because whosoever among you shall live after me, will see much discord. So hold fast to my Sunnah and the examples of the Rightly-Guided Caliphs who will come after me. Adhere to them and hold to it fast. Beware of new things (in Deen) because every Bid'ah is a misguidance". [Abu Dawud and At-Tirmidhi].

[158] الثَّالثُ: عَنْ أَبي هريرةَ: أنَّ رَسُول الله قَالَ: «كُلُّ أُمَّتِي يَدخُلُونَ الجَنَّةَ إلا مَنْ أبَى». قيلَ: وَمَنْ يَأبَى يَا رَسُول الله ؟ قَالَ: «مَنْ أَطَاعَنِي دَخَلَ الجَنَّةَ، وَمَنْ عَصَانِي فَقَدْ أبَى». رواه البخاري. في هذا الحديث: أعظم بشارة للطائعين من هذه الأمة، وأن كُلَّهم يدخلون الجنة إلا من عصى الله ورسوله واتَّبع شهواته وهواه، قال الله تعالى ﴿فَأَمَّا مَن طَغَى * وَآثَرَ الْحَيَاةَ الدُّنْيَا * فَإِنَّ الْجَحِيمَ هِيَ الْمَأْوَى * وَأَمَّا مَنْ خَافَ مَقَامَ رَبِّهِ وَنَهَى النَّفْسَ عَنِ الْهَوَى * فَإِنَّ الْجَنَّةَ هِيَ الْمَأْوَى﴾ [النازعات (37: 41)].

158. Abu Hurairah ﵁ reported: Messenger of Allah ﷺ said, "Everyone of my Ummah will enter Jannah except those who refuse". He

was asked: "Who will refuse?" He ﷺ said, "Whoever obeys me, shall enter Jannah, and whosoever disobeys me, refuses to (enter Jannah)". [Al-Bukhari].

[159] الرابع: عن أَبي مسلم، وقيل: أَبي إياس سَلمة بنِ عمرو بنِ الأكوع أنَّ رَجُلاً أَكَلَ عِنْدَ رَسُول الله بِشِمَالِهِ، فَقَالَ: «كُلْ بِيَمِينكَ» قَالَ: لا أَسْتَطيعُ. قَالَ: «لا استَطَعْتَ». مَا مَنَعَهُ إلا الكِبْرُ فمَا رَفَعَهَا إِلَى فِيهِ. رواه مسلم. في هذا الحديث: مشروعية الأكل باليمين، وكراهة الأكل بالشمال مع عدم العذر.

159. Salamah bin Al-Akwa' ﷺ reported: My father said that a person ate in the presence of Messenger of Allah ﷺ with his left hand. He ﷺ said, "Eat with your right hand". He said, "I cannot do that." Thereupon he (the Prophet) said, "May you never do that." It was pride that prevented him from doing it. And he could not raise it (the right hand) up to his mouth afterwards. [Muslim].

[160] الخامس: عن أَبي عبدِ الله النعمان بن بشير رَضيَ الله عنهما، قَالَ: سمعت رَسُول الله يقول: «لَتُسَوُّنَّ صُفُوفَكُمْ، أَوْ لَيُخَالِفَنَّ اللهُ بَيْنَ وُجُوهِكُمْ». مُتَّفَقٌ عَلَيهِ.وفي رواية لمسلم: كَانَ رَسُول الله يُسَوِّي صُفُوفَنَا حتى كأنَّما يُسَوِّي بِهَا القِدَاحَ حَتَّى إِذَا رَأَى أَنَّا قَدْ عَقَلْنَا عَنْهُ. ثُمَّ خَرَجَ يَوماً فقامَ حَتَّى كَادَ أنْ يُكَبِّرَ فرأى رَجلاً بَادياً صَدْرُهُ، فَقَالَ: «عِبَادَ الله، لَتُسَوُّنَّ صُفُوفَكُمْ أَوْ لَيُخَالِفَنَّ اللهُ بَيْنَ وُجُوهِكُمْ». في هذا الحديث: وعيدٌ شديد على من لم يسوِّ الصفوف، والحثّ على تسويتها، وجواز الكلام بين الإقامة والدخول في الصلاة.

160. Nu'man bin Bashir (May Allah be pleased with them) reported: Messenger of Allah ﷺ said, "Straighten your rows (during Salat) or Allah would create dissension amongst you". [Al-Bukhari and Muslim].

In another narration reported by Muslim, Nu'man bin Bashir (May Allah be pleased with them) narrated: Messenger of Allah ﷺ used to straighten our rows (in Salat), as if he was straightening an arrow with their help until he saw that we had learnt it from him. One day he came out, stood up (for Salat) and was about to say: Allahu Akbar (Allah is the Greatest), (marking the beginning of the prayer) when he saw a man, whose chest was bulging out from the row. He said, "Slaves of Allah, you must straighten your rows or Allah would create dissension amongst you."

[161] السـادس: عـن أَبِي مـوسى قَالَ: احـْتَرقَ بَيْتٌ بالمَدِينَـةِ عَلَى أَهْلِهِ مِنَ اللَّيـلِ، فَلَمَّا حُدِّثَ رسـولُ الله بشَـأْنِهِمْ، قَـالَ: «إنَّ هـذِهِ النَّـارَ عَدُوٌّ لَكُـمْ، فَـإذَا نِمْتُـمْ، فَأطْفِئُوهَا عَنْكُـمْ». مُتَّفَقٌ عَلَيـهِ. في هـذا الحديـث: الأمـر بإطفاء النـار عند الرقـاد، لما يخشى من الاحـتراق ويدخل فيه نـار السراج وغـيره، إلا أنْ يُؤْمَن الضرر.

161. Abu Musa ﵁ reported: A house in Al-Madinah caught fire at night and the roof and walls fell down upon the occupants. When this was reported to Messenger of Allah ﷺ he said, "Fire is your enemy; so put it out before you go to bed". [Al-Bukhari and Muslim].

[162] السـابع: عَنْـهُ، قَـالَ: قَـالَ رَسُـول اللـه: «إنَّ مَثَـلَ مَـا بَعَثَنِي الله بِـهِ مِنَ الهُـدَى والعِلْم كَمَثَـلِ غَيـثٍ أَصَـابَ أَرْضـاً فَكَانَـتْ مِنْهَـا طَائِفَـةٌ طَيِّبَـةٌ، قَبِلَـتِ المَـاءَ فَأَنْبَتَـتِ الكَلأَ والعُشْـبَ الكَثِـيرَ، وَكَانَ مِنْهَـا أَجَـادِبُ أمسَـكَتِ المَـاء فَنَفَعَ اللـهُ بِهَا النَّـاسَ فَشَربُوا مِنْهَا وَسَـقُوا وَزَرَعُوا، وَأَصَـابَ طَائفـةً مِنهَـا أُخْـرَى إنَّمَـا هِـيَ قيعَـانٌ لا تُمْسِـكُ مَـاءً وَلا تُنْبِـتُ كَلأً، فَذَلِـكَ مَثَـلُ مَـنْ فَقُـهَ في دِيـنِ اللـهِ وَنَفَعَـهُ بِمَـا بَعَثَنِـي الله بِـهِ فَعَلِـمَ وَعَلَّـمَ، وَمَثَلُ مَـنْ لَمْ يَرْفَـعْ بِذَلِـكَ رَأسـاً وَلَـمْ يَقْبَـلْ هُـدَى اللـهِ الَّـذِي أُرْسِـلْتُ بِـهِ». مُتَّفَـقٌ عَلَيهِ.«فَقُـهَ» بضـم القـافِ عَلَى المشـهور وقيـل بكسرِهـا: أي صـار فقيهـاً. قـال القرطبـي: هـذا مثـل ضربـه النبـي لمـا جـاء بـه مـن الديـن، وشـبّه السـامعين لـه بـالأرض المختلفـة. فمنهـم: العـالم العامـل المعلـم، فهـو بمنزلـة الأرض الطيبـة شربـت فانتفعـت في نفسـها، وأنبتـت فنفعـت غيرهـا. ومنهـم: الجامع للعلم المسـتغرق لزمانـه فيـه، غـير أنـه لم يعمـل بنوافلـه أو لم يتفقّـه فيما جمـع، لكنـه أدّاه لغيره فهـو بمنزلـة الأرض التـي يسـتقر فيهـا المـاء فينتفـع النـاس بـه، وهـو المشـار إليـه بقولـه: «نضَّر اللـه امـرءًا سـمع مقالتـي، فأدَّاهـا كما سـمعها». ومنهـم: من يسـمع العلم فـلا يحفظـه، ولا يعمـل بـه، ولا ينقلـه لغـيره، فهـو بمنزلـة الأرض السـبخة، أو الملسـاء التـي لا تقبـل المـاء، أو تفسـده. انتهـى مُلخَّصًـا. والحاصـل أنَّ النـاس في الدِّيـن ثلاثـة أقسـام: قـوم عَلِمـوا وعَمِلـوا، وهـم عامـة المؤمنـين. وقـوم علمـوا وعملـوا وعلَّمـوا، وهـم العلـماء. وقـوم لم يعملـوا، وهـم الكفار والفاسـقون.

162. Abu Musa ﵁ reported: Messenger of Allah ﷺ said, "The similitude of guidance and knowledge with which Allah has sent me is like a rain which has fallen on some ground. A fertile part of earth has absorbed water and brought forth much grass and herbs. Another part, which is solid, held the water and Allah benefits men

thereby, who drank and gave others to drink, and used it for irrigation. But some of it has fallen on a portion of sandy land which neither retains the water nor produces herbage. Such is the likeness of the man who understands the religion of Allah and who gets benefit of what Allah has sent me with; he learns and teaches others. It is also the likeness of the man who neither raises his head on that account (meaning he does not benefit from what the Prophet ﷺ was sent with) nor accepts Allah's Guidance with which I am sent". [Al-Bukhari and Muslim].

[163] الثامن: عن جابر قَالَ: قَالَ رَسُول الله: «مَثَلِي وَمَثَلُكُمْ كَمَثَلِ رَجُلٍ أوْقَدَ نَاراً فَجَعَلَ الجَنَادِبُ والفَرَاشُ يَقَعْنَ فِيهَا وَهُوَ يَذُبُّهُنَّ عَنْهَا، وَأَنَا آخذٌ بحُجَزكُمْ عَنِ النَّارِ، وَأنْتُمْ تَفَلَّتونَ مِنْ يَدَيَّ». رواه مسلم.«الجَنَادِبُ»: نَحوُ الجرادِ وَالفَرَاشِ، هَذَا هُوَ المَعْرُوف الَّذِي يَقَعُ في النَّارِ. وَ«الحُجَزُ»: جَمْعُ حُجْزَة وَهِيَ مَعْقدُ الإزَار وَالسَّراويل. شبَّه تساقطَ الجاهلينَ والمخالفينَ بمعاصيهم، وشهواتهم في نار الآخرة وحرصهم على الوقوع في ذلك مع منعه إيّاهم بتساقط الفَرَاش في نار الدنيا، لهواه وضعف تمييزه، وكلاهما ساع في هلاك نفسه لجهله.

163. Jabir ﷺ reported: Messenger of Allah ﷺ said, "My parable and that of yours is like a man who kindled a fire. When it has illuminated all around him, the moths and grasshoppers began to fall therein. He tried to push them away, but they overcame him and jumped into it. I am catching hold of your waists ties (to save you) from fire, but you slip away from my hands". [Muslim].

[164] التاسع: عَنْهُ أنَّ رَسُول الله أَمَرَ بِلَعْقِ الأَصَابِعِ وَالصَّحْفَةِ، وَقَالَ: «إنَّكُمْ لا تَدْرونَ في أَيِّهَا البَرَكَةُ». رواه مسلم. وفي رواية لَهُ: «إذَا وَقَعَتْ لُقْمَةُ أَحَدِكُمْ فَلْيَأخُذْهَا، فَليُمِطْ مَا كَانَ بِهَا مِنْ أذىً، وَلْيَأكُلْهَا وَلا يَدَعْهَا لِلشَّيطَانِ، وَلا يَمْسَحْ يَدَهُ بالمنْدِيلِ حَتَّى يَلْعَقَ أصَابعَهُ فَإنَّهُ لا يَدْرِي في أيِّ طَعَامِهِ البَرَكَةُ». وفي رواية لَهُ: «إنَّ الشَّيطَانَ يَحْضُرُ أَحَدَكُمْ عِنْدَ كُلِّ شَيءٍ مِنْ شَأنِهِ، حَتَّى يَحْضُرَهُ عِنْدَ طَعَامِهِ، فَإذَ سَقَطَتْ مِنْ أَحَدِكُمْ اللُّقْمَةُ فليُمِطْ مَا كَانَ بِهَا مِنْ أذىً، فَلْيَأكُلْهَا وَلا يَدَعْهَا لِلشَّيطَانِ». في هذا الحديث: الحث على كسر النفس بالتواضع، وأخْذ اللقمة الساقطة، ولا يدعها كما يفعله بعض المتْرفين استكبارًا والأمر بلَعْق الأصابع والصحفة.

164. Jabir ﷺ reported: Messenger of Allah ﷺ commanded the lick-

ing of fingers (after eating) and the cleaning of the dish, saying: "You do not know in what portion the Blessing (of Allah) lies". [Muslim].

In another narration, Jabir said: Messenger of Allah ﷺ said, "When a morsel of any of you falls down, you should pick it up and remove any dirt or dust on it and then eat it; and don't leave it for Satan; and do not wipe your hand with the towel until you have licked your fingers, for you do not know in what portion of the food the Barakah* (of Allah) lies".

** Barakah is the abundance of goodness and its continuity.*

In the light of these Islamic injunctions one can very well judge violation of Islamic teachings and ungratefulness to Allah which is evident from the large quantity of food which is thrown on the garbage.

[165] العاشر: عن ابن عباس رضي الله عنهما، قَالَ: قَامَ فِينَا رَسُول الله بِمَوعِظَةٍ، فَقَالَ: «يَا أيُّهَا النَّاسُ، إنَّكُمْ مَحْشُورونَ إِلَى الله تَعَالَى حُفَاةً عُرَاةً غُرْلاً ﴿كَمَا بَدَأْنَا أَوَّلَ خَلْقٍ نُعِيدُهُ وَعْداً عَلَيْنَا إنَّا كُنَّا فَاعِلِينَ﴾ [الأنبياء (104)]. ألا وَإنَّ أَوَّلَ الخَلائِقِ يُكْسَى يَومَ القِيَامَةِ إبراهيمُ، ألا وَإنَّهُ سَيُجَاءُ بِرجالٍ مِنْ أُمَّتي فَيُؤْخَذُ بِهِمْ ذَاتَ الشِّمالِ، فَأَقُولُ: يَا رَبِّ أصْحَابِي. فَيُقَالُ: إنَّكَ لا تَدْرِي مَا أحْدَثُوا بَعْدَكَ. فَأقُولُ كَما قَالَ العَبْدُ الصَّالِحُ: ﴿وَكُنْتُ عَلَيْهِمْ شَهِيداً مَا دُمْتُ فِيهِمْ﴾ إِلَى قولِهِ: ﴿العَزِيزُ الحَكِيمُ﴾ [المائدة (117، 118)] فَيُقَالُ لِي: إنَّهُمْ لَمْ يَزَالُوا مُرْتَدِّينَ عَلَى أعْقَابِهِمْ مُنْذُ فَارَقْتَهُمْ». مُتَّفَقٌ عَلَيهِ.«غُرْلاً»: أي غَيرَ مَخْتُونِينَ. قال الخطابي: فيه إشارة إلى قلّة عدد من وقع لهم ذلك، وإنما وقع ذلك لبعض جفاة الأعراب، ولم يقع لأحد من الصحابة المشهورين.

165. Ibn 'Abbas ؓ reported: Messenger of Allah ﷺ said, "On the Day of Resurrection you will be assembled barefooted, naked and uncircumcised". He then recited: "As We began the first creation, We shall repeat it. (It is) a promise binding upon Us. Truly, We shall do it," and continued: "The first to be clothed on the Day of Resurrection will be (Prophet) Ibrahim. Then some of my Companions will be taken to the left, (i.e., towards Hell-fire) and when I will say, 'They belong to my Ummah, O my Rubb!'

It would be said: 'You do not know what they invented after you had left them.' I shall then say as the righteous slave [i.e., 'Isa (Jesus ؑ] said: 'And I was a witness over them while I was amongst them, when You took me up, You were the Watcher over them and You are a Witness to all things. If you punish them, they are Your slaves, and if You forgive them, verily, You, only You are the All-Mighty, the All-Wise.' I shall be told: 'They continued to turn on their heels since you parted from them". [Al-Bukhari and Muslim].

[166] الحادي عشر: عن أَبي سعيد عبد الله بن مُغَفَّلٍ قَالَ: نَهَى رَسُول الله عَنِ الخَذْفِ، وقالَ: «إنَّهُ لا يَقْتُلُ الصَّيْدَ، وَلا يَنْكأُ العَدُوَّ، وإنَّهُ يَفْقَأُ العَيْنَ، وَيَكْسِرُ السِّنَّ». مُتَّفَقٌ عليهِ. وفي رواية: أنَّ قَريباً لابْنِ مُغَفَّل خَذَفَ فنهاهُ، وَقالَ: إنَّ رَسُول الله نَهى عَن الخَذْفِ، وَقالَ: «إنَّهَا لا تَصِيدُ صَيداً» ثُمَّ عادَ، فَقَالَ: أُحَدِّثُكَ أنَّ رسولَ الله نَهَى عَنْهُ، ثُمَّ عُدْتَ تَخذفُ !؟ لا أُكَلِّمُكَ أَبَداً. الخذف: رمي الحصى بالسبابة والإبهام، أو بالسبابتين. وفيه: هجران أهل البدع والفسوق، ومُنَابِذِي السنَّة مع العلم.

166. 'Abdullah bin Mughaffal ؓ reported: Messenger of Allah ﷺ prohibited flicking pebbles by the index finger and the thumb; and he said, "It does not kill a game animal nor does it inflict wound on the enemy, but breaks the tooth and gorges the eye". [Al-Bukhari and Muslim].

In another narration it is said: A close relative of 'Abdullah bin Mughaffal ؓ was hitting with pebbles using the index finger and the thumb; he said: "Messenger of Allah ﷺ has forbidden it saying that it does not kill the game". He repeated the act and Ibn Mughaffal said to him: "I told you that the Prophet ﷺ had prohibited it but you repeated it. I shall never talk to you."

[167] وعَن عابس بن رَبيعة، قَالَ: رَأيْتُ عُمَرَ بن الخطاب يُقَبِّلُ الحَجَرَ - يَعْنِي: الأَسْوَدَ - وَيَقُولُ: إني أَعْلَمُ أنَّكَ حَجَرٌ مَا تَنْفَعُ وَلا تَضُرُّ، وَلَولا أنِّي رَأيْتُ رسولَ الله يُقَبِّلُكَ مَا قَبَّلْتُكَ. مُتَّفَقٌ عَلَيهِ. في هذا الحديث: التسليم للشارع في أمور الدين وحسن الإتباع فيما لم يكشف عن معانيه، وهي قاعدة عظيمة في إتِّباع النبي فيما يفعله، ولو لم نعلم الحكمة فيه. وفيه: دفع ما وقع لبعض الجهال من أن في الحَجَر خاصية ترجع إلى ذاته. وفيه: بيان السُّنَنِ بالقول، والفعل، وأنَّ الإمام إذا خشِيَ على أحد من فعله فساد اعتقاد

أن يبادر إلى بيان الأمر.

167. 'Abis bin Rabi'ah ﷺ reported: I saw 'Umar bin Al-Khattab ﷺ kissing the Black Stone (Al-Hajar Al-Aswad) and saying: "I know that you are just a stone and that you can neither do any harm nor give benefit. Had I not seen Messenger of Allah ﷺ kissing you, I would not have kissed you". [Al-Bukhari and Muslim].

CHAPTER 17

Obedience to the command of Allah is an obligatory duty [168-168 of 1896]

وما يقوله من دُعِيَ إلى ذلك وأُمر بمعروف أو نُهي عن منكر. قال الله تعالى ﴿فَلا وَرَبِّكَ لا يُؤْمِنُونَ حَتَّىَ يُحَكِّمُوكَ فِيمَا شَجَرَ بَيْنَهُمْ ثُمَّ لا يَجِدُواْ فِي أَنفُسِهِمْ حَرَجاً مِّمَّا قَضَيْتَ وَيُسَلِّمُواْ تَسْلِيماً﴾ [النساء 65] أقسم سبحانه وتعالى أنه لا يؤمن أحد حتى يُحكّم رسول الله فيما له وعليه، كما قال: «لا يؤمن أحدكم حتى يكون هواهُ تبعًا لما جئت به». وَقَالَ تَعَالَى: ﴿إِنَّمَا كَانَ قَوْلَ الْمُؤْمِنِينَ إِذَا دُعُوا إِلَى اللهِ وَرَسُولِهِ لِيَحْكُمَ بَيْنَهُمْ أَنْ يَقُولُوا سَمِعْنَا وَأَطَعْنَا وَأُولَئِكَ هُمُ الْمُفْلِحُونَ﴾ [النور (51)]. يخبر تعالى أن قول المؤمنين إذا دُعُوا إلى حكم الله وحكم رسوله خلاف قول المنافقين، فإن المنافقين إذا دعوا إلى حكم الله ورسوله أعرضوا، وإن كان الحق لهم أتوا. وأما المؤمنون فيقولون: سمعنا وأطعنا سواءً كان الحق لهم أو عليهم. وفيه من الأحاديث: حديث أبي هريرة المذكور في أول الباب قبله، وهو قوله: «إِذَا نَهَيْتُكُمْ عَنْ شَيْءٍ فَاجْتَنِبُوه...» الحديث..وغيره من الأحاديث فِيهِ. الدالّة على وجوب طاعة الله ورسوله.

Allah, the Exalted, says:

"But no, by your Rubb, they can have no Faith, until they make you (O Muhammad ﷺ) judge in all disputes between them, and find in themselves no resistance against your decisions, and accept (them) with full submission." (4:65)

"The only saying of the faithful believers, when they are called to Allah (His Words, the Qur'an) and His Messenger ﷺ, to judge between them, is that they say: 'We hear and we obey.' And such are the successful (who will live forever in Jannah)." (24:51)

[168] عن أبي هريرة قَالَ: لَمَّا نَزَلَتْ عَلَى رَسُول الله: ﴿لِلهِ مَا فِي السَّمَاوَاتِ وَمَا فِي الأَرْضِ وَإِنْ تُبْدُوا مَا فِي أَنْفُسِكُمْ أَو تُخْفُوهُ يُحَاسِبْكُمْ بِهِ اللهُ﴾ الآية[البقرة (284)]. اشْتَدَّ ذلِكَ

عَلَى أَصْحَابِ رَسُولِ اللهِ، فَأَتَوا رَسُولَ اللهِ ثُمَّ بَرَكُوا عَلَى الرُّكَبِ، فَقَالُوا: أيْ رسولَ الله، كُلِّفْنَا مِنَ الأَعْمَالِ مَا نُطِيقُ: الصَّلاةَ والجِهادَ والصِّيامَ والصَّدَقَةَ، وَقَدْ أُنْزِلَتْ عَلَيْكَ هذِهِ الآيَةُ وَلا نُطيقُها.قَالَ رَسُولُ اللهِ: «أتُرِيدُونَ أنْ تَقُولُوا كَمَا قَالَ أَهْلُ الكتَابَيْنِ مِنْ قَبْلِكُمْ: سَمِعْنَا وَعَصَيْنَا ؟ بَلْ قُولُوا سَمِعنَا وَأَطَعْنَا غُفْرَانَكَ رَبَّنَا وَإِلَيْكَ المَصِيرُ» [قَالُوا: سمعنا وأطعنا غفرانك ربنا وإليك المصير]. فَلَمَّا اقْتَرَأَهَا القومُ، وَذَلَّتْ بِهَا أَلْسنَتُهُمْ أَنْزَلَ اللهُ تَعَالَى في إثرِهَا: ﴿آمَنَ الرَّسُولُ بِمَا أُنْزِلَ إِلَيْهِ مِنْ رَبِّهِ وَالْمُؤْمِنُونَ كُلٌّ آمَنَ بِاللهِ وَمَلائِكَتِهِ وَكُتُبِهِ وَرُسُلِهِ لا نُفَرِّقُ بَيْنَ أَحَدٍ مِنْ رُسُلِهِ وَقَالُوا سَمِعْنَا وَأَطَعْنَا غُفْرَانَكَ رَبَّنَا وَإِلَيْكَ الْمَصِيرُ﴾ [البقرة (285)] فَلَمَّا فَعَلُوا ذلِكَ نَسَخَهَا اللهُ تَعَالَى، فَأنزَلَ اللهُ: ﴿لا يُكَلِّفُ اللهُ نَفْساً إلا وُسْعَهَا لَهَا مَا كَسَبَتْ وَعَلَيْهَا مَا اكْتَسَبَتْ رَبَّنَا لا تُؤَاخِذْنَا إِنْ نَسِينَا أَوْ أَخْطَأْنَا﴾ قَالَ: نَعَمْ ﴿رَبَّنَا وَلا تَحْمِلْ عَلَيْنَا إِصْراً كَمَا حَمَلْتَهُ عَلَى الَّذِينَ مِنْ قَبْلِنَا﴾ قَالَ: نعَمْ ﴿رَبَّنَا وَلا تُحَمِّلْنَا مَا لا طَاقَةَ لَنَا بِهِ﴾ قَالَ: نَعَمْ ﴿وَاعْفُ عَنَّا وَاغْفِرْ لَنَا وَارْحَمْنَا أَنْتَ مَوْلانَا فَانْصُرْنَا عَلَى الْقَوْمِ الْكَافِرِينَ﴾ قَالَ: نَعَمْ. رواه مسلم. قال السدي: ﴿لا يُكَلِّفُ اللهُ نَفْساً إلا وُسْعَهَا﴾ [البقرة (286)] طاقتها وحديث النفس مما لا يطيقون. وفي الحديث عن النبي أنه قال: «إنَّ الله تجاوز لي عن أمتي ما حدثت به أنفسها ما لم تتكلم أو تعمل».

168. Abu Hurairah (رضي الله عنه) reported: When it was revealed to Messenger of Allah ﷺ: "To Allah belongs all that is in the heavens and all that is on the earth, and whether you disclose what is in your own selves or conceal it, Allah will call you to account for it," the Companions of Messenger of Allah ﷺ felt it hard and severe and they came to Messenger of Allah ﷺ and sat down on their knees and said: "O Messenger of Allah, we were assigned some duties which were within our power to perform, such as Salat (prayer), Saum (fasting), Jihad (striving in the Cause of Allah), Sadaqah (charity). Then this (the above mentioned) Verse was revealed to you and it is beyond our power to live up to it." Messenger of Allah ﷺ said, "Do you want to say what the people of two Books (Jews and Christians) said before you: 'We hear and disobey?' You should rather say: 'We hear and we obey, we seek forgiveness, our Rubb and unto You is the return."' And they said: "We hear and we obey, (we seek) Your forgiveness, our Rubb! And unto You is the return." When the people recited it and it smoothly flowed on their tongues, then Allah revealed immediately afterwards: "The Messenger (Muhammad ﷺ) believes in what has been sent down to him from his Rubb, and (so do) the believers. Each one believes

in Allah, His Angels, His Books, and His Messengers. (They say), 'We make no distinction between one another of His Messengers' - and they say, 'We hear, and we obey. (We seek) Your forgiveness, our Rubb, and to You is the return (of all)". When they did that, Allah abrogated this (Ayah) and Allah the Great revealed: "Allah burdens not a person beyond his scope. He gets reward for that (good) which he has earned, and he is punished for that (evil) which he has earned." (The Prophet ﷺ said): "Yes. 'Our Rubb! Lay not on us a burden like that which You did lay on those before us (Jews and Christians)". (The Prophet ﷺ said): "Yes. 'Our Rubb! Put not on us a burden greater than we have strength to bear". (The Prophet ﷺ said): "Yes. 'Pardon us and grant us forgiveness. Have mercy on us. You are our Maula (Patron, Supporter and Protector) and give us victory over the disbelieving people". He (the Prophet ﷺ) said: "Yes". [Muslim].

CHAPTER 18
Prohibition of heresies in religion [169-170 of 1896]

قَالَ اللهُ تَعَالَى: ﴿فَمَاذَا بَعْدَ الْحَقِّ إلا الضَّلالُ﴾ [يونس (32)]. أي: لأنهما ضِدّان وبترك الحق يقع الضلال، والحق ما جاء به الكتاب والسنة. وَقَالَ تَعَالَى: ﴿مَا فَرَّطْنَا فِي الْكِتَابِ مِنْ شَيْءٍ﴾ [الأنعام (38)]. قال البغوي: الكتاب: اللوح المحفوظ. وقيل: المراد بالكتاب: القرآن. وَقَالَ تَعَالَى: ﴿فَإِنْ تَنَازَعْتُمْ فِي شَيْءٍ فَرُدُّوهُ إِلَى اللهِ وَالرَّسُولِ﴾ [النساء (59)] أي الكِتَابِ وَالسُّنَّةِ. ذكر تعالى في أول هذه الآية الأمر بطاعة الله، وطاعة رسوله، وأولي الأمر، ثم قال: ﴿فَإِنْ تَنَازَعْتُمْ فِي شَيْءٍ فَرُدُّوهُ إِلَى اللهِ وَالرَّسُولِ﴾ [النساء (59)]، فإذا اختلف العلماء في حكم من الأحكام قُدِّم الأقرب إلى الدليل من القرآن والحديث. وَقَالَ تَعَالَى: ﴿وَأَنَّ هَذَا صِرَاطِي مُسْتَقِيماً فَاتَّبِعُوهُ وَلَا تَتَّبِعُوا السُّبُلَ فَتَفَرَّقَ بِكُمْ عَنْ سَبِيلِهِ﴾ [الأنعام (153)]. الصراط المستقيم: الإسلام. والسُّبُل المتفرقة: هي البدع. وَقَالَ تَعَالَى: ﴿قُلْ إِنْ كُنْتُمْ تُحِبُّونَ اللهَ فَاتَّبِعُونِي يُحْبِبْكُمُ اللهُ وَيَغْفِرْ لَكُمْ ذُنُوبَكُمْ﴾ [آل عمران (31)]. قال الحسن البصري: زعم قومٌ محبة الله فابتلاهم الله بهذه الآية. وَالآيَاتُ فِي البَابِ كَثِيرَةٌ مَعْلُومَةٌ، وَأَمَّا الأَحَادِيثُ فَكَثِيرَةٌ جِدّاً، وَهِيَ مَشْهُورَةٌ فَنَقْتَصِرُ عَلَى طَرَفٍ مِنْهَا:

Allah, the Exalted, says:

"So after the truth, what else can there be, save error?". (10:32)

"We have neglected nothing in the Book". (6:38)

"(And) if you differ in anything amongst yourselves, refer it to Allah and His Messenger ﷺ". (4:59)

"And verily, this is My straight path, so follow it, and follow not (other) paths, for they will separate you away from His path". (6:153)

"Say (O Muhammad ﷺ to mankind): 'If you (really) love Allah then follow me (i.e., accept Islamic Monotheism, follow the Qur'an and the Sunnah), Allah will love you and forgive you your sins". (3:31)

[169] عن عائشة رَضِيَ اللهُ عنها، قَالَتْ: قَالَ رَسُولُ اللهِ: «مَنْ أَحْدَثَ في أَمْرِنَا هَذَا مَا لَيْسَ مِنْهُ فَهُوَ رَدٌّ». مُتَّفَقٌ عَلَيْهِ. وفي رواية لمسلم: «مَنْ عَمِلَ عَمَلاً لَيْسَ عَلَيْهِ أَمْرُنَا فَهُوَ رَدٌّ». هذا الحديث: مِنْ أُصُولِ الدينِ وقواعدهِ، فيحتج به في إبطال جميع العقود المنهيّ عنها، وفي ردّ المحدثات وجميع المنهيّات.

169. 'Aishah ﷺ reported: Messenger of Allah ﷺ said, "If anyone introduces in our matter something which does not belong to it, will be rejected". [Al-Bukhari and Muslim].

The narration in Muslim says: "If anybody introduces a practice which is not authenticated by me, it is to be rejected".

[170] وعن جابر قَالَ: كَانَ رَسُولُ اللهِ إذَا خَطَبَ احْمَرَّتْ عَيْنَاهُ، وَعَلا صَوْتُهُ، وَاشْتَدَّ غَضَبُهُ، حَتَّى كَأَنَّهُ مُنْذِرُ جَيشٍ، يَقُولُ: «صَبَّحَكُمْ وَمَسَّاكُمْ» وَيَقُولُ: «بُعِثْتُ أَنَا وَالسَّاعَةُ كَهَاتَيْنِ» وَيَقْرِنُ بَيْنَ أُصْبُعَيْهِ السَّبَّابَةِ وَالوُسْطَى، وَيَقُولُ: «أَمَّا بَعْدُ، فَإِنَّ خَيْرَ الحَدِيثِ كِتَابُ اللهِ، وَخَيْرَ الهَدْيِ هَدْيُ مُحَمَّدٍ، وَشَرَّ الأُمُورِ مُحْدَثَاتُهَا، وَكُلَّ بِدْعَةٍ ضَلالَةٌ» ثُمَّ يَقُولُ: «أَنَا أَوْلَى بِكُلِّ مُؤْمِنٍ مِنْ نَفْسِهِ، مَنْ تَرَكَ مَالاً فَلأَهْلِهِ، وَمَنْ تَرَكَ دَيْناً أَوْ ضَيَاعاً فَإِلَيَّ وَعَلَيَّ». رواه مسلم. محدثات الأمور ما لم يكن معروفًا في الكتاب والسنة ولا أصل له فيهما. وعن العرباض بن سارية حديثه السابق في باب المحافظةِ عَلَى السنةِ. وفيه: «فإنه من يعش منكم فسيرى اختلافًا كثيرًا فعليكم بسنَّتي...» إلخ.

170. Jabir ﷺ reported: Whenever the Messenger of Allah ﷺ delivered a Khutbah, his eyes would become red, his tone loud and he showed anger as if he were warning us against an army. He ﷺ would say, "The enemy is about to attack you in the morning and the enemy is advancing against you in the evening". He would further say, "I am sent with the final Hour like these two fingers of mine." Messenger of Allah ﷺ held up his index finger and the middle finger together to illustrate. He used to add: "To proceed, the best speech is the Book of Allah and the best guidance is the guidance of Muhammad ﷺ, the worst practice is the introduction

of new practices in Islam and every Bid'ah is a misguidance". He would also say, "I am, in respect of rights, nearer to every believer than his own self. He who leaves an estate, it belongs to his heirs, and he who leaves a debt, it is my responsibility to pay it off." [Muslim]. Same Hadith as reported by 'Irbad bin Sariyah ؓ has already been recorded in the previous chapter regarding safeguarding the Sunnah of the Prophet ﷺ. (See Hadith number 158)

CHAPTER 19

Heretics doing desirable or undesirable deeds [171-172 of 1896]

قَالَ الله تَعَالَى: ﴿وَالَّذِينَ يَقُولُونَ رَبَّنَا هَبْ لَنَا مِنْ أَزْوَاجِنَا وَذُرِّيَّاتِنَا قُرَّةَ أَعْيُنٍ وَاجْعَلْنَا لِلْمُتَّقِينَ إِمَاماً﴾ [الفرقان (74)]. أي: أئمة يُقْتَدى بنا في الخير، ولنا نفع متعد إلى غيرنا. وَقالَ تَعَالَى: ﴿وَجَعَلْنَاهُمْ أَئِمَّةً يَهْدُونَ بِأَمْرِنَا﴾ [الأنبياء (73)]. لما صبروا على أوامر الله ومصائبه، فبالصبر واليقين تُنال الإمامة في الدين.

Allah, the Exalted, says:

"And those who say: 'Our Rubb! Bestow on us from our wives and our offspring the comfort of our eyes, and make us leaders of the Muttaqun (the pious)". (25:74)

"And We made them leaders, guiding (mankind) by Our Command". (21:73)

[171] عن أَبي عمرو جرير بن عبد الله قَالَ: كنا في صَدْرِ النَّهَارِ عِنْدَ رَسُول الله فَجَاءهُ قَومٌ عُرَاةٌ مُجْتَابِي النِّمَار أَوْ العَبَاء، مُتَقَلِّدِي السُّيُوف، عَامَّتُهُمْ من مضر بَلْ كُلُّهُمْ مِنْ مُضَرَ، فَتَمَعَّرَ وَجْهُ رَسُول الله لما رَأَى بِهِمْ مِنَ الفَاقَة، فَدَخَلَ ثُمَّ خَرَجَ، فَأَمَرَ بِلالاً فَأَذَّنَ وَأَقَامَ، فصَلَّى ثُمَّ خَطَبَ، فَقَالَ: «﴿يَا أَيُّهَا النَّاسُ اتَّقُوا رَبَّكُمُ الَّذِي خَلَقَكُمْ مِنْ نَفْسٍ وَاحِدَةٍ﴾ إِلَى آخر الآية: ﴿إِنَّ اللهَ كَانَ عَلَيْكُمْ رَقِيباً﴾، والآية الأُخْرَى التي في آخر الحَشْرِ: ﴿يَا أَيُّهَا الَّذِينَ آمَنُوا اتَّقُوا اللهَ وَلْتَنْظُرْ نَفْسٌ مَا قَدَّمَتْ لِغَدٍ﴾ تَصَدَّقَ رَجُلٌ مِنْ دِينَارِهِ، مِنْ دِرهَمِهِ، مِنْ ثَوبِهِ، مِنْ صَاعِ بُرِّهِ، مِنْ صَاعِ تَمْرِهِ - حَتَّى قَالَ - وَلَوْ بِشقِّ تَمْرَةٍ» فَجَاءَ رَجُلٌ مِنَ الأَنْصَارِ بِصُرَّةٍ كَادَتْ كَفُّهُ تَعجزُ عَنهَا، بَلْ قَدْ عَجزَتْ، ثُمَّ تَتَابَعَ النَّاسُ حَتَّى رَأَيْتُ كَومَيْنِ مِنْ طَعَامٍ وَثِيَابٍ، حَتَّى رَأَيْتُ وَجْهَ رَسُول الله يَتَهَلَّلُ كَأَنَّهُ مُذْهَبَةٌ. فَقَالَ رَسُول الله: «مَنْ سَنَّ فِي الإسلامِ سنَّةً حَسَنَةً فَلَهُ أجْرُهَا، وَأجْرُ مَنْ عَمِلَ بِهَا مِنْ بَعْدَهُ، مِنْ غَيرِ أَنْ يَنْقُصَ مِنْ أُجُورهِمْ شَيءٌ، وَمَنْ سَنَّ فِي الإسْلامِ سُنَّةً سَيِّئَةً كَانَ عَلَيهِ وِزْرُهَا، وَوِزْرُ مَنْ عَمِلَ بِهَا مِنْ بَعْدِهِ، مِنْ غَيرِ أَنْ يَنْقُصَ مِنْ أَوْزَارِهِمْ شَيءٌ». رواه مسلم. قَوْلُهُ: «مُجْتَابِي

النِّمَارِ» هُـوَ بالجيـم وبعـد الألِـف بـاءٌ مُوَحَّـدَةٌ، والنِّـمَارِ جَمْعُ نَمِـرَةٍ وَهِيَ كِسَـاءٌ مِـنْ صُوفٍ مُخَطَّـطٌ. وَمَعْنَـى «مُجْتَابِيهَـا»، أي: لَابِسِـيهَا قَـدْ خَرَقُوهَـا في رُؤوسِـهِم. وَ«الجَـوْبُ» القَطْـعُ، ومِنْـهُ قَولُـهُ تعالى: ﴿وَثَمُـودَ الَّذِينَ جَابُوا الصَّخْرَ بِالْـوَادِ﴾ أي نَحتُوهُ وَقَطَعُـوهُ. وَقَولُهُ: «تَمَعَّرَ» هُـوَ بالعـينِ المهملـة: أيْ تَغَـيَّرَ. وَقَولُـهُ: «رَأَيْـتُ كَوْمَـينِ» بفتـح الـكافِ وَضَمِّهَـا: أي صُبْرَتَـيْنِ. وَقَولُـهُ: «كَأَنَّـهُ مُذْهَبَـةٌ» هُـوَ بالـذال المُعْجَمَةِ وفتح الهاءِ والبـاءِ الموحَّدةِ قالَـهُ القاضي عِيَاضٌ وَغَـيرُهُ وَصَحَّفَـهُ بَعْضُهُـمْ، فَقَـالَ: «مُدْهُنَـةٌ» بـدَال مهملـة وَضَـمِّ الهـاءِ وبالنـونِ وكذا ضبطه الحميـدي. والصحيـح المشـهور هُـوَ الأول. والمراد بهِ عَلَى الوجهين: الصفاءُ والاسـتنارة. سـبب تَمَعُّـرِ وَجْـه رسـول اللـه، شـدَّة احتيـاج هـؤلاء مـع عـدم مواسـاة الأغنيـاء لهـم، مـما يدفـع ضررهـم، ولهـذا اسـتنار وجهـه حـين حصل مـا يسـدّ فاقتهم.

171. Jarir bin 'Abdullah ؓ reported: We were with Messenger of Allah ﷺ shortly after dawn when there came to him some people clad in woollen rags, or covered with sleeveless blankets; and with swords hanging down from their necks. Most of them rather, all of them, belonged to the Mudar tribe. The face of the Prophet ﷺ changed when he saw them starving. Then he went into his house and came out; then he commanded Bilal ؓ to proclaim Adhan (call to prayers). So he proclaimed Adhan and recited Iqamah and the Prophet ﷺ led the Salat. Then he delivered a Khutbah saying, "O mankind! Be dutiful to your Rubb, Who created you from a single person (Adam), and from him (Adam) He created his wife (Eve), and from them both He created many men and women; and fear Allah through Whom you demand your (natural) rights, and do not sever the relations of kinship. Surely, Allah is Ever an All-Watcher over you." (4:1) He also recited the Ayah which is in the end of Surat Al-Hashr: "O you who believe! Fear Allah and keep your duty to Him. And let every one look what he has sent forth for the tomorrow". (59:18). Thereafter, every man gave in charity Dinar, Dirham, clothes, measure-fulls of wheat and measure-fulls of dates till he said: "(Give in charity) be it half a date". Then a man of the Ansar came with a bag which was difficult for him to hold in his hand. Thereafter, the people came successively (with charity) till I saw two heaps of food and clothes. I noticed that the face of Messenger of Allah ﷺ was glowing like that of the bright moon or glittering gold. Then he ﷺ said, "Whosoever in-

troduces a good practice in Islam, there is for him its reward and the reward of those who act upon it after him without anything being diminished from their rewards. And whosoever introduces an evil practice in Islam, will shoulder its sin and the sins of all those who will act upon it, without diminishing in any way their burden" [Muslim].

[172] وعن ابنِ مسعود أن النَّبيّ قَالَ: «لَيْسَ مِنْ نَفْس تُقْتَلُ ظُلْماً إلا كَانَ عَلَى ابْنِ آدَمَ الأوْلِ كِفْلٌ مِنْ دَمِهَا، لأَنَّهُ كَانَ أوَّلَ مَنْ سَنَّ القَتلَ». مُتَّفَقٌ عَلَيهِ. ابن آدم المذكور: هو قابيل. والمقتول: هابيل. وهما المذكوران في قوله تعالى: ﴿وَاتْلُ عَلَيْهِمْ نَبَأَ ابْنَيْ آدَمَ بِالْحَقِّ﴾ الآيات [المائدة (27)].

172. Ibn Mas'ud ﵁ reported: The Prophet ﷺ said, "The first son of Adam* takes a share of the guilt of every one who murders another wrongfully because he was the initiator of committing murder". [Al-Bukhari and Muslim].

**The son of Adam in the Hadith is said to be Qabil. Allah tells us about his story in Surat Al-Ma'idah (The Table spread with Food). Verses 27-31.*

CHAPTER 20

Calling to right guidance and forbidding depravity [173-176 of 1896]

قَالَ تَعَالَى: ﴿وَادْعُ إِلَى رَبِّكَ﴾ [القصص (87)]. أي: ادع الناس إلى ربك بتوحيده وطاعته. وَقالَ تَعَالَى: ﴿ادْعُ إِلَى سَبِيلِ رَبِّكَ بِالْحِكْمَةِ وَالْمَوْعِظَةِ الْحَسَنَةِ﴾ [النحل (125)]. الحكمة: القرآن، أي: ادع إلى دين الله بآيات القرآن ومواعظه، بلين ورفق وحُسْن خطاب.وَقالَ تَعَالَى: ﴿وَتَعَاوَنُوا عَلَى الْبِرِّ وَالتَّقْوَى﴾ [المائدة (2)]. وهذا الأمر عام في جميع الطاعات. وَقالَ تَعَالَى: ﴿وَلْتَكُنْ مِنْكُمْ أُمَّةٌ يَدْعُونَ إِلَى الْخَيْرِ﴾ [آل عمران (104)]. فيه: إشارة إلى أنَّ الدعاة إلى الخير أفضل الأمَّة.

Allah, the Exalted, says:

"And invite (men) to (believe in) your Rubb [i.e., in the Oneness (Tauhid) of Allah - (1) Oneness of the Rububiyah of Allah; (2) Oneness of the worship of Allah; (3) Oneness of the Name and Qualities of Allah]. (28:87)

"Invite (mankind, O Muhammad ﷺ) to the way of your Rubb (i.e., Islam) with wisdom (i.e., with the Divine Revelation and the Qur'an and fair preaching)".(16:125)

"Help you one another in Al-Birr and At-Taqwa (virtue, righteousness and piety)". (5:2)

"Let there arise out of you a group of people inviting to all that is good (Islam)." (3:104)

[173] وعن أَبي مسعود عُقبةَ بنِ عمرو الأنصاري البدري قَالَ: قَالَ رسولُ الله: «مَنْ دَلَّ

عَلَى خَيْرٍ فَلَهُ مِثْلُ أَجْرِ فَاعِلِهِ». رواه مسلم. وأوله عن أبي مسعود قال: جاء رجل إلى رسول الله فقال: إني أبدِع بي فاحملني. قال: «ما عندي». قال رجل: يَا رسول الله، أنا أدلّه على من يحمله، فقال رسول الله: «من دلَّ على خير فله مثل أجر فاعله».

173. Abu Mas'ud 'Uqbah bin 'Amr Al-Ansari Al-Badri ﵁ reported: Messenger of Allah ﷺ said, "Whoever guides someone to virtue will be rewarded equivalent to him who practices that good action". [Muslim].

[174] وعن أَبي هريرة: أنَّ رَسُول الله، قَالَ: «مَنْ دَعَا إِلَى هُدَىً، كَانَ لَهُ مِنَ الأَجْرِ مِثْلُ أُجُورِ مَنْ تَبِعَه، لا يَنْقُصُ ذلِكَ مِنْ أُجُورِهِمْ شَيئاً، وَمَنْ دَعَا إِلَى ضَلاَلَةٍ، كَانَ عَلَيهِ مِنَ الإِثْمِ مِثْلُ آثَامِ مَنْ تَبِعَهُ، لا يَنْقُصُ ذلِكَ مِنْ آثَامِهِمْ شَيئاً». رواه مسلم. يشهد لهذا الحديث قوله تعالى: ﴿وَقَالَ الَّذِينَ كَفَرُوا لِلَّذِينَ آمَنُوا اتَّبِعُوا سَبِيلَنَا وَلْنَحْمِلْ خَطَايَاكُمْ وَمَا هُم بِحَامِلِينَ مِنْ خَطَايَاهُم مِّن شَيْءٍ إِنَّهُمْ لَكَاذِبُونَ * وَلَيَحْمِلُنَّ أَثْقَالَهُمْ وَأَثْقَالاً مَّعَ أَثْقَالِهِمْ وَلَيُسْأَلُنَّ يَوْمَ الْقِيَامَةِ عَمَّا كَانُوا يَفْتَرُونَ﴾ [العنكبوت (12، 13)].

174. Abu Hurairah ﵁ reported: Messenger of Allah ﷺ said, "If anyone calls others to follow right guidance, his reward will be equivalent to those who follow him (in righteousness) without their reward being diminished in any respect, and if anyone invites others to follow error, the sin, will be equivalent to that of the people who follow him (in sinfulness) without their sins being diminished in any respect". [Muslim].

[175] وعن أَبي العباس سهل بن سعد الساعدي: أنَّ رَسُول الله قَالَ يوم خيبر: «لأُعْطِيَنَّ الرَّايَةَ غداً رجلاً يَفْتَحُ الله عَلَى يَدَيهِ، يُحبُّ اللهَ وَرَسولَهُ، ويُحِبُّهُ اللهُ وَرَسُولُهُ»، فَبَاتَ النَّاسُ يَدُوكُونَ لَيْلَتَهُمْ أيُّهُمْ يُعْطَاهَا. فَلَمَّا أصْبَحَ النَّاسُ غَدَوْا عَلَى رسولِ الله كُلُّهُمْ يَرْجُو أنْ يُعْطَاهَا. فَقَالَ: «أينَ عَليُّ بنُ أبي طالب ؟» فقيلَ: يَا رسولَ الله، هُوَ يَشْتَكي عَيْنَيهِ. قَالَ: «فَأَرْسِلُوا إِلَيهِ» فَأُتِيَ بِهِ فَبَصَقَ رسولُ الله في عَيْنَيْهِ، وَدَعَا لَهُ فَبَرِئَ حَتَّى كأنْ لَمْ يكُن بِهِ وَجَعٌ، فأعْطاهُ الرَّايَةَ. فقَالَ عَليٌّ: يَا رَسُول اللهِ، أقاتِلُهمْ حَتَّى يَكُونُوا مِثْلَنَا ؟ فَقَالَ: «انْفُذْ عَلَى رِسْلِكَ حَتَّى تَنْزِلَ بسَاحَتِهمْ، ثُمَّ ادْعُهُمْ إِلَى الإسْلاَمِ، وَأخْبِرْهُمْ بِمَا يَجِبُ عَلَيْهِمْ مِنْ حَقِّ اللهِ تَعَالَى فِيهِ، فَوَالله لأنْ يَهْدِيَ اللهُ بِكَ رَجُلاً وَاحِداً خَيرٌ لَكَ مِنْ حُمْرِ النَّعَمِ». مُتَّفَقٌ عَلَيهِ.قوله: «يَدُوكُونَ»: أي يَخُوضُونَ وَيَتَحَدَّثُونَ. وقوله: «رِسْلِكَ» بكسر الراءِ وبفتحها لغتانِ، والكسر أفصح. في هذا الحديث: بيانُ فضل الدعاء إلى الهدى، وعظيمِ أجر من اهتدى بسببه أحد.

175. Sahl bin Sa'd ؓ reported: Messenger of Allah ﷺ said on the day of the Khaibar Battle, "I will give this banner to a person at whose hands Allah will grant victory; a man who loves Allah and His Messenger ﷺ, and Allah and His Messenger love him also." The people spent the night thinking as to whom it would be given. When it was morning, the people hastened to Messenger of Allah ﷺ. Every one of them was hoping that the banner would be given to him. He (the Prophet ﷺ) asked, "Where is 'Ali bin Abu Talib?" They said: "O Messenger of Allah! His eyes are sore." He ﷺ then sent for him and when he came, Messenger of Allah ﷺ applied his saliva to his eyes and supplicated. 'Ali ؓ recovered as if he had no ailment at all. He ﷺ conferred upon him the banner. 'Ali ؓ said: "O Messenger of Allah, shall I fight against them until they are like us?" Thereupon he (the Prophet ﷺ) said, "Advance cautiously until you reach their open places; thereafter, invite them to Islam and inform them what is obligatory for them from the Rights of Allah, for, by Allah, if Allah guides even one person through you that is better for you than possessing a whole lot of red camels". [Al-Bukhari and Muslim].

[176] وعن أنس: أن فتىً مِنْ أسلم قَالَ: يَا رَسُول الله، إنِّي أُرِيدُ الغَزْوَ وَلَيْسَ معي مَا أتَجَهَّز بِهِ، قَالَ: «ائتِ فُلَانَاً فإنَّهُ قَدْ كَانَ تَجَهَّزَ فَمَرِضَ» فَأتَاهُ، فَقَالَ: إنَّ رسولَ الله يُقْرِئُكَ السَّلامَ، وَيَقُولُ: أعْطني الَّذِي تَجَهَّزْتَ بِهِ، فَقَالَ: يَا فُلَانَةُ، أعْطِيهِ الَّذِي تَجَهَّزْتُ بِهِ، وَلا تَحْبِسي مِنْهُ شَيئاً، فَواللهِ لا تَحْبِسِين مِنْهُ شَيئاً فَيُبَارَكَ لَكِ فِيهِ. رواه مسلم. في هذا الحديث: أنَّ من نوى صرف شيء في خير وتعذَّر عليه، استُحبَّ له بذلك في خير آخر. ومناسبة الحديث للترجمة دلالته لذلك المنقطع على ذلك الذي تجهز ثم مرض.

176. Anas bin Malik ؓ reported: A young man from the tribe of Aslam said, "O Messenger of Allah ﷺ, I wish to fight (in the Cause of Allah) but I do not have anything to equip myself with (for fighting)". He (the Prophet ﷺ) said, "Go to so-and-so, for he had equipped himself (for fighting) but he fell ill." So he (the young man) went to him and said, "Messenger of Allah ﷺ sends you his greetings and says that you should give me the equipment that you have provided yourself with." The man said (to his

wife or servant): "O so-and-so, give him the equipment I have collected for myself and do not withhold anything from him. By Allah, if you withhold anything from him, we will not be blessed therein". [Muslim].

CHAPTER 21

Assistance towards righteousness and piety [177-180 of 1896]

قالَ الله تَعَالَى: ﴿وَتَعَاوَنُوا عَلَى الْبِرِّ وَالتَّقْوَى﴾ [المائدة (2)]. يأمر تعالى عباده المؤمنين بالتعاون على الطاعات وترك المعاصي. وَقالَ تَعَالَى: ﴿وَالْعَصْرِ إِنَّ الإنْسَانَ لَفِي خُسْرٍ إلا الَّذِينَ آمَنُوا وَعَمِلُوا الصَّالِحَاتِ وَتَوَاصَوْا بِالْحَقِّ وَتَوَاصَوْا بِالصَّبْرِ﴾ [العصر (1: 3)].قَالَ الإمام الشافعي - رَحِمَهُ الله - كلاماً معناه: إنَّ النَّاسَ أَوْ أكثَرَهم في غفلة عن تدبر هذِهِ السورة. صرَّح بكلام الشافعي شيخ الإسلام محمد بن عبد الوهاب رحمه الله فقال: قال الشافعي رحمه الله تعالى: لو ما أنزل الله حجة على خلقه إلا هذه السورة لكفتهم. يعني أنها تضمنت أحوال الناس، فأخبر تعالى أنَّ الناس كلهم في خسار إلا مَنْ آمن وعمل صالحًا وصبر.

Allah, the Exalted, says:

> "Help you one another in Al-Birr and At-Taqwa (virtuc, righteousness and piety)". (5:2)

> "By Al-'Asr (the time). Verily, man is in loss. Except those who believe (in Islamic Monotheism) and do righteous good deeds, and recommend one another to the truth [i.e. order one another to perform all kinds of good deeds (Al-Ma'ruf) which Allah has ordained, and abstain from all kinds of sins and evil deeds (Al-Munkar) which Allah has forbidden], and recommend one another to patience (for the sufferings, harms, and injuries which one may encounter in Allah's Cause during preaching His religion of Islamic Monotheism or Jihad)". (103:1-3)

[177] وعن أَبي عبد الرحمن زيد بن خالد الجهني قَالَ: قَالَ رسولُ الله: «مَنْ جَهَّزَ غَازِياً في سَبيلِ اللهِ فَقَدْ غَزَا، وَمَنْ خَلَفَ غَازِياً في أَهْلِهِ بِخَيرٍ فَقَدْ غَزَا». مُتَّفَقٌ عَلَيهِ. في هذا

الحديـث: أنَّ مَـن أعـان عـلى فعـل خـير كان له مثل أجـر عامله.

177. Khalid Al-Juhani رضي الله عنه reported: The Prophet ﷺ said, "He who equips a warrior in the way of Allah (will get the reward of the one who has actually gone for Jihad); and he who looks after the family of a warrior in the way of Allah will get the reward of the one who has gone for Jihad". [Al-Bukhari and Muslim].

[178] وعـن أَبِي سـعيد الخـدري: أن رَسُـول الله بعث بعثـاً إِلَى بني لِحْيَان مِـنْ هُذَيْلٍ، فَقَالَ: «لِيَنْبَعِـثْ مِـنْ كُلِّ رَجُلَـيْنِ أَحَدُهُمَا وَالأجْرُ بَيْنَهُمَا». رواه مسـلم. في هـذا الحديث: دلالة على أنَّ الغـازي والخالـف له بخير، أجرهما سـواء.

178. Abu Sa'id Al-Khudri رضي الله عنه reported: Messenger of Allah ﷺ sent a detachment to Banu Lahyan tribe and remarked, "Let one of every two men get ready to advance, and both will earn the same reward". [Muslim].

[179] وعـن ابـن عبـاس رضي اللـه عنهـما: أنَّ رَسُـول اللـه لَقِـيَ رَكْبـاً بالرَّوْحَـاءِ، فَقَـالَ: «مَنِ القَـوْمُ ؟» قالـوا: المسـلمون، فقالـوا: من أنـتَ ؟ قَالَ: «رَسُـول الله»، فرفعت إِلَيْـه امرأةٌ صبياً، فَقَالَـتْ: أَلِهَـذَا حَـجٌّ ؟ قَالَ: «نَعَمْ، وَلَكِ أجْرٌ». رواه مسـلم. في هـذا الحديث: دليل على صحة حـج الصبـي وثبـوت أجر وليِّـه، ولا تجزيه عن حجة الإسـلام.

179. Ibn 'Abbas (May Allah be pleased with them) reported: Messenger of Allah ﷺ came across a party of mounted men at Ar-Rauha and asked them, "Who are you?" They answered: "We are Muslims, and who are you?" He said, "I am the Messenger of Allah." A woman from among them lifted a boy up to him and asked: "Can this one go on Hajj?" He ﷺ said, "Yes, and you will have the reward." [Muslim].

[180] وعـن أَبِي مـوسى الأشـعري عـن النَّبـيّ أنّـه قَالَ: «الخَـازِنُ المُسْـلِمُ الأمِينُ الَّـذِي يُنفِذُ مَا أُمِـرَ بِـهِ فيُعْطيـهِ كَامِـلاً مُوَفَّراً طَيِّبَةً بِهِ نَفْسُـهُ فَيَدْفَعُـهُ إِلَى الَّذِي أُمِرَ لَهُ بِهِ، أحَـدُ المُتَصَدِّقين». مُتَّفَـقٌ عَلَيـهِ.وفي روايـة: «الَّـذِي يُعْطِـي مَـا أُمِرَ بِـهِ» وضبطـوا «المُتَصَدِّقَيْنِ» بفتـح القاف مَعَ كـسر النـون عَـلَى التثنيـة، وعكسـه عَـلَى الجمـعِ وكلاهما صحيـح. نبّه بقولـه: «كامـلاً موفرًا طيبـة بهـا نفسـه». عـلى مـا هـو الغالـب عـلى خـزان المـال مـن الطمـع والعبوس والحسـد،

فمن فعل ذلك فهو أبخل البخلاء، ومن دفعه كاملاً بغير تكدير فله أجر المعطي.

180. Abu Musa ؓ reported: The Prophet ﷺ said, "The honest Muslim trustee who carries out duties assigned to him (in another narration he said, "Who gives"), and he gives that in full, with his heart overflowing with cheerfulness, to whom he is ordered, he is one of the two givers of charity". [Al-Bukhari and Muslim].

CHAPTER 22
Giving Counsel [181-183 of 1896]

قَالَ تَعَالَى: ﴿إِنَّمَا المُؤْمِنُونَ إِخْوَةٌ﴾ [الحجرات (10)]. في التعبير بالأخوّة إيماء إلى تأكيد النصيحة. وَقَالَ تَعَالَى: إخباراً عن نوح: ﴿وَأَنصَحُ لَكُمْ﴾ [الأعراف (62)]. وعن هود: ﴿وَأَنَا لَكُمْ نَاصِحٌ أَمِينٌ﴾ [الأعراف (68)]. قال بعض العلماء: علامة النصيحة ثلاث: اغتمام القلب بمصائب المسلمين، وبذل النصح لهم وإرشادهم إلى مصالحهم وإن جهلوا وكرِهُوهُ. وأما الأحاديث:

Allah, the Exalted, says:

"The believers are nothing else than brothers (in Islamic religion)". (49:10)

"(Nuh said) I give sincere advice to you". (7:62)

"(And Hud said) And I am a trustworthy adviser (or well-wisher) for you". (7:68)

[181] فالأول: عَنْ أَبِي رُقَيَّةَ تَمِيمِ بْنِ أَوْسٍ الدَّارِيِّ: أَنَّ النَّبِيَّ، قَالَ: «الدِّينُ النَّصِيحَةُ» قلنا: لِمَنْ؟ قَالَ: «لِلَّهِ وَلِكِتَابِهِ وَلِرَسُولِهِ وَلِأَئِمَّةِ المُسْلِمِينَ وَعَامَّتِهِمْ». رواه مسلم. هذا الحديث: عليه مدار الإسلام، والنصيحةُ عمادُ الدين وقوامه. فالنصيحة لله: الإيمان به، ونفي الشريك عنه، ووصفه بصفات الكمال، والقيام بطاعته، واجتناب معصيته، والحب فيه، والبغض فيه، وشكره على نعمه. والنصيحة لكتابه: الإيمان بأنه تنزيله، وتلاوته، والعمل به، وتفهم علومه، وأمثاله. والنصيحة لرسوله: تصديقه، وطاعته ونصرُ سنته. والنصيحة لأئمة المسلمين: معاونتهم على الحق، وطاعتهم، وتنبيههم، وتذكيرهم برفق، وترك الخروج عليهم، والدعاء لهم. والنصيحة لعامتهم: إرشادهم لمصالحهم في دينهم ودنياهم، وإعانتهم، وستر عوراتهم، وأمرهم بالمعروف، ونهيهم عن المنكر برفق.

181. Tamim bin Aus Ad-Dari ﷺ reported: The Prophet ﷺ said, "Ad-Deen is sincerity". We said: "For whom?" He replied, "For Allah, His Book, His Messenger and for the leaders of the Muslims and their masses". [Muslim].

[182] الثاني: عن جرير بن عبد الله قَالَ: بَايَعْتُ رسولَ الله عَلَى إقَامِ الصَّلاةِ، وَإيتَاءِ الزَّكَاةِ، والنُّصْحِ لِكُلِّ مُسْلِمٍ. مُتَّفَقٌ عَلَيهِ. في هذا الحديث: وجوب النصيحة، وهي لازمة على قدر الحاجة، إذا علم الناصح أنه يُقبل نصحه وأمن على نفسه المكروه.

182. Jarir bin 'Abdullah ﷺ reported: I made my covenant with Messenger of Allah ﷺ on the observance of Salat, payment of Zakat, and giving counsel to Muslim." [Al-Bukhari and Muslim].

[183] الثالث: عن أنس عن النَّبيّ قَالَ: «لا يُؤمِنُ أحَدُكُمْ حَتَّى يُحِبَّ لأَخِيهِ مَا يُحبُّ لِنَفْسِهِ». مُتَّفَقٌ عَلَيهِ. في هذا الحديث: دليل على أنه لا يؤمن المسلم حتى يحب لأخيه من الخير والطاعات ما يحب لنفسه. قال ابن الصلاح: وهذا قد يُعَدُّ من الصعب الممتنع، وليس كذلك. إذ معناه لا يكمل إيمان أحدكم حتى يحب لأخيه في الإسلام ما يحب لنفسه. والقيام بذلك يحصل بأنْ يحب له حصول مثل ذلك من جهة لا يزاحمه فيها، بحيث لا ينقص النعمة على أخيه شيئًا من النعمة عليه، وذلك يسهل على القلب السليم، وإنما يعسر على القلب الدغل، عافانا الله من ذلك آمين.

183. Anas ﷺ reported: The Prophet ﷺ said, "No one of you becomes a true believer until he likes for his brother what he likes for himself". [Al-Bukhari and Muslim].

CHAPTER 23

Enjoining Good and forbidding Evil [184-197 of 1896]

قَالَ اللهُ تَعَالَى: ﴿وَلْتَكُنْ مِنْكُمْ أُمَّةٌ يَدْعُونَ إِلَى الْخَيْرِ وَيَأْمُرُونَ بِالْمَعْرُوفِ وَيَنْهَوْنَ عَنِ الْمُنْكَرِ وَأُولَٰئِكَ هُمُ الْمُفْلِحُونَ﴾ [آل عمران (104)]. المعروف: كل فعل يعرف حسنه بالشرع، والعقل، والمنكر ضد ذلك. قال ابن كثير: يقول تعالى: ﴿وَلْتَكُنْ مِنْكُمْ أُمَّةٌ﴾، منتصبة للقيام بأمر الله في الدعوة إلى الخير، والأمر بالمعروف والنهي عن المنكر. قال البغوي: والخير: الإسلام. قال في «جامع البيان»: أمة: جماعة يدعون الناس إلى الخير، إتباع القرآن وسنَّة رسول الله وعلى آله، ويأمرون بالمعروف وينهون عن المنكر عطف الخاص على العام لشرفه؛ لأنَّ الخير أعمّ. وَقَالَ تَعَالَى: ﴿كُنْتُمْ خَيْرَ أُمَّةٍ أُخْرِجَتْ لِلنَّاسِ تَأْمُرُونَ بِالْمَعْرُوفِ وَتَنْهَوْنَ عَنِ الْمُنْكَرِ﴾ [آل عمران (110)]. أي: كنتم يَا أمة محمد خير أمة أنفع الناس للناس، تأمرون بالمعروف وتنهون عن المنكر، فمن تحقق فيه هذا الوصف فهو من أفضل الأمة. وَقَالَ تَعَالَى: ﴿خُذِ الْعَفْوَ وَأْمُرْ بِالْعُرْفِ وَأَعْرِضْ عَنِ الْجَاهِلِينَ﴾ [الأعراف (199)]. أي: خذ العفو من أخلاق الناس كقبول أعذارهم، والمساهلة معهم، والصبر عليهم، ﴿وَأْمُرْ بِالْعُرْفِ﴾، المعروف ﴿وَأَعْرِضْ عَنِ الْجَاهِلِينَ﴾. لا تقابل السفه بالسفه. وَقَالَ تَعَالَى: ﴿وَالْمُؤْمِنُونَ وَالْمُؤْمِنَاتُ بَعْضُهُمْ أَوْلِيَاءُ بَعْضٍ يَأْمُرُونَ بِالْمَعْرُوفِ وَيَنْهَوْنَ عَنِ الْمُنْكَرِ﴾ [التوبة (71)]. يخبر تعالى أنَّ المؤمنين أنصارٌ يتعاونون على العبادة، ويتبادرون إليها يأمرون بالمعروف وينهون عن المنكر، ضد وصف المنافقين فإنهم يأمرون بالمنكر وينهون عن المعروف. وَقَالَ تَعَالَى: ﴿لُعِنَ الَّذِينَ كَفَرُوا مِنْ بَنِي إِسْرَائِيلَ عَلَىٰ لِسَانِ دَاوُدَ وَعِيسَى ابْنِ مَرْيَمَ ذَٰلِكَ بِمَا عَصَوْا وَكَانُوا يَعْتَدُونَ * كَانُوا لَا يَتَنَاهَوْنَ عَنْ مُنْكَرٍ فَعَلُوهُ لَبِئْسَ مَا كَانُوا يَفْعَلُونَ﴾ [المائدة (78، 79)]. قال ابن عباس: لُعنوا بكل لسان، لعنوا على عهد موسى في التوراة، ولعنوا على عهد داود في الزبور، ولعنوا على عهد عيسى في الإنجيل، ولعنوا على عهد محمد في القرآن. وفي حديث ابن مسعود عن النبي قال: «والـذي نفسي بيـده لتأمُرُنَّ بالمعروف ولتنهوُنَّ عـن المنكـر، ولتأخـذُنَّ علـى يد المسيء، ولتأطرنه علـى الحـق أطرًا، أو ليضربن الله قلوب بعضكم على بعض ويلعنكم كما لعنهم». وَقَالَ تَعَالَى: ﴿وَقُلِ الْحَقُّ مِنْ رَبِّكُمْ فَمَنْ شَاءَ فَلْيُؤْمِنْ وَمَنْ شَاءَ فَلْيَكْفُرْ﴾ [الكهف (29)]. أي: إذا بينت لكم الحق فلا أبالي بإيمان من آمن، وكفر من كفر. وَقَالَ تَعَالَى: ﴿فَاصْدَعْ بِمَا تُؤْمَرُ﴾ [الحجر (94)]. أي: اجهر بما أمرك الله بتبليغه. وَقَالَ تَعَالَى: ﴿أَنْجَيْنَا الَّذِينَ يَنْهَوْنَ عَنِ السُّوءِ وَأَخَذْنَا الَّذِينَ ظَلَمُوا بِعَذَابٍ

بَئِيسٍ بِمَا كَانُوا يَفْسُقُونَ﴾ [الأعراف (165)]. أول الآية: ﴿فلما نسوا ما ذكروا به أنجينا الذين ينهون عن السوء...﴾ الآية. نزلت في أصحاب السبت، وهي عامة في كل من فعل مثل فعلهم. وَالآيات في الباب كثيرة معلومة. وأما الأحاديث:

Allah, the Exalted, says:

"Let there arise out of you a group of people inviting to all that is good (Islam), enjoining Al-Ma'ruf (i.e., Islamic Monotheism and all that Islam orders one to do) and forbidding Al-Munkar (polytheism and disbelief and all that Islam has forbidden). And it is they who are the successful." (3:104)

"You (true believers in Islamic Monotheism, and real followers of Prophet Muhammad ﷺ and his Sunnah) are the best of peoples ever raised up for mankind; you enjoin Al-Ma'ruf (i.e., Islamic Monotheism and all that Islam has ordained) and forbid Al-Munkar (polytheism, disbelief and all that Islam has forbidden)". (3:110)

"Show forgiveness, enjoin what is good, and turn away from the foolish (i.e., don't punish them)." (7:199)

"The believers, men and women, are Auliya' (helpers, supporters, friends, protectors) of one another; they enjoin (on the people) Al-Ma'ruf (i.e., Islamic Monotheism and all that Islam orders one to do), and forbid (people) from Al-Munkar (i.e., polytheism and disbelief of all kinds, and all that Islam has forbidden)". (9:71)

"Those among the Children of Israel who disbelieved were cursed by the tongue of Dawud (David) and 'Isa (Jesus), son of Maryam (Mary). That was because they disobeyed (Allah and the Messengers) and were ever transgressing beyond bounds. They used not to forbid one another from the Munkar (wrong, evildoing, sins, polytheism, disbelief) which they committed. Vile indeed was what they used to do". (5:78,79)

"And say: 'The truth is from your Rubb.' Then whosoever wills, let him believe; and whosoever wills, let him disbelieve". (18:29)

"Therefore proclaim openly (Allah's Message - Islamic Monotheism) that which you are commanded..." (15:94)

"We rescued those who forbade evil, but with a severe torment. We seized those who did wrong because they used to rebel against Allah's Command (disobey Allah)". (7:165)

[184] فالأول: عن أبي سعيد الخدري قَالَ: سَمِعت رَسُول الله يقول: «مَنْ رَأى مِنْكُمْ مُنْكَراً فَلْيُغَيِّرْهُ بِيَدِهِ، فَإنْ لَمْ يَسْتَطِعْ فَبِلِسَانِه، فَإنْ لَمْ يَسْتَطِعْ فَبِقَلْبِهِ، وَذَلِكَ أَضْعَفُ الإيمَانِ». رواه مسلم. هذا الحديث: دليل على وجوب تغيير المنكر بحسب القدرة. قال الإمام أحمد: التغيير باليد ليس بالسيف والسلاح. وقال: الناس محتاجون إلى مداراة ورفق، الأمر بالمعروف بلا غلطة، إلا رجل معلن بالفسق فلا حرمة له، وقال أيضًا: يأمر بالرفق، فإن أسمعوه ما يكره لا يغضب، فيكون يريد أنْ ينتصر لنفسه.

184. Abu Sa'id Al-Khudri ﷺ reported: Messenger of Allah ﷺ said, "Whoever amongst you sees an evil, he must change it with his hand; if he is unable to do so, then with his tongue; and if he is unable to do so, then with his heart; and that is the weakest form of Faith". [Muslim].

[185] الثاني: عن ابن مسعود: أن رَسُول الله قَالَ: «مَا مِنْ نَبيٍّ بَعَثَهُ اللهُ في أمَّة قَبْلِي إلا كَانَ لَهُ مِنْ أُمَّتِهِ حَوَارِيُّونَ وَأَصْحَابٌ يَأخُذُون بِسنَّتِهِ وَيَقْتَدُونَ بِأَمْرِهِ، ثُمَّ إنَّهَا تَخْلُفُ مِنْ بَعْدِهِمْ خُلُوفٌ يَقُولُونَ مَا لا يَفْعَلُونَ وَيَفْعَلُونَ مَا لا يُؤْمَرونَ، فَمَنْ جَاهَدَهُمْ بِيَدِهِ فَهُوَ مُؤْمِنٌ، وَمَنْ جَاهَدَهُمْ بِقَلْبِهِ فَهُوَ مُؤمِنٌ، وَمَنْ جَاهَدَهُمْ بِلِسَانِهِ فَهُوَ مُؤمِنٌ، وَلَيسَ وَرَاءَ ذلِكَ مِنَ الإيمَانِ حَبَّةُ خَرْدَل». رواه مسلم. الحواريُّون: الأصفياء، الناصرون. وفي الحديث: دليل على تفاوت مراتب الإيمان، وأنَّ عدم إنكار القلب دليل على ذهاب الإيمان منه، ولهذا قال ابن مسعود: هلكت إنْ لم يعرف قلبك المعروف، وينكر المنكر. وفي سنن أبي داود: عن النبي قال: «إذا عُملت الخطيئة في الأرض كان من شهدها فكرهها، كمن غاب عنها، ومن غاب عنها فرضيها كان كمن شهدها».

185. Abdullah bin Mas'ud ﷺ reported: Messenger of Allah ﷺ said, "Never a Prophet had been sent before me by Allah to his people

but he had, among his people, (his) disciples and companions, who followed his ways and obeyed his command. Then there came after them their successors who proclaimed what they did not practise, and practised what they were not commanded to do. And (he) who strove against them with his hand is a believer; he who strove against them with his heart is a believer; and he who strove against them with his tongue is a believer ; and beyond that there is no grain of Faith". [Muslim].

[186] الثالث: عن أبي الوليدِ عبادة بن الصامِت قَالَ: بَايَعْنَا رَسُول الله عَلَى السَّمْعِ والطَّاعَةِ فِي العُسْرِ واليُسْرِ، والمَنْشَطِ وَالمكْرَهِ، وَعَلَى أثَرَةٍ عَلَيْنَا، وَعَلَى أنْ لا نُنازِعَ الأمْرَ أهْلَهُ إلا أنْ تَرَوْا كُفْراً بَوَاحاً عِنْدَكُمْ مِنَ اللهِ تَعَالَى فِيهِ بُرْهَانٌ، وَعَلَى أنْ نَقُولَ بالحَقِّ أيْنَمَا كُنَّا لا نَخَافُ فِي اللهِ لَوْمَةَ لائِمٍ. مُتَّفَقٌ عَلَيهِ.«المَنْشَطُ وَالمكْرَهُ» بفتح ميمَيْهِما: أي في السهل والصعب. وَ«الأَثَرَةُ»: الاختِصاص بالمشتركِ وقد سبق بيانها. «بَوَاحاً» بفتح الباءِ الموحدة بعدها واو ثُمَّ ألف ثُمَّ حاءٌ مهملة: أي ظاهِراً لا يحتمل تأويلاً. في هذا الحديث: دليل عل وجوب السمع والطاعة لولاة الأمر وإنْ جاروا، وأنه لا يجوز الخروج عليهم ما لم يظهروا كفرًا واضحًا لا يحتمل التأويل.

186. 'Ubadah bin As-Samit ﷺ reported: We swore allegiance to Messenger of Allah ﷺ to hear and obey; in time of difficulty and in prosperity, in hardship and in ease, to endure being discriminated against and not to dispute about rule with those in power, except in case of evident infidelity regarding which there is a proof from Allah. We swore allegiance to Messenger of Allah ﷺ to say what was right wherever we were, and not to fear from anyone's reproach. [Al-Bukhari and Muslim].

[187] الرابع: عن النعمان بن بشير رضي الله عنهما عن النَّبيّ قَالَ: «مَثَلُ القَائِمِ فِي حُدُودِ اللهِ وَالوَاقعِ فِيهَا، كَمَثَلِ قَومٍ اسْتَهَمُوا عَلَى سَفِينَةٍ فَصَارَ بَعْضُهُمْ أعْلاهَا وَبَعْضُهُمْ أَسْفَلَهَا، وَكَانَ الَّذِينَ فِي أَسْفَلِهَا إِذَا اسْتَقَوا مِنَ المَاءِ مَرُّوا عَلَى مَنْ فَوْقَهُمْ، فَقَالُوا: لَوْ أنَّا خَرَقْنَا فِي نَصِيبِنَا خَرْقاً وَلَمْ نُؤذِ مَنْ فَوقَنَا، فَإنْ تَرَكُوهُمْ وَمَا أرَادُوا هَلَكُوا جَمِيعاً، وَإنْ أخَذُوا عَلَى أيدِيهِمْ نَجَوا وَنَجَوْا جَمِيعاً». رواه البخاري. «القَائِمُ فِي حُدُودِ اللهِ تَعَالَى» معناه: المنكر لَهَا، القائم في دفعِها وإزالتِها، وَالمُرادُ بالحُدُودِ: مَا نَهَى الله عَنْهُ. «اسْتَهَمُوا»: اقْتَرَعُوا. في هذا الحديث: دليل على أن عقوبة المعاصي، تَعُمّ إذا تُرك الأمر بالمعروف والنهي عن المنكر، كما قال تعالى: ﴿وَاتَّقُواْ فِتْنَةً لا

تُصِيبَنَّ الَّذِينَ ظَلَمُواْ مِنكُمْ خَآصَّةً﴾ [الأنفال (25)].

187. Nu'man bin Bashir ﷺ reported: The Prophet ﷺ said, "The likeness of the man who observes the limits prescribed by Allah and that of the man who transgresses them is like the people who get on board a ship after casting lots. Some of them are in its lower deck and some of them in its upper (deck). Those who are in its lower (deck), when they require water, go to the occupants of the upper deck, and say to them: 'If we make a hole in the bottom of the ship, we shall not harm you.' If they (the occupants of the upper deck) leave them to carry out their design they all will be drowned. But if they do not let them go ahead (with their plan), all of them will remain safe". [Al-Bukhari].

[188] الخامس: عن أُمِّ المؤمنين أم سلمة هند بنت أبي أمية حذيفة رضي الله عنها، عن النّبيّ أنه قَالَ: «إنَّهُ يُسْتَعْمَلُ عَلَيْكُمْ أُمَرَاءُ فَتعرِفُونَ وتُنْكِرُونَ، فَمَنْ كَرِهَ فَقَدْ بَرِئَ، وَمَنْ أنْكَرَ فَقَدْ سَلِمَ، وَلَكِنْ مَنْ رَضِيَ وَتَابَعَ» قَالوا: يَا رَسُول اللهِ، ألا نُقَاتِلهم ؟ قَالَ: «لا، مَا أَقَامُوا فيكُمُ الصَّلاةَ». رواه مسلم. معناه: مَنْ كَرِهَ بِقَلْبِهِ وَلَمْ يَسْتَطِعْ إنْكَاراً بِيَدٍ وَلا لِسَانٍ فقَدْ بَرِئَ مِنَ الإِثْمِ، وَأَدَّى وَظيفَتَهُ، وَمَنْ أَنْكَرَ بحَسَبِ طَاقَتِهِ فَقَدْ سَلِمَ مِنْ هذِهِ المَعْصِيَةِ وَمَنْ رَضِيَ بِفِعْلِهِمْ وَتَابَعَهُمْ فَهُوَ العَاصِي. في هذا الحديث: دليل على وجوب إنكار المنكر على حسب القدرة، ولا يجوز الخروج على وُلاة الأمر، إلا إذا تركوا الصلاة، لأنها الفارقة بين الكفر والإسلام.

188. Umm Salamah ﷺ reported: The Prophet ﷺ said, "You will have rulers some of whom you approve and some of whom you will disapprove. He who dislikes them will be safe, and he who expresses disapproval will be safe, but he who is pleased and follows them (will be indeed sinful)". His audience asked: "Shall we not fight them?" He replied, "No, as long as they establish Salat amongst you". [Muslim].

[189] السادس: عن أم المؤمنين أم الحكم زينب بنتِ جحش رَضِي الله عنها: أن النَّبيّ دخل عَلَيْهَا فَزِعاً، يقول: «لا إلهَ إلا الله، وَيلٌ للْعَرَبِ مِنْ شَرٍّ قَدِ اقْتَرَبَ، فُتِحَ اليَوْمَ مِنْ رَدْمِ يَأْجُوجَ وَمَأْجُوجَ مِثلَ هذِهِ»، وحلّق بأُصبُعيهِ الإبهامِ والتي تليها، فقلتُ: يَا رَسُول الله، أَنَهْلِكُ وَفِينَا الصَّالِحُونَ ؟ قَالَ: «نَعَمْ، إذَا كَثُرَ الخَبَثُ». مُتَّفَقٌ عَلَيهِ. قال الحافظ: والمراد بالشر ما

وقع بعده من قتل عثمان، ثم توالت الفتن حتى صارت العرب بين الأمم كالقصعة بين الأكَلَة. والمراد بالردم: السد الذي بناه ذو القرنين. انتهى. وفي الحديث: بيان شؤم المعاصي والتحريض على إنكارها، وأنها إذا كثرت فقد يحصل الهلاك العام، وإنْ كثر الصالحون.

189. Zainab ﷺ reported: The Prophet ﷺ came to visit me one day frightened and he

[190] السابع: عن أبي سعيد الخُدري عن النَّبيّ قَالَ: «إيَّاكُمْ وَالجُلُوسَ في الطُّرُقَاتِ !» فقالوا: يَا رَسُول الله، مَا لنا مِنْ مجالِسِنا بُدٌّ، نتحدث فِيهَا. فَقَالَ رسولُ الله: «فَإذَا أبَيْتُمْ إلا المَجْلِسَ، فَأَعْطُوا الطَّرِيقَ حَقَّهُ». قالوا: وما حَقُّ الطَّرِيقِ يَا رسولَ الله ؟ قَالَ: «غَضُّ البَصَرِ، وَكَفُّ الأَذَى، وَرَدُّ السَّلامِ، وَالأمْرُ بِالمَعْرُوفِ، والنَّهيُ عن المُنْكَرِ». مُتَّفَقٌ عَلَيهِ. في هذ ا الحديث: استحباب ترك الجلوس في الطريق، وأنَّ مَنْ جلس فعليه القيام، بما ذكر من غض البصر عما لا يحل، وكف الأذى بفعل أو قول، وإذا رأى ما يعجبه فليقل: ما شاء الله، ورد السلام، والأمر بالمعروف والنهي عن المنكر. وورد في بعض الأحاديث زيادات على ما ذكر وجمعها بعض العلماء في أبيات فقال: جمعت آداب من رام الجلوس على الطريق من قول خير الخلق إنسانا افش السلام وأحسن في الكلام وشمّت عاطسًا وسلامًا رد إحسانا في العمل عاون ومظلومًا أعن وأغِثله فان اِهْدِ سبيلاً، واهدِ حيرانا بالعرف أمُرْ وانهَ عن منكر وكف أذى وغضّ طرفًا وأكثر ذكر مولانا.

190. Abu Sa'id Al-Khudri ﷺ reported: The Prophet ﷺ said, "Beware of sitting on roads (ways)." The people said: "We have but them as sitting places." Messenger of Allah ﷺ said, "If you have to sit there, then observe the rights of the way". They asked, "What are the rights of the way?" He ﷺ said, "To lower your gaze (on seeing what is illegal to look at), and (removal of harmful objects), returning greetings, enjoining good and forbidding wrong". [Al-Bukhari and Muslim].

[191] الثامن: عن ابن عباس رضي الله عنهما: أن رَسُول الله رأى خاتَماً مِنْ ذهبٍ في يدِ رجلٍ فنزعه فطرحه، وَقَالَ: «يَعْمدُ أحَدُكُمْ إِلَى جَمْرَةٍ مِنْ نَارٍ فَيَجْعَلُهَا في يَدِهِ !»فقِيلَ لِلرَّجُلِ بَعْدَمَا ذهب رَسُول الله: خُذْ خَاتَمَكَ انْتَفِعْ بِهِ. قَالَ: لا والله لا آخُذُهُ أبَداً وَقَدْ طَرَحَهُ رسولُ الله. رواه مسلم. في هذا الحديث: إزالة المنكر باليد للقادر عليه، وأنَّ النهي عن خاتم الذهب للتحريم. وفيه: المبالغة في امتثال أمر النبي واجتناب نهيه، ولهذا ترك الرجل أخذ الخاتم، وأخذُه جائز للانتفاع به.

191. 'Abdullah bin 'Abbas (May Allah be pleased with them) reported: Messenger of Allah ﷺ saw a man wearing a gold ring. So he (the Prophet ﷺ) pulled it off and threw it away, saying, "One of you takes a live coal, and puts it on his hand." It was said to the man after Messenger of Allah ﷺ had left: "Take your ring (of gold) and utilize it," whereupon he said: "No, by Allah, I would never take it when Messenger of Allah ﷺ has thrown it away". [Muslim].

[192] التاسع: عن أبي سعيد الحسن البصري: أن عائِذَ بن عمرو دخل عَلَى عُبَيْدِ اللهِ بنِ زياد، فَقَالَ: أي بُنَيَّ، إني سمعت رَسُول الله، يقول: «إنَّ شَرَّ الرِّعَاءِ الحُطَمَةُ» فَإيَّاكَ أنْ تَكُونَ مِنْهُمْ، فَقَالَ لَهُ: اجلِسْ فَإنَّمَا أنْتَ مِنْ نُخَالَةِ أصْحَابِ مُحَمَّد، فَقَالَ: وهل كَانَتْ لَهُم نُخَالَةٌ إنَّمَا كانَتِ النُّخَالَةُ بَعْدَهُمْ وَفي غَيْرِهِمْ. رواه مسلم. الحطمة: العنيف في رعيته لا يرفق بها في سوقها، ومرعاها، وشربها. وفي هذا الحديث: أمر الأمراء بالمعروف، ونهيهم عن المنكر برفق. وفيه: فضل الصحابة رضي الله عنهم. وفي الحديث المشهور: «أصحابي كالنجوم بأيِّهم اقتديتم اهتديتم».

192. Abu Sa'id Al-Hasan Basri reported: 'Aidh bin 'Amr (the Companion) ﷺ visited 'Ubaidullah bin Ziyad (the ruler) and said to him: "Son, I heard Messenger of Allah ﷺ saying, 'The worst shepherds (rulers) are those who deal harshly in respect of supervision. Beware, Don't be one of them!'" Ibn Ziyad said to him, "Sit down, you are but husk from among the Companions of the Prophet ﷺ." 'Aidh bin 'Amr ﷺ retorted: "Was there any husk among them? Surely, husk came after them and among others than them". [Muslim].

[193] العاشر: عن حذيفة عن النَّبيّ قَالَ: «وَالَّذِي نَفْسي بِيَدِهِ، لَتَأمُرُنَّ بِالمَعْرُوفِ، وَلَتَنْهَوُنَّ عَنْ المُنْكَرِ أوْ لَيُوشِكَنَّ اللهُ أنْ يَبْعَثَ عَلَيْكُمْ عِقَاباً مِنْهُ ثُمَّ تَدْعُوْنَهُ فَلا يُسْتَجَابُ لَكُمْ». رواه الترمذي، وَقَالَ: (حديث حسن). في هذا الحديث: أنه إذا لم يُنْكَر المنكر عمَّ شؤمه وبلاؤه بجَوْر الولاة أو تسليط الأعداء، أو غير ذلك.

193. Hudhaifah ﷺ reported: The Prophet ﷺ said, "By Him in Whose Hand my life is, you either enjoin good and forbid evil, or Allah will certainly soon send His punishment to you. Then you will make supplication and it will not be accepted". [At-Tirmidhi].

[194] الحادي عشر: عن أَبِي سعيد الخدري عن النَّبيّ قَالَ: «أَفْضَلُ الجِهَادِ كَلِمَةُ عَدْلٍ عِنْدَ سُلْطَانٍ جَائرٍ». رواه أَبُو داود والترمذي، وَقالَ: «حديث حسن».

194. Abu Sa'id Al-Khudri ﷺ reported: The Prophet ﷺ said, "The best type of Jihad (striving in the way of Allah) is speaking a true word in the presence of a tyrant ruler." [Abu Dawud and At-Tirmidhi].

[195] الثاني عشر: عن أَبِي عبدِ الله طارِقِ بن شِهاب البَجَليِّ الأَحْمَسِيّ: أنَّ رجلاً سأل النَّبيّ وقد وضع رِجله في الغَرْزِ: أيُّ الجِهادِ أفضلُ ؟ قَالَ: «كَلِمَةُ حَقٍّ عِنْدَ سُلْطَانٍ جَائرٍ». رواه النسائي بإسناد صحيح.«الغرز» بغين معجمة مفتوحة ثُمَّ راء ساكنة ثُمَّ زاي: وَهُوَ ركاب كَوْرِ الجملِ إِذَا كَانَ من جلد أَوْ خشب وقيل: لا يختص بجلد وخشب. إنما كان ذلك أفضل الجهاد لأنَّه يدل على كمال يقين فاعله، وقوَّة إيمانه، حيث تكلَّم بالحق عند هذا السلطان الجائر، ولم يخف من بطشه بل باع نفسه وقدَّم أمر الله.

195. Abu 'Abdullah Tariq bin Shihab ﷺ reported: A person asked the Prophet ﷺ (when he had just put his foot in the stirrup): "What is the highest form of Jihad?" He ﷺ said, "Speaking the truth in the presence of a tyrant ruler". [An-Nasa'i].

[196] الثالث عشر: عن ابن مسعود قَالَ: قَالَ رَسُول الله: «إنَّ أوَّلَ مَا دَخَلَ النَّقْصُ عَلَى بَنِي إسْرَائِيلَ أنَّهُ كَانَ الرَّجُلُ يَلْقَى الرَّجُلَ، فَيَقُولُ: يَا هَذَا، اتَّقِ الله ودَعْ مَا تَصْنَعُ فَإنَّهُ لا يَحِلُّ لَكَ، ثُمَّ يَلْقَاهُ مِنَ الغَدِ وَهُوَ عَلَى حَالِهِ، فَلا يَمْنَعُهُ ذلِكَ أنْ يَكُونَ أكِيلَهُ وَشَرِيبَهُ وَقَعِيدَهُ، فَلَمَّا فَعَلُوا ذلِكَ ضَرَبَ اللهُ قُلُوبَ بَعْضِهِمْ بِبَعْضٍ» ثُمَّ قَالَ: ﴿لُعِنَ الَّذِينَ كَفَرُوا مِنْ بَنِي إسْرائيلَ عَلَى لِسَانِ دَاوُدَ وَعِيسَى ابْنِ مَرْيَمَ ذَلِكَ بِمَا عَصَوْا وَكَانُوا يَعْتَدُونَ * كَانُوا لا يَتَنَاهَوْنَ عَنْ مُنْكَرٍ فَعَلُوهُ لَبِئْسَ مَا كَانُوا يَفْعَلُونَ * تَرَى كَثِيراً مِنْهُمْ يَتَوَلَّوْنَ الَّذِينَ كَفَرُوا لَبِئْسَ مَا قَدَّمَتْ لَهُمْ أَنْفُسُهُمْ﴾ - إِلَى قوله - ﴿فاسِقُونَ﴾ [المائدة (78: 81)]. ثُمَّ قَالَ: «كَلا، وَاللهِ لَتَأْمُرُنَّ بالمَعْرُوفِ، وَلَتَنْهَوُنَّ عَنِ المُنْكَرِ، وَلَتَأْخُذُنَّ عَلَى يَدِ الظَّالِمِ، وَلَتَأطِرُنَّهُ عَلَى الحَقِّ أطْراً، وَلَتَقْصُرُنَّه عَلَى الحَقِّ قَصْراً، أَوْ لَيَضْرِبَنَّ اللهُ بقُلُوبِ بَعْضِكُمْ عَلَى بَعْضٍ، ثُمَّ لَيَلْعَنَنَّكُمْ كَمَا لَعَنَهُمْ». رواه أَبُو داود والترمذي، وَقالَ: (حديث حسن). هَذَا لفظ أَبي داود، ولفظ الترمذي، قَالَ رَسُول الله: «لَمَّا وَقَعَتْ بَنُو إسْرَائِيلَ فِي المَعَاصي نَهَتْهُمْ عُلَمَاؤهُمْ فَلَمْ يَنْتَهُوا، فَجَالَسُوهُمْ فِي مَجَالِسِهمْ، وَوَاكَلُوهُمْ وَشَارَبُوهُمْ، فَضَرَبَ اللهُ قُلُوبَ بَعضِهِمْ بِبعْضٍ، وَلَعَنَهُمْ عَلَى لِسانِ دَاوُد وعِيسَى ابنِ مَرْيَمَ ذلِكَ بما عَصَوا وَكَانُوا يَعتَدُونَ» فَجَلَسَ رَسُول الله وكان مُتَّكِئاً، فَقَالَ: «لا، والَّذِي نَفْسِي بِيَدِهِ حَتَّى تَأطِرُوهُمْ عَلَى الحَقِّ أطْراً». قوله: «تَأطِرُوهم»: أي تعطفوهم. «ولتقْصُرُنَّهُ»: أي لتحبِسُنَّه.

هـؤلاء الملعـون جمعوا بـين فعل المنكر والتجاهرَ بـه. وفي الحديث: وجـوب الأمر بالمعروف، والنهـي عـن المنكـر، والنهـي عن مجالسـة أهـل المعاصي.

196. 'Abdullah bin Mas'ud ﷺ reported: Messenger of Allah ﷺ said, "The first defect (in religion) which affected the Children of Israel in the way that man would meet another and say to him: 'Fear Allah and abstain from what you are doing, for this is not lawful for you.' Then he would meet him the next day and find no change in him, but this would not prevent him from eating with him, drinking with him and sitting in his assemblies. When it came to this, Allah led their hearts into evil ways on account of their association with others." Then he ﷺ recited, "Those among the Children of Israel who disbelieved were cursed by the tongue of Dawud (David) and 'Isa (Jesus), son of Maryam (Mary). That was because they disobeyed (Allah and the Messengers) and were ever transgressing beyond bounds. They used not to forbid one another from the Munkar (wrong, evildoing, sins, polytheism, disbelief) which they committed. Vile indeed was what they used to do. You see many of them taking the disbelievers as their Auliya' (protectors and helpers). Evil indeed is that which their own selves have sent forward before them; for that (reason) Allah's wrath fell upon them and in torment will they abide. And had they believed in Allah and in the Prophet (Muhammad ﷺ) and in what has been revealed to him, never would they have taken them (the disbelievers) as Auliya' (protectors and helpers); but many of them are the Fasiqun (rebellious, disobedient to Allah)." (5:78-81)

Then he ﷺ continued: "Nay, by Allah, you either enjoin good and forbid evil and catch hold of the hand of the oppressor and persuade him to act justly and stick to the truth, or, Allah will involve the hearts of some of you with the hearts of others and will curse you as He had cursed them". [Abu Dawud and At-Tirmidhi].

The wording in At-Tirmidhi is: Messenger of Allah ﷺ said, "When the Children of Israel became sinful, their learned men prohibited them but they would not turn back. Yet, the learned men associated with them and ate and drank with them. So, they were cursed at the tongues of Dawud and 'Isa (Jesus), son of Maryam (Mary), because they were disobedient and were given to transgression." At this stage Messenger of Allah ﷺ who was reclining on a pillow sat up and said, "No, By Him in Whose Hand my soul is, there is no escape for you but you persuade them to act justly."

[197] الرابع عشر: عن أبي بكر الصديق قَالَ: يَا أيّها النَّاس، إنّكم لتَقرؤُون هذِهِ الآية: ﴿يَا أَيُّهَا الَّذِينَ آمَنُوا عَلَيْكُمْ أَنْفُسَكُمْ لا يَضُرُّكُمْ مَنْ ضَلَّ إِذَا اهْتَدَيْتُمْ﴾ [المائدة (105)]. وإني سمعت رَسُول الله يقول: «إنَّ النَّاسَ إِذَا رَأَوُا الظَّالِمَ فَلَمْ يأخُذُوا عَلَى يَدَيْهِ أوشَكَ أنْ يَعُمَّهُمُ اللهُ بِعِقَابٍ مِنْهُ». رواه أَبُو داود والترمذي والنسائي بأسانيد صحيحة. معناه: أنكم تقرؤون هذه الآية وتتوهَّمون أن من فعل ما أُمر به وترك ما نُهي عنه في نفسه أنْ لا حرج عليه في عدم الأمر بالمعروف والنهي عن المنكر، بل يَجِب كما في الحديث الآخر: «يَا أيها الناس، مُروا بالمعروف، وتناهَوا عن المنكر، حتى إذا رأيت شُحًّا مطاعًا، وهوًى متَّبعًا، ودنيا مُؤثرة، وإعجاب كُلُّ ذي رأي برأيه، فعليك نفسك، ودع عنك العوام».

197. Abu Bakr As-Siddiq ﷺ reported: "O you people! You recite this Verse: 'O you who believe! Take care of your ownselves. If you follow the (right) guidance [and enjoin what is right (Islamic Monotheism and all that Islam orders one to do) and forbid what is wrong (polytheism, disbelief and all that Islam has forbidden)] no hurt can come to you from those who are in error.' (5:105) But I have heard Messenger of Allah ﷺ saying: "When people see an oppressor but do not prevent him from (doing evil), it is likely that Allah will punish them all." [Abu Dawud and At-Tirmidhi].

CHAPTER 24

Chastisement for one who enjoins good and forbids evil but acts otherwise [198-198 of 1896]

أوْ نهى عن منكر وخالف قوله فعله قَالَ الله تَعَالَى: ﴿أَتَأْمُرُونَ النَّاسَ بِالْبِرِّ وَتَنْسَوْنَ أَنْفُسَكُمْ وَأَنْتُمْ تَتْلُونَ الْكِتَابَ أَفَلا تَعْقِلُونَ﴾ [البقرة (44)]. في هذا الآية: توبيخ وتقريع لمن أمر بالطاعة ولم يفعل. وفيها: تنبيه على أنَّ ذلك خلاف العقل. وَقَالَ تَعَالَى: ﴿يَا أَيُّهَا الَّذِينَ آمَنُوا لِمَ تَقُولُونَ مَا لا تَفْعَلُونَ * كَبُرَ مَقْتاً عِنْدَ اللهِ أَنْ تَقُولُوا مَا لا تَفْعَلُونَ﴾ [الصف (2، 3)]. المقت: أشد البغض. وَقَالَ تَعَالَى إخباراً عن شعيب: ﴿وَمَا أُرِيدُ أَنْ أُخَالِفَكُمْ إِلَى مَا أَنْهَاكُمْ عَنْهُ﴾ [هود (88)]. أي: ما أريد أن أنهاكم عن شيء ثم أرتكبه. قال الشاعر: لا تَنْه عن خُلُقٍ وتأتيَ مثله عارٌ عليك إذا فعلت عظيما.

Allah, the Exalted, says:

"Enjoin you Al-Birr (piety and righteousness and every act of obedience to Allah) on the people and you forget (to practise it) yourselves, while you recite the Scripture [the Taurat (Torah)]! Have you then no sense?". (2:44)

"O you who believe! Why do you say that which you do not do? Most hateful it is with Allah that you say that which you do not do". (61:2,3)

"(Shu'aib said:) I wish not, in contradiction to you, to do that which I forbid you." (11:88)

[198] وعن أَبي زيد أسامة بن زيد بن حارثة رضي الله عنهما، قَالَ: سمعت رَسُول الله يقول: «يُؤْتَى بالرَّجُلِ يَوْمَ القِيَامَةِ فَيُلْقَى فِي النَّارِ، فَتَنْدَلِقُ أقْتَابُ بَطْنِهِ فَيدُورُ بِهَا كَمَا يَدُورُ الحِمَارُ فِي الرَّحَى، فَيَجْتَمِعُ إلَيْه أهْلُ النَّارِ، فَيَقُولُونَ: يَا فُلانُ، مَا لَكَ ؟ أَلَمْ تَكُ

تَأمُـرُ بالمعْـرُوفِ وَتنهَـى عَـنِ المُنْكَـرِ ؟ فَيقُولُ: بَـلَى، كُنْتُ آمُرُ بِالمَعْـرُوفِ وَلا آتِيـهِ، وأنْهَى عَنِ المُنْكَـرِ وَآتِيـهِ». مُتَّفَـقٌ عَلَيهِ.قولـه: «تَنْدلِقُ» هُوَ بالـدالِ المهملةِ، ومعناه تَخـرُجُ. وَ«الأَقْتَابُ»: الأمعـاءُ، واحدهـا قِتْـبٌ. في هـذا الحديث: وعيدٌ شـديد لمِـن خالف قوله فعلـه، وأنَّ العذاب يُشَـدَّدُ عـلى العالِـم إذا عـصى أعظـم مـن غـيره، كما يضاعـف له الأجـر إذا عمـل بعلمه.

198. Usamah bin Zaid (May Allah be pleased with them) reported: Messenger of Allah ﷺ said, "A man will be brought on the Day of Resurrection and will be cast into Hell, and his intestines will pour forth and he will go round them as a donkey goes round a millstone. The inmates of Hell will gather round him and say: 'What has happened to you, O so-and-so? Were you not enjoining us to do good and forbidding us to do evil?' He will reply: 'I was enjoining you to do good, but was not doing it myself; and I was forbidding you to do evil, but was doing it myself". [Al-Bukhari and Muslim].

CHAPTER 25

Discharging the Trusts [199-202 of 1896]

قَالَ اللـه تَعَالَى: ﴿إِنَّ اللهَ يَأْمُرُكُمْ أَنْ تُؤَدُّوا الأَمَانَاتِ إِلَى أَهْلِهَا﴾ [النساء (58)]. سبب نزول هذه الآية: أنَّ النبي أخذ مفتاح الكعبة من عثمان بن طلحة، وهي عامة في كل الأمانات. وقال ابن عباس وغيره: نزلت في الأمراء وأنْ يؤدوا الأمانة فيما ائتمنهم الله من أمر رعيته. وَقالَ تَعَالَى: ﴿إِنَّا عَرَضْنَا الأَمَانَةَ عَلَى السَّمَاوَاتِ وَالأَرْضِ وَالْجِبَالِ فَأَبَيْنَ أَنْ يَحْمِلْنَهَا وَأَشْفَقْنَ مِنْهَا وَحَمَلَهَا الإِنْسَانُ إِنَّهُ كَانَ ظَلُوماً جَهُولاً﴾ [الأحزاب (72)]. قال ابن عباس: الأمانة: الفرائض التي افترضها الله على العباد. وقال الضحاك عن ابن عباس في قوله: ﴿إِنَّا عَرَضْنَا الأَمَانَةَ عَلَى السَّمَاوَاتِ وَالأَرْضِ وَالْجِبَالِ فَأَبَيْنَ أَن يَحْمِلْنَهَا وَأَشْفَقْنَ مِنْهَا...﴾ قال: فلما عُرضت على آدم، قال: أي رب وما الأمانة ؟ ! قال: قيل: إنْ أدَّيتها جُزيت، وإنْ ضيَّعتها عوقبت. قال: أي رب حملتها بما فيها ؟ قال: فما مكث في الحنة إلا قدر ما بين العصر إلى غروب الشمس، حتى عمل بالمعصية فأُخرجَ منها.

Allah, the Exalted, says:

"Verily! Allah commands that you should render back the trusts to those to whom they are due." (4:58)

"Truly, We did offer Al-Amanah (the trust or moral responsibility or honesty and all the duties which Allah has ordained) to the heavens and the earth, and the mountains, but they declined to bear it and were afraid of it (i.e., afraid of Allah's torment). But man bore it. Verily, he was unjust (to himself) and ignorant (of its results)". (33:72)

[199] وعن أبي هريرة: أن رَسُول الله قَالَ: «آيةُ المُنافقِ ثلاثٌ: إذَا حَدَّثَ كَذَبَ، وَإِذَا وَعَدَ أخْلَفَ، وَإِذَا اؤْتُمِنَ خَانَ». مُتَّفَقٌ عَلَيهِ. وفي رواية: «وَإِنْ صَامَ وَصَلَّى وَزَعَمَ أنَّهُ مُسْلِمٌ». الحديث: دليل على أنَّ هذه الخصال من علامات النفاق. وفي حديث عبد الله بن عمرو:

«أربعٌ مـن كُـنَّ فيـه كان منافقًـا خالصًا، ومَنْ كانت فيه خصلة منهن كانـت فيه خصلة من النفـاق حتـى يدعهـا، إذا اؤتُمِنَ خـان، وإذا حدَّث كذب، وإذا خاصم فجـر، وإذا عاهد غدر».

199. Abu Hurairah ﷺ reported: Messenger of Allah ﷺ said, "There are three signs of a hypocrite: When he speaks, he lies; when he makes a promise, he breaks it; and when he is trusted, he betrays his trust." [Al-Bukhari and Muslim].

Another narration adds the words: 'Even if he observes fasts, performs Salat and asserts that he is a Muslim".

[200] وعـن حذيفـة بـن اليـمان قَـالَ: حدثنـا رَسُـول اللـه حدِيثَـينِ قَدْ رأيْـتُ أحَدَهُـمَا وأنا أنتظـرُ الآخـر: حدثنـا أن الأمانـة نَزلـت في جَـذرِ قلوبِ الرجـال، ثُمَّ نـزل القرآن فعلمـوا مِنَ القـرآن، وعلِمـوا مـن السـنةِ. ثُمَّ حدّثنا عن رفـع الأمانة، فقَالَ: «يَنَـامُ الرَّجُلُ النَّوْمَـةَ فَتُقْبَضُ الأَمَانَـةُ مِـنْ قَلْبـهِ، فَيظَـلُّ أثَرُهَـا مِثـلَ الوَكْـتِ، ثُـمَّ يَنَـامُ النَّومَـةَ فَتُقْبَـضُ الأَمَانَـةُ مِـنْ قَلْبـهِ، فَيظَـلُّ أثَرُهَـا مِثـلَ أَثَـرِ المَجْـلِ، كَجَمْـرٍ دَحْرَجْتَهُ عَـلَى رِجْلِـكَ فنَفِطَ، فَـتَرَاهُ مُنْتَـبراً وَلَيسَ فِيهِ شَيءٌ» ثُـمَّ أخَـذَ حَصَـاةً فَدَحْرَجَـهُ عَلَى رِجْلِـهِ «فَيُصْبحُ النَّـاسُ يَتَبَايعُونَ، فَلا يَـكَادُ أحدٌ يُؤَدّي الأَمَانَـةَ حَتَّـى يُقَـالَ: إنَّ فِي بَنـي فُـلانٍ رَجُـلاً أميناً، حَتَّى يُقَـالَ لِلرَّجُلِ: مَـا أجْلَدَهُ ! مَـا أَظْرَفَهُ ! مَـا أعْقَلَـهُ ! وَمَـا فِي قَلْبِـهِ مِثْقَـالُ حَبَّة مِن خَـرْدَل مِنْ إيمَان». وَلَقَـدْ أتَى عَلَيَّ زَمَـانٌ وَمَا أُبَالِي أيُّكُـمْ بَايَعْـتُ: لَـئن كَانَ مُسْـلِماً لَيَرُدَّنَّـهُ علـيَّ دِينـهُ، وَإنْ كَانَ نَصْرانِيّـاً أَوْ يَهُودِيـاً لَيَرُدَّنَّـهُ عَلَيَّ سَـاعِيهِ، وَأَمَّـا اليَـوْمَ فَـمَا كُنْـتُ أُبَايـعُ مِنْكُـمْ إلا فُلانـاً وَفُلانـاً». مُتَّفَـقٌ عَلَيـهِ. قولـه: «جَـذْرُ» بفتـح الجيـم وإسـكان الـذال المعجمـة: وَهُـوَ أصـل الـشيء وَ«الوكـت» بالتـاء المثنـاة مـن فـوق: الأثـر اليسـير. وَ«المَجْلُ» بفتح الميم وإسـكان الجيـم: وَهُوَ تَنَفُّطٌ فِي اليـدِ ونحوها من أثـرِ عمـل وغـيرِهِ. قولـه: «مُنْتَـبراً»: مرتفِعـاً. قوله: «سـاعِيهِ»: الـوالي عَلَيهِ. يعنـي: أنَّ الأمانة نزلـت في القلـوب بالفطـرة، ثـم نـزل القرآن شـفاء من الجهل، نـور على نور، وقـول حذيفة: حدثنـا رسـول اللـه حديثـين - يعنـي: في الأمانـة -، وهـذا أحدهـما. والثـاني قوله: ثـم حدثنا عـن رفـع الأمانـة، ولا تقبـض الأمانـة إلا بسـوء العمل. قـال الله تعـالى: ﴿إِنَّ اللَّـهَ لا يُغَيِّرُ مَا بِقَـوْمٍ حَتَّـى يُغَيِّرُواْ مَـا بِأَنْفُسِـهِمْ﴾ [الرعد (11)].

200. Hudhaifah bin Al-Yaman ﷺ reported: Messenger of Allah ﷺ foretold to us two Ahadith. I have seen one (being fulfilled), and I am waiting for the other. He ﷺ told us, "Amanah (the trust) descended in the innermost (root) of the hearts of men (that is, it was in their heart innately, by Fitrah, or pure human nature). Then the Qur'an was revealed and they learnt from the Quran and they learned from the Sunnah." Then the (Prophet ﷺ) told us about the

removal of Amanah. He said, "The man would have some sleep, and Amanah would be taken away from his heart leaving the impression of a faint mark. He would again sleep, and Amanah would be taken away from his heart leaving an impression of a blister, as if you rolled down an ember on your foot and it was vesicled. He would see a swelling having nothing in it." He (the Prophet ﷺ) then took up a pebble and rolled it over his foot and said, "The people would enter into transactions with one another and hardly a person would be left who would return (things) entrusted to him (and there would look like an honest person) till it would be said: 'In such and such tribe there is a trustworthy man.' And they would also say about a person: 'How prudent he is! How handsome he is and how intelligent he is!' whereas in his heart there would be no grain of Faith." Hudhaifah bin Al-Yaman ؓ added: I had a time when I did not care with whom amongst you I did business, I entered into a transaction, for if he were a Muslim, his Faith would compel him to discharge his obligation to me; and if he were a Christian or a Jew, his guardian (surety) would compel him to discharge his obligation to me. But today I would not enter into a transaction except with so-and-so. [Al-Bukhari and Muslim].

[202] وعن أَبي خُبيب - بضم الخاء المعجمة - عبد الله بن الزبير رضي الله عنهما، قَالَ: لَمَّا وَقفَ الزُّبَيْرُ يَوْمَ الجَمَل دَعَانِي فَقُمْتُ إِلَى جَنْبه، فَقَالَ: يَا بُنَيَّ، إنَّهُ لا يُقْتَلُ اليَومَ إلا ظَالِمٌ أَوْ مَظْلُومٌ، وَإنِّي لا أراني إلا سَأُقْتَلُ اليوم مظلوماً، وإنَّ مِنْ أكبرَ هَمِّي لَدَيْنِي، أفتَرَى دَيْننا يُبقي من مالِنا شَيئاً ؟ ثُمَّ قَالَ: يَا بُنَيَّ، بعْ مَا لَنَا وَاقْضِ دَيْنِي، وَأوْصَى بِالثُّلُثِ وَثُلُثِهِ لِبَنِيهِ، يعني لبني عبد الله بن الزبير ثُلُثُ الثُّلُث. قَالَ: فَإنْ فَضَلَ مِنْ مَالِنَا بَعْدَ قَضَاءِ الدَّينِ شَيء فَثُلُثُه لِبَنِيكَ. قَالَ هِشَام: وَكَانَ بَعْضُ وَلَدِ عَبْدِ اللهِ قَدْ وَازى بَعْضَ بَنِي الزُّبَيْرِ خُبيبٍ وَعَبَّادٍ، وَلهُ يَوْمَئذٍ تِسْعَةُ بَنِينَ وَتِسْعُ بَنَات. قَالَ عَبدُ الله: فَجَعلَ يُوصِينِي بدَيْنِهِ وَيَقُولُ: يَا بُنَيَّ، إنْ عَجَزْتَ عَن شَيْءٍ مِنْهُ فَاسْتَعِنْ عَلَيهِ بِمَوْلاَيَ. قَالَ: فَوَاللهِ مَا دَرَيْتُ مَا أرَادَ حَتَّى قُلْتُ: يَا أبَتِ مَنْ مَوْلاَك ؟ قَالَ: الله. قَالَ: فَوَاللهِ مَا وَقَعْتُ في كُرْبةٍ مِنْ دَيْنِهِ إلا قُلْتُ: يَا مَوْلَى الزُّبَيْرِ اقْضِ عَنْهُ دَيْنَهُ فَيَقْضِيَه. قَالَ: فَقُتِلَ الزُّبَيْرُ وَلَم يَدَعْ دِينَاراً وَلا دِرْهماً إلا أرَضِينَ، مِنْهَا الغَابَةُ وإحْدَى عَشْرَةَ دَاراً بالمَدِينَةِ، وَدَارَيْنِ بالبَصْرَةِ، ودَاراً بالكُوفَةِ، ودَاراً بِمِصْرَ. قَالَ: وَإنَّمَا كَانَ دَيْنُهُ الَّذِي كَانَ عَلَيهِ أنَّ الرَّجُلَ كَانَ يَأتِيهِ بالمال، فَيَسْتَودِعُهُ إيَّاهُ، فَيَقُولُ الزُّبَيْرُ: لا، وَلَكِنْ هُوَ سَلَفٌ إنِّي أخْشَى عَلَيهِ الضَّيْعَةَ. وَمَا وَلِيَ إمَارَةً قَطُّ وَلا جِبَايَةً، ولا خراجاً، وَلا شَيئاً إلا أنْ يَكُونَ في غَزْوٍ مَعَ رسولِ الله أَوْ مَعَ

أَبي بَكْرٍ وَعُمَرَ وَعُثْمَانَ، قَالَ عَبدُ الله: فَحَسَبْتُ مَا كَانَ عَلَيهِ مِن الدَّيْنِ فَوَجَدْتُهُ أَلْفَيْ أَلْفٍ وَمِئَتَي أَلْف ! فَلَقِيَ حَكِيمُ بنُ حِزام عَبْدَ الله بْنَ الزُّبَيْرِ، فقَالَ: يَا ابْنَ أخِي، كَمْ عَلَى أخي مِنَ الدَّيْنِ ؟ فَكَتَمْتُهُ وَقُلْتُ: مِئَةُ أَلْف. فقَالَ حَكيمٌ: واللهِ مَا أرَى أمْوَالَكُمْ تَسَعُ هذِهِ. فقَالَ عَبْدُ اللهِ: أرَأيْتُكَ إنْ كَانَتْ أَلْفَي ألف وَمائَتَيْ أَلْف ؟ قَالَ: مَا أرَاكُمْ تُطيقُونَ هَذَا، فَإنْ عَجَزْتُمْ عَنْ شَيءٍ مِنْهُ فَاسْتَعِينُوا بي. قَالَ: وَكَانَ الزُّبَيرُ قَد اشْتَرَى الغَابَةَ بِسَبْعِينَ ومئة ألف، فَبَاعَهَا عَبدُ اللهِ بِأَلْفِ ألف وَسِتّمِئَةِ أَلْف، ثُمَّ قَامَ فقَالَ: مَنْ كَانَ لَهُ عَلَى الزُّبَيرِ شَيْء فَلْيُوافِنَا بِالغَابَةِ، فَأَتَاهُ عَبدُ اللهِ بنُ جَعفَر، وَكَانَ لَهُ عَلَى الزُّبَيرِ أرْبعمئةِ أَلْف، فقَالَ لعَبدِ الله: إنْ شِئْتُمْ تَرَكْتُهَا لكَمْ ؟ قَالَ عَبدُ اللهِ: لا، قَالَ: فَإنْ شِئتُمْ جَعَلْتُمُوهَا فِيمَا تُؤَخِّرُونَ إنْ أخَّرْتُمْ، فقَالَ عَبدُ الله: لا، قَالَ: فَاقْطَعُوا لِي قطْعَةً، قَالَ عَبدُ الله: لَكَ مِنْ ها هُنَا إلَى هَا هُنَا. فَبَاعَ عَبدُ اللهِ مِنهَا فقَضَى عَنْهُ دَينَه وَأوْفَاهُ، وَبَقِيَ مِنْهَا أرْبَعَةُ أسْهُم وَنِصْفٌ، فَقَدِمَ عَلَى مُعَاوِيَة وَعِنْدَهُ عَمْرُو بْنُ عُثْمَانَ، وَالمُنْذِرُ بْنُ الزُّبَيْرِ، وَابنُ زَمْعَةَ، فقَالَ لَهُ مُعَاويَةُ: كَمْ قُوِّمَتِ الغَابَةُ ؟ قَالَ: كُلُّ سَهْم بمِئَة ألف، قَالَ: كَمْ بَقِيَ مِنْهَا ؟ قَالَ: أرْبَعَةُ أسْهُم وَنصْفٌ، فَقَالَ المُنْذِرُ بْنُ الزُّبَيرِ: قَدْ أخَذْتُ مِنهَا سَهماً بمِئَةِ ألف، قَالَ عَمرُو بنُ عُثْمَانَ: قَدْ أخَذْتُ مِنْهَا سَهْماً بمِئَةِ أَلْف. وَقالَ ابْنُ زَمْعَةَ: قَدْ أخَذْتُ سَهْماً بِمئَةِ أَلْف، فقَالَ مُعَاويَةُ: كَمْ بَقِيَ مِنْهَا ؟ قَالَ: سَهْمٌ ونصْفُ سَهْم، قَالَ: قَدْ أخَذْتُهُ بخَمْسِينَ وَمئَةِ أَلْف. قَالَ: وَبَاعَ عَبدُ الله بْنُ جَعفَر نَصيبهُ مِنْ مَعَاوِيَةَ بستِّمئَةِ أَلْف. فَلَمَّا فَرَغَ ابْنُ الزُّبَيرِ مِنْ قَضَاءِ دَيْنِه، قَالَ بَنُو الزُّبَيرِ: اقسمْ بيننَا ميراثَنا، قَالَ: وَاللهِ لا أقْسِمُ بَيْنَكُمْ حَتَّى أنَادِي بالمَوْسم أرْبَعَ سنينَ: ألا مَنْ كَانَ لَهُ عَلَى الزُّبَيرِ دَيْنٌ فَليَأتِنا فَلْنَقْضِهِ. فَجَعَلَ كُلّ سَنَةٍ يُنَادِي في المَوْسِم، فَلَمَّا مَضَى أرْبَعُ سنينَ قَسَمَ بيْنَهُمْ وَدَفَعَ الثُّلُثَ. وَكَانَ للزُّبَيْرِ أرْبَعُ نِسْوَةٍ، فَأصَابَ كُلَّ امرَأةٍ أَلْفُ ألف وَمِئَتَا أَلْف، فَجَمِيعُ مَالِه خَمْسُونَ ألف أَلْف وَمِئَتَا أَلْف. رواه البخاري. في هذا الحديث: دليل على عِظَم الأمانة، وأنَّ مَن أخذ أموال الناس يريد أداءها أدَّى الله عنه، وأنَّ مَن استعان بالله أعانه.

202. Abu Khubaib 'Abdullah bin Az-Zubair (May Allah be pleased with them) reported: When Az-Zubair, got ready to fight in the battle of Al-Jamal, he called me and said: "My son, whoever is killed today will be either a wrongdoer or a wronged one. I expect that I shall be the the wronged one today. I am much worried about my debt. Do you think that anything will be left over from our property after the payment of my debt? My son, sell our property and pay off my debt." Az-Zubair then willed one-third of that portion to his sons; namely 'Abdullah's sons. He said, "One-third of the one-third. If any property is left after the payment of debts, one-third (of the one-third of what is left is to be given to your sons." (Hisham, a subnarrator added: "Some of the sons of 'Abdul-

lah were equal in age to the sons of Az-Zubair, e.g., Khubaib and Abbad. 'Abdullah had nine sons and nine daughters at that time)". (The narrator 'Abdullah added:) He kept on instructing me about his debts and then said: "My son, should you find yourself unable to pay any portion of my debt then beseech my Master for His help." By Allah, I did not understand what he meant and asked: "Father, who is your Master?" He said: "Allah." By Allah! Whenever I faced a difficulty in discharging any portion of his debt; I would pray: "O Master of Zubair, discharge his debt," and He discharged it. Zubair was martyred. He left no money, but he left certain lands, one of them in Al-Ghabah, eleven houses in Al-Madinah, two in Basrah, one in Kufah and one in Egypt. The cause of his indebtedness was that a person would come to him asking him to keep some money of his in trust for him. Zubair would refuse to accept it as a trust, fearing it might be lost, but would take it as a loan. He never accepted a governorship, or revenue office, or any public office. He fought along with Messenger of Allah ﷺ and Abu Bakr, 'Umar and 'Uthman (May Allah be pleased with them).

'Abdullah added: I prepared a statement of his debts and they amounted to two million and two hundred thousand! Hakim bin Hizam met me and asked me: "Nephew, how much is due from my brother as debt?" I kept it as secret and said: "A hundred thousand." Hakim said: "By Allah! I do not think your assets are sufficient for the payment of these debts." I said: "What would you think if the amount were two million and two hundred thousand?" He said: "I do not think that you would be able to clear off the debts. If you find it difficult let me know."

Az-Zubair ؓ had purchased the land in Al-Ghabah for a hundred and seventy thousand. 'Abdullah sold it for a million and six hundred thousand, and declared that whosoever had a claim against Az-Zubair ؓ should see him in Al-Ghabah. 'Abdullah bin Ja'far ؓ came to him and said: "Az-Zubair ؓ owed me four hundred thousand, but I would remit the debt if you wish." 'Abdullah ؓ said: "No." Ibn Ja'far said: "If you would desire for postponement I would postpone the recovery of it." 'Abdullah said: "No."

Ibn Ja'far then said: "In that case, measure out a plot for me." 'Abdullah marked out a plot. Thus he sold the land and discharged his father's debt. There remained out of the land four and a half shares. He then visited Mu'awiyah who had with him at the time 'Amr bin 'Uthman, Al-Mundhir bin Az-Zubair and Ibn Zam'ah (May Allah be pleased with them). Mu'awiyah ؓ said: "What price did you put on the land in Al-Ghabah?" He said: "One hundred thousand for a each share. Mu'awiyah inquired: "How much of it is left?" 'Abdullah said: "Four and a half shares." Al-Mundhir bin Az-Zubair said: "I will buy one share for a hundred thousand". 'Amr bin 'Uthman said: "I will buy one share for a hundred thousand". Ibn Zam'ah said: "I will buy one share for a hundred thousand." Then Mu'awiyah asked: "How much of it is now left?" 'Abdullah said: "One and a half share. Mu'awiyah said: "I will take it for one hundred and fifty thousand." Later 'Abdullah bin Ja'far sold his share to Mu'awiyah for six hundred thousand.

When 'Abdullah bin Az-Zubair ؓ finished the debts, the heirs of Az-Zubair ؓ asked him to distribute the inheritance among them. He said: "I will not do that until I announce during four successive Hajj seasons: 'Let he who has a claim against Az-Zubair come forward and we shall discharge it.'" He made this declaration on four Hajj seasons and then distributed the inheritance among the heirs of Az-Zubair ؓ according to his will. Az-Zubair ؓ had four wives. Each of them received a million and two hundred thousand. Thus Az-Zubair's total property was amounted to fifty million and two hundred thousand. [Al-Bukhari]

CHAPTER 26

Unlawfulness of Oppression and Restoring Others Rights [203-221 of 1896]

قَـالَ اللـه تَعَـالَى: ﴿مَـا لِلظَّالِمِينَ مِنْ حَمِيمٍ وَلا شَـفِيعٍ يُطَاعُ﴾ [غافـر (18)]. الحميم: القريب المشـفق. وَقـالَ تَعَـالَى: ﴿وَمَـا لِلظَّالِمِينَ مِـنْ نَصِـيرٍ﴾ [الحـج (71)].وأمّـا الأحاديـث فمنهـا: حديـث أبي ذر المتقـدم في آخـر بـاب المجاهـدة. والشـاهد منـه: قولـه تعالى: «يا عبـادي، إني حرَّمـتُ الظلـم عـلى نفسي، وجعلتـه بينكـم محرمًا فـلا تظالمـوا».

Allah, the Exalted, says:

"There will be no friend, nor an intercessor for the Zalimun (polytheists and the wrongdoers), who could be given heed to." (40:18)

"And for the Zalimun (wrongdoers, polytheists and disbelievers in the Oneness of Allah) there is no helper." (22:71)

[203] وعـن جابـر: أن رَسُـول اللـه قَـالَ: «اتَّقُـوا الظُّلْـمَ؛ فَـإنَّ الظُّلْـمَ ظُلُـمَاتٌ يَـوْمَ القِيَامَةِ. وَاتَّقُـوا الشُّـحَّ؛ فَـإنَّ الشُّـحَّ أهْلَـكَ مَـنْ كَانَ قَبْلَكُـمْ. حَمَلَهُـمْ عَـلَى أنْ سَـفَكُوا دِمَاءهُـمْ، وَاسْـتَحَلُّوا مَحَارِمَهُـمْ». رواه مسـلم. الشـحّ: البخـل مـع الحـرص عـلى طلـب المـال مـن غـير وجهـه المـأذون فيـه، كـما في الحديـث الآخـر: «إنَّ اللـه حـرَّم عليكم عقـوق الأمَّهـات، ووأد البنـات، ومنعًـا، وهـات».

203. Jabir bin 'Abdullah ﷺ reported: Messenger of Allah ﷺ said, "Beware of injustice, for oppression will be darkness on the Day of Resurrection; and beware of stinginess because it doomed those who were before you. It incited them to shed blood and treat the unlawful as lawful." [Muslim]

[204] وعـن أَبي هريـرة: أن رَسُـول اللـه قَـالَ: «لَتُـؤَدُّنَّ الحُقُـوقَ إِلَى أهْلِهَا يَـومَ القِيَامَةِ، حَتَّى

يُقَادَ للشَّاةِ الجَلْحَاءِ مِنَ الشَّاةِ القَرْنَاءِ». رواه مسلم. في هذا الحديث: دليل على أنَّ الشاة الجمّاء تقتص يوم القيامة من ذات القرن، وبعد القصاص تكون البهائم ترابًا، فيقول الكافر: يَا ليتني كنتُ ترابًا. وفيه: تنبيه على أنَّ المظلوم يقتص من ظالمه يوم القيامة، ويؤخذ له حقه.

204. Abu Hurairah ﷺ reported: Messenger of Allah ﷺ said, "On the Resurrection Day, the rights will be paid to those to whom they are due so much so that a hornless sheep will be retaliated for by punishing the horned sheep which broke its horns". [Muslim].

[206] وعن عائشة رضي الله عنها: أن رَسُول الله، قَالَ: «مَنْ ظَلَمَ قيدَ شِبْرٍ مِنَ الأرْضِ، طُوِّقَهُ مِنْ سبْعِ أرَضينَ». مُتَّفَقٌ عَلَيهِ. في هذا الحديث: تأكيد تحريم غصب الأرض، وأنَّ من أخذ شيئًا منها ظلمًا عُذِّب بحمله يوم القيامة في عنقه. وفي الحديث الآخر: «من أخذ من الأرض شيئًا بغير حقه، خُسف به يوم القيامة إلى سبع أَرَضين». وفيه: دليل على أنَّ الأرضين السبع طباق، كالسموات.

206. 'Aishah ﷺ reported: Messenger of Allah ﷺ said, "Whoever usurps unlawfully even a hand span of land a collar measuring seven times (this) land will be placed around his neck on the Day of Resurrection". [Al-Bukhari and Muslim].

[207] وعن أَبي موسى قَالَ: قَالَ رَسُول الله: «إنَّ الله لَيُمْلي لِلظَّالِم، فَإذَا أخَذَهُ لَمْ يُفْلِتْهُ»، ثُمَّ قَرَأَ: ﴿وكَذَلِكَ أَخْذُ رَبِّكَ إذَا أَخَذَ القُرَى وَهِيَ ظَالِمَةٌ إنَّ أَخْذَهُ أَليمٌ شَدِيدٌ﴾ [هود (102)] مُتَّفَقٌ عَلَيهِ. فيه: الوعيد الشديد للظالم، وإنْ أُمْهِل على ظلمه، ولم يُعاجل بالعقوبة، فإن الله تعالى (يمهل ولا يهمل). قال الله تعالى: ﴿وَأُمْلِي لَهُمْ إنَّ كَيْدِي مَتِينٌ﴾ [الأعراف (183)].

207. Abu Musa ﷺ reported: Messenger of Allah ﷺ said, "Verily, Allah gives respite to the oppressor. But when He seizes him, He does not let him escape." Then he ﷺ) recited, "Such is the Seizure of your Rubb when He seizes the (population of) towns while they are doing wrong. Verily, His Seizure is painful (and) severe". (11:102). [Al-Bukhari and Muslim].

[208] وعن معاذ قَالَ: بَعَثَنِي رَسُول الله فَقَالَ: «إنَّكَ تَأتِي قَوْماً مِنْ أهلِ الكِتَابِ فَادْعُهُمْ

إِلَى شَهَادَةِ أَنْ لا إِلَهَ إلا الله، وَأَنِّي رسول الله، فَإِنْ هُمْ أَطَاعُوا لِذَلِكَ، فَأَعْلِمْهُمْ أَنَّ اللهَ قَدِ افْتَرَضَ عَلَيْهِمْ خَمْسَ صَلَوَاتٍ فِي كُلِّ يَوْمٍ وَلَيْلَةٍ، فَإِنْ هُمْ أَطَاعُوا لِذَلِكَ، فَأَعْلِمْهُمْ أَنَّ اللهَ قَدِ افْتَرَضَ عَلَيْهِمْ صَدَقَةً تُؤْخَذُ مِنْ أَغْنِيَائِهِمْ فَتُرَدُّ عَلَى فُقَرَائِهِمْ، فَإِنْ هُمْ أَطَاعُوا لِذَلِكَ، فَإِيَّاكَ وَكَرَائِمَ أَمْوَالِهِمْ، وَاتَّقِ دَعْوَةَ المَظْلُومِ؛ فَإِنَّهُ لَيْسَ بَيْنَهَا وَبَيْنَ اللهِ حِجَابٌ». مُتَّفَقٌ عَلَيهِ. في هذا الحديث: التنبيه على المنع من الظلم. وفيه: إشارة إلى أن أخذ كرائم الأموال ظلم، إلا إنْ رضي صاحبها. وفيه: أنَّ دعوة المظلوم مقبولة، كما في الحديث الآخر: «دعوة المظلوم مستجابة وإن كان فاجرًا ففجوره على نفسه».

208. Mu'adh ﷺ reported that Messenger of Allah ﷺ sent me (as a governor of Yemen) and instructed me thus: "You will go to the people of the Book. First call them to testify that 'there is no true god except Allah, that I am (Muhammad ﷺ) the Messenger of Allah.' If they obey you, tell them that Allah has enjoined upon them five Salat (prayers) during the day and night; and if they obey you, inform them that Allah has made Zakat obligatory upon them; that it should be collected from their rich and distributed among their poor; and if they obey you refrain from picking up (as a share of Zakat) the best of their wealth. Beware of the supplication of the oppressed, for there is no barrier between it and Allah". [Al-Bukhari and Muslim].

[209] وعن أبي حُمَيدٍ عبد الرحمن بن سعد السَّاعِدِي قَالَ: اسْتَعْمَلَ النَّبيُّ رَجُلاً مِنَ الأزْدِ يُقَالُ لَهُ: ابْنُ اللُّتْبِيَّةِ عَلَى الصَّدَقَةِ، فَلَمَّا قَدِمَ، قَالَ: هَذَا لَكُمْ، وَهَذَا أُهْدِيَ إِلَيَّ، فَقَامَ رسول الله عَلَى المِنْبَرِ فَحَمِدَ الله وَأَثْنَى عَلَيهِ، ثُمَّ قَالَ: «أمَّا بَعدُ، فَإِنِّي أَسْتَعْمِلُ الرَّجُلَ مِنْكُمْ عَلَى العَمَلِ مِمَّا وَلانِي اللهُ، فَيَأتِي فَيَقُولُ: هَذَا لَكُمْ وَهَذا هَدِيَّةٌ أُهْدِيتْ إِلَيَّ، أفَلا جَلَسَ في بيت أبِيهِ أَوْ أُمِّهِ حَتَّى تَأتِيَهُ هَدِيَّتُهُ إنْ كَانَ صَادِقاً، والله لا يَأخُذُ أحَدٌ مِنْكُمْ شَيئاً بِغَيرِ حَقِّهِ إلا لَقِيَ اللهَ تَعَالَى، يَحْمِلُهُ يَوْمَ القِيَامَةِ، فَلا أعْرِفَنَّ أحَداً مِنْكُمْ لَقِيَ اللهَ يَحْمِلُ بَعيراً لَهُ رُغَاءٌ، أَوْ بَقَرَةً لَهَا خُوَارٌ، أَوْ شَاةً تَيْعَرُ». ثُمَّ رفع يديهِ حَتَّى رُؤِيَ عُفْرَةُ إبْطَيْهِ، فَقَالَ: «اللَّهُمَّ هَلْ بَلَّغْتُ» ثلاثاً مُتَّفَقٌ عَلَيهِ. في هذا الحديث: دليل على أنَّ هدية العمال راجعة إلى بيت المال، وأنَّ ما أخذه بغير حقه يجيء به يحمله يوم القيامة تعذيبًا له وزيادة في فضيحته. قال الله تعالى: ﴿وَمَن يَغْلُلْ يَأْتِ بِمَا غَلَّ يَوْمَ الْقِيَامَةِ﴾ [آل عمران (161)].

209. Abu Humaid bin Sa'd As-Sa'idi ﷺ reported: The Prophet ﷺ employed a man from the tribe of Al-Azd named Ibn Lutbiyyah as collector of Zakat. When the employee returned (with the col-

lections) he said: "(O Prophet ﷺ!) This is for you and this is mine because it was presented to me as gift." Messenger of Allah ﷺ rose to the pulpit and praised Allah and extolled Him. Then he said, "I employ a man to do a job and he comes and says: 'This is for you and this has been presented to me as gift'? Why did he not remain in the house of his father or the house of his mother and see whether gifts will be given to him or not? By Allah in Whose Hand is the life of Muhammad, if any one of you took anything wrongfully, he will bring it on the Day of Resurrection, carrying it on (his back), I will not recognize anyone of you, on the Day of Resurrection with a grunting camel, or a bellowing cow, or a bleating ewe." Then he raised his hands till we could see the whiteness of his armpits. Then he said thrice, "O Allah ! have I conveyed (Your Commandments)". [Al-Bukhari and Muslim].

[210] وعن أَبِي هريرة عن النَّبيّ قَالَ: «مَنْ كَانَتْ عِنْدَهُ مَظْلَمَةٌ لأَخِيه، مِنْ عِرضِهِ أَوْ مِنْ شَيْءٍ، فَلْيَتَحَلَّلْهُ مِنْهُ اليَوْمَ قبْلَ أنْ لا يَكُونَ دِينَار وَلا دِرْهَمٌ؛ إنْ كَانَ لَهُ عَمَلٌ صَالحٌ أُخِذَ مِنْهُ بِقَدْرِ مَظْلَمَتِهِ، وَإنْ لَمْ يَكُنْ لَهُ حَسَنَاتٌ أُخِذَ مِنْ سَيِّئَاتِ صَاحِبِهِ فَحُمِلَ عَلَيهِ». رواه البخاري. في هذا الحديث: الأمر بالاستحلال، ورد المظالم في الدنيا، وإلا أخذ المظلوم لحقه وافيًا في الآخرة.

210. Abu Hurairah ﷺ reported: The Prophet ﷺ said, "He who has done a wrong affecting his brother's honour or anything else, let him ask his forgiveness today before the time (i.e., the Day of Resurrection) when he will have neither a dinar nor a dirham. If he has done some good deeds, a portion equal to his wrong doings will be subtracted from them; but if he has no good deeds, he will be burdened with the evil deeds of the one he had wronged in the same proportion". [Al-Bukhari].

[211] وعن عبد الله بن عمرو بن العاص رضي الله عنهما عن النَّبيّ قَالَ: «المُسْلِمُ منْ سَلِمَ المُسْلِمُونَ مِنْ لِسَانِهِ وَيَدِهِ، وَالمُهَاجِرُ مَنْ هَجَرَ مَا نَهَى اللهُ عَنْهُ». مُتَّفَقٌ عَلَيهِ. في هذا الحديث: دليل على أن من كف لسانه ويده عن المسلمين أنه كامل الإسلام، ومن هجر ما نهى الله عنه فهو المهاجر حقًا، فاشتمل هذا الحديث على جوامع من معاني الكلم والحكم.

211. 'Abdullah bin 'Amr bin Al-'as (May Allah be pleased with them) reported: The Prophet ﷺ said, "A Muslim is the one from whose tongue and hands the Muslims are safe; and a Muhajir (Emigrant) is the one who refrains from what Allah has forbidden". [Al-Bukhari and Muslim].

[212] وعنه قَالَ: كَانَ عَلَى ثَقَلِ النَّبِيِّ رَجُلٌ يُقَالُ لَهُ كِرْكِرَةُ، فَمَاتَ، فَقَالَ رَسُولُ اللهِ: «هُوَ فِي النَّارِ» فَذَهَبُوا يَنْظُرُونَ إِلَيْهِ، فَوَجَدُوا عَبَاءَةً قَدْ غَلَّهَا. رواه البخاري. في هذا الحديث: تحريم الغلول قليله وكثيره، وهو من الكبائر بالإجماع.

212. 'Abdullah bin 'Amr bin Al-'as (May Allah be pleased with them) reported: A man named Kirkirah, who was in charge of the personal effects of Messenger of Allah ﷺ passed away and the Prophet ﷺ said, "He is in the (Hell) Fire." Some people went to his house looking for its cause and found there a cloak that he had stolen. [Al-Bukhari]

[213] وعن أَبِي بَكْرَةَ نُفَيْعِ بنِ الحارثِ عن النَّبِيِّ قَالَ: «إِنَّ الزَّمَانَ قَدِ اسْتَدَارَ كَهَيْئَتِهِ يَوْمَ خَلَقَ اللهُ السَّمَاوَاتِ وَالأرْضَ: السَّنَةُ اثْنَا عَشَرَ شَهْراً مِنْهَا أَرْبَعَةٌ حُرُمٌ: ثَلَاثٌ مُتَوَالِيَاتٌ: ذُو القَعْدَةِ، وذُو الحِجَّةِ، والمُحَرَّمُ، وَرَجَبُ مُضَرَ الَّذِي بَيْنَ جُمَادَى وَشَعْبَانَ، أَيُّ شَهْرٍ هَذَا ؟» قُلْنَا: اللهُ وَرَسُولُهُ أَعْلَمُ، فَسَكَتَ حَتَّى ظَنَنَّا أَنَّهُ سَيُسَمِّيهِ بِغَيْرِ اسْمِهِ، قَالَ: «أَلَيْسَ ذَا الحِجَّةِ ؟» قُلْنَا: بَلَى. قَالَ: «فَأَيُّ بَلَدٍ هَذَا ؟» قُلْنَا: اللهُ وَرَسُولُهُ أَعْلَمُ، فَسَكَتَ حَتَّى ظَنَنَّا أَنَّهُ سَيُسَمِّيهِ بِغَيْرِ اسْمِهِ. قَالَ: «أَلَيْسَ البَلْدَةَ ؟» قُلْنَا: بَلَى. قَالَ: «فَأَيُّ يَوْمٍ هَذَا؟» قُلْنَا: اللهُ وَرَسُولُهُ أَعْلَمُ، فَسَكَتَ حَتَّى ظَنَنَّا أَنَّهُ سَيُسَمِّيهِ بِغَيْرِ اسْمِهِ. قَالَ: «أَلَيْسَ يَوْمَ النَّحْرِ؟» قُلْنَا: بَلَى. قَالَ: «فَإِنَّ دِمَاءَكُمْ وَأَمْوَالَكُمْ وَأَعْرَاضَكُمْ عليكم حَرَامٌ، كَحُرْمَةِ يَوْمِكُمْ هَذَا فِي بَلَدِكُمْ هَذَا فِي شَهْرِكُمْ هَذَا، وَسَتَلْقَوْنَ رَبَّكُمْ فَيَسْأَلُكُمْ عَنْ أَعْمَالِكُمْ، أَلَا فَلَا تَرْجِعُوا بَعْدِي كُفَّاراً يَضْرِبُ بَعْضُكُمْ رِقَابَ بَعْضٍ، أَلَا لَيُبَلِّغِ الشَّاهِدُ الغَائِبَ، فَلَعَلَّ بَعْضَ مَنْ يَبْلُغُهُ أَنْ يَكُونَ أَوْعَى لَهُ مِنْ بَعْضِ مَنْ سَمِعَهُ»، ثُمَّ قَالَ: «أَلَا هَلْ بَلَّغْتُ، أَلَا هَلْ بَلَّغْتُ ؟» قُلْنَا: نَعَمْ. قَالَ: «اللَّهُمَّ اشْهَدْ». مُتَّفَقٌ عَلَيْهِ. المراد بالزمان: السنة وفيه: إشارة إلى بطلان النسيء؛ لأن أهل الجاهلية إذا احتاجوا إلى الحرب في المحرم استحلوه، وجعلوا المحرم صفر، وأحلوا رجب وجعلوا المحرم شعبان، وبنوا عليه حساب حجهم. وفي الحديث: تأكيد تحريم دماء المسلمين، وأموالهم، وأعراضهم. وفيه: الأمر بتبليغ العلم ونشره.

213. Abu Bakrah ﷺ reported: The Prophet ﷺ said, "Time has completed its cycle and has come to the state of the day when Al-

lah created the heavens and the earth. The year consists of twelve months of which four are inviolable; three of them consecutive - Dhul-Qa'dah, Dhul-Hijjah and Muharram and Rajab, the month of Mudar (tribe), which comes between Jumada and Sha'ban. What month is this?" We said, "Allah and His Messenger ﷺ know better". The Prophet ﷺ remained silent for some time until we thought that he would give it a name other than its real name. Then asked, "Is it not (the month of) Dhul-Hijjah?". We replied in the affirmative. He asked, "Which city is this?". We replied: "Allah and His Messenger know better". He remained silent until we thought that he would give it another name. He ﷺ asked, "Is it not Al-Baldah (Makkah)?" We said: "Yes". He ﷺ asked, "What day is this?". We said: "Allah and His Messenger know better." He ﷺ remained silent until we thought that he would give it another name. He asked, "Is it not the day of An-Nahr (the sacrifice)?". We replied in the affirmative. Thereupon he said, "Your blood, your property and your honour are inviolable to you all like the inviolablity of this day of yours, in this city of yours and in this month of yours. You will soon meet your Rubb and He will ask you about your deeds. So do not turn to disbelief after me by striking the necks of one another. Behold! Let him who is present here convey (this message) to him who is absent; for many a person to whom a message is conveyed has more retentive memory than the one who hears it." He ﷺ again said, "Have I conveyed the message to you? Behold! Have I conveyed the Commandments (of Allah) to you." We submitted: "Yes". He then said, "O Allah, bear witness (to this)". [Al-Bukhari and Muslim].

[214] وعن أَبي أمامة إياس بن ثعلبة الحارثي: أنَّ رَسُول الله قَالَ: «مَن اقْتَطَعَ حَقَّ امْرِئ مُسْلِم بيَمينه، فَقَدْ أوْجَبَ اللهُ لَهُ النَّارَ، وَحَرَّمَ عَلَيهِ الجَنَّةَ» فَقَالَ رَجُلٌ: وإنْ كَانَ شَيْئاً يَسيراً يَا رَسُول الله ؟ فَقَالَ: «وإنْ كَانَ قَضيباً مِنْ أرَاك». رواه مسلم. في هذا الحديث: وعيد شديد على من حلف بيمين كاذبة ليقطع بها حق مسلم.

214. Abu Umamah ؓ reported: Messenger of Allah ﷺ said, "Allah decrees the (Hell) Fire and debars Jannah for the one who usurps

the rights of a believer by taking a false oath." One man asked: "O Messenger of Allah! Even if it should be for an insignificant thing?" He said, "Even if it be a stick of the Arak tree (i.e., the tree from which Miswak sticks are taken)". [Muslim].

[215] وعن عَدِيِّ بنِ عَمِيْرَةَ قَالَ: سمعت رَسُول الله يقول: «مَنِ اسْتَعْمَلْنَاهُ مِنْكُمْ عَلَى عَمَلٍ، فَكَتَمَنَا مِخْيَطاً فَمَا فَوْقَهُ، كَانَ غُلُولاً يَأْتِي به يَومَ القِيَامَةِ» فَقَامَ إليه رَجُلٌ أَسْوَدُ مِنَ الأَنْصَارِ، كَأَنِّي أَنْظُرُ إِلَيْهِ، فَقَالَ: يَا رَسُول الله، اقْبَلْ عَنِّي عَمَلَكَ، قَالَ: «وَمَا لَكَ ؟» قَالَ: سَمِعْتكَ تَقُولُ كَذَا وكَذَا، قَالَ: «وَأَنَا أَقُولُه الآنَ: مَنِ اسْتَعْمَلْنَاهُ عَلَى عَمَلٍ فَلْيَجِئْ بقليله وَكَثيره، فَمَا أُوتِيَ مِنْهُ أَخَذَ، وَمَا نُهِيَ عَنْهُ انْتَهَى». رواه مسلم. في هذا الحديث: وعيد شديد، وزجر أكيد في الخيانة من العامل، وأنه من الكبائر.

215. 'Adi bin 'Umairah ﷺ reported: Messenger of Allah ﷺ said, "Whosoever among you is appointed by us to a position and he conceals from us even a needle or less, it will amount to misappropriation and he will be called upon to restore it on the Day of Resurrection". ('Adi bin 'Umairah added:) A black man from the Ansar stood up - I can see him still - and said: "O Messenger of Allah, take back from me your assignment." He (the Prophet ﷺ) said, "What has happened to you?" The man replied: "I have heard you saying such and such." He ﷺ said, "I say that even now: Whosoever from you is appointed by us to a position, he should render an account of everything, big or small, and whatever he is given therefrom, he should take and he should desist from taking what is unlawful". [Muslim].

[216] وعن عمر بن الخطاب قَالَ: لَمَّا كَانَ يَوْمُ خَيبَر أَقْبَلَ نَفَرٌ مِنْ أَصْحَابِ النَّبيِّ، فقَالُوا: فُلَانٌ شَهِيدٌ، وفُلانٌ شَهِيدٌ، حَتَّى مَرُّوا عَلَى رَجُلٍ، فقالوا: فُلانٌ شَهِيدٌ. فَقَالَ النَّبيُّ: «كَلا، إنِّي رَأَيْتُهُ فِي النَّارِ فِي بُرْدَةٍ غَلَّهَا - أَوْ عَبَاءة -». رواه مسلم. في هذا الحديث: تأكيد تحريم الغلول، وأنه من الكبائر.

216. 'Umar bin Al-Khattab ﷺ reported: On the day (of the battle) of Khaibar, some Companions of the Prophet ﷺ came and remarked: "So-and-so is a martyr and so-and-so is a martyr". When they came to a man about whom they said: "So-and-so is a martyr,"

the Prophet ﷺ declared, "No. I have seen him in Hell for a mantle (or cloak) which he has stolen". [Muslim].

[217] وعـن أَبي قتـادة الحـارث بـن ربعـي عـن رَسُـول اللـه: أَنَّـهُ قَـامَ فيهـم، فَذَكَرَ لَهُـمْ أنَّ الجِهَـادَ في سـبيلِ اللـه، وَالإِيمَـانَ باللـه أفْضَـلُ الأعْـمَالِ، فَقَـامَ رَجُـلٌ، فقَـالَ: يَـا رَسُـولَ اللـه، أرَأيْـتَ إنْ قُتِلْـتُ في سـبيلِ اللـه، تُكَفِّـرُ عَنّـي خَطَايَـايَ ؟ فَقَـالَ لَـهُ رَسُـول اللـه: «نَعَـمْ، إنْ قُتِلْـتَ في سـبيلِ اللـهِ، وَأنْـتَ صَابرٌ مُحْتَسِـبٌ، مُقْبِـلٌ غيرُ مُدْبر» ثُمَّ قَالَ رَسُـول اللـه: «كَيْفَ قُلْـتَ ؟» قَـالَ: أرَأيْـتَ إنْ قُتِلْـتُ في سـبيلِ اللـه، أتُكَفِّـرُ عَنّـي خَطَايَـايَ ؟ فَقَـالَ رَسُـول اللـه: «نَعـمْ، وَأنْـتَ صَابـرٌ مُحْتَسِـبٌ، مُقْبِـلٌ غَيرُ مُدْبِـرٍ، إلا الدَّيْنَ؛ فإنَّ جِبريلَ قَـالَ لي ذلِكَ». رواه مسـلم. في هـذا الحديـث: تعظيـم شـأن الدَّيْـنِ. وفيـه: تنبيـه عـلى أن الجهـاد والشـهادة لا تكفـر حقـوق الآدميين.

217. Abu Qatadah Al-Harith bin Rib'i ؓ reported: Messenger of Allah ﷺ said, "Faith in Allah and striving in His Cause (Jihad) are the deeds of highest merit." A man stood up said: "O Messenger of Allah! Tell me if I am killed in the Cause of Allah, will all my sins be forgiven?" He ﷺ replied, "Yes, if you are killed in the Cause of Allah while you are patient, hopeful of your reward and marching forward not retreating." Then the Prophet ﷺ said to him, "Repeat what you have said." The man said: "Tell me if I am killed in the Cause of Allah, will all my sins be remitted?". He replied, "Yes, if you are martyred while you are patient, hopeful of your reward and march forward without retreating, unless, if you owe any debt, that will not be remitted. Angel Jibril told me that". [Muslim].

[218] وعـن أبي هُريـرةَ: أنَّ رسـولَ اللـه قَـالَ: «أتـدرونَ مَـنِ المُفْلِـسُ ؟» قالـوا: المفْلـسُ فِينَـا مَـنْ لا دِرهَـمَ لَـهُ ولا مَتَـاع، فَقَـالَ: «إنَّ المُفْلسَ مِنْ أُمَّتي مَـنْ يأتي يَومَ القيامَـةِ بصلاةٍ وصيامٍ وزَكاةٍ، ويـأتي قَـدْ شَـتَمَ هَـذَا، وقَـذَفَ هَـذَا، وَأَكَلَ مـالَ هَـذَا، وسَـفَكَ دَمَ هَـذَا، وَضَرَبَ هَـذَا، فيُعْطَـى هَـذَا مِـنْ حَسَـنَاتِهِ، وهَذَا مِنْ حَسـناتهِ، فإنْ فَنِيَتْ حَسَـناتُه قَبْل أنْ يُقـضى مَا عَلَيهِ، أُخِـذَ مِـنْ خَطَاياهُـم فَطُرِحَـتْ عَلَيـهِ، ثُـمَّ طُـرِحَ في النَّارِ». رواه مسـلم. في هـذا الحديث: أن المفلـس حقيقـة مـن أخذ غرمـاؤه أعمالـه الصالحة.

218. Abu Hurairah ؓ reported: Messenger of Allah ﷺ said, "Do you know who is the bankrupt?" They said: "The bankrupt among

us is one who has neither money with him nor any property". He said, "The real bankrupt of my Ummah would be he who would come on the Day of Resurrection with Salat, Saum and Sadaqah (charity), (but he will find himself bankrupt on that day as he will have exhausted the good deeds) because he reviled others, brought calumny against others, unlawfully devoured the wealth of others, shed the blood of others and beat others; so his good deeds would be credited to the account of those (who suffered at his hand). If his good deeds fall short to clear the account, their sins would be entered in his account and he would be thrown in the (Hell) Fire". [Muslim].

[219] وعن أم سلمة رضي الله عنها: أنَّ رَسُول الله قَالَ: «إنَّمَا أنا بَشَرٌ، وَإنَّكُمْ تَخْتَصِمُونَ إلَيَّ، وَلَعَلَّ بَعْضَكُمْ أنْ يَكُونَ ألْحَنَ بِحُجَّتِهِ مِنْ بَعْضٍ، فأَقْضِيَ لَهُ بِنَحْوِ مَا أسْمعُ، فَمَنْ قَضَيتُ لَهُ بِحَقِّ أخِيهِ فَإنَّمَا أقطَعُ لَهُ قِطعةً مِنَ النَّارِ». مُتَّفَقٌ عَلَيهِ.«ألْحَن» أي: أعلم. في هذا الحديث: بيان أن النبي لا يعلم من الغيب إلا ما علَّمَهُ الله، وأنه يقضي بين الخصوم بما ظهر له من الحجة. وفيه: أنَّ حكم الحاكم لا يحل حرامًا في نفس الأمر، وقد قال الله تعالى: ﴿وَلا تَأْكُلُواْ أَمْوَالَكُم بَيْنَكُم بِالْبَاطِلِ وَتُدْلُواْ بِهَا إِلَى الْحُكَّامِ لِتَأْكُلُواْ فَرِيقاً مِّنْ أَمْوَالِ النَّاسِ بِالإِثْمِ وَأَنتُمْ تَعْلَمُونَ﴾ [البقرة (188)].

219. Umm Salamah ﷺ reported: Messenger of Allah ﷺ said, "Verily, I am only a human and the claimants bring to me (their disputes); perhaps some of them are more eloquent than others. I judge according to what I hear from them). So, he whom I, by my judgment, (give the undue share) out of the right of a Muslim, I in fact give him a portion of (Hell) Fire". [Al-Bukhari and Muslim].

[220] وعن ابن عمر رضي الله عنهما قَالَ: قَالَ رَسُول الله: «لَنْ يَزَالَ المُؤْمِنُ في فُسْحَةٍ مِنْ دِينِهِ مَا لَمْ يُصِبْ دَماً حَرَاماً». رواه البخاري. الفسحة: السَّعَة. أي: لا يزال في رجاء رحمة من الله على ما ارتكبه من الذنوب، فإذا أصاب الدم الحرام ضاقت عليه المسالك. ورُوي عن أبي هريرة مرفوعًا: «مَن أعانَ على من قتل مؤمن ولو بشطر كلمة لقي الله مكتوبًا بين عينيه آيس من رحمة الله».

220. Ibn 'Umar (May Allah be pleased with them) reported: Messenger of Allah ﷺ said, "A believer continues to guard his Faith

(and thus hopes for Allah's Mercy) so long as he does not shed blood unjustly". [Al-Bukhari].

Ibn Al-Arabi interpretted this Hadith as follows:

A Muslim will still have ample chance for accomplishing good deeds to face evil deeds until he sheds blood. Or, he has the chance of forgiveness until he sheds blood. (M.R.M.)

[221] وعـن خولـة بنـتِ عامـر الأنصاريـة وهـي امرأة حمـزة وعنها، قَالَتْ: سـمعت رَسُـول اللـه يقـول: «إنَّ رِجَـالاً يَتَخَوَّضُـونَ في مَـالِ اللـه بغَـيرِ حَـقٍّ، فَلَهُـمُ النَّـارُ يَـومَ القِيَامَـةِ». رواه البخـاري. التخـوض: التـصرف بالباطـل. ففيـه: أنَّ التـصرف في بيـت المـال لا يجـوز بمجـرد التشـهي. وفي روايـة الترمـذي مـن حديـث خولـة بنـت قيس بـن قَهْـد: «إنَّ هذا المـال حلوة خـضرة، مَـنْ أصابـه بحقـه بُـوْرِكَ لـه فيـه، ورُبَّ مُتخـوضٍ فيـما شـاءت نفسـه من مـال الله ورسـوله ليـس لـه يـوم القيامـة إلا النار».

221. Khaulah bint 'Thamir ﷺ reported: Messenger of Allah ﷺ said, "Many people misappropriate (acquire wrongfully) Allah's Property (meaning Muslims' property). These people will be cast in Hell on the Day of Resurrection". [Al-Bukhari].

CHAPTER 27

Reverence towards the Sanctity of the Muslims [222-239 of 1896]

والشفقة عليهم ورحمتهم قَالَ اللہ تَعَالَى: ﴿وَمَنْ يُعَظِّمْ حُرُمَاتِ اللهِ فَهُوَ خَيْرٌ لَهُ عِنْدَ رَبِّهِ﴾ [الحج (30)]. تعظيم حرمات الله، ترك ما نهى الله عنه. وَقالَ تَعَالَى: ﴿وَمَنْ يُعَظِّمْ شَعَائِرَ اللهِ فَإِنَّهَا مِنْ تَقْوَى الْقُلُوبِ﴾ [الحج (32)]. شعائر الله: الهدايا، وفرائض الحج ومواضع نسكه، والآيةُ عامَّة في جميع شعائر الدين. وَقالَ تَعَالَى: ﴿وَاخْفِضْ جَنَاحَكَ لِلْمُؤْمِنِينَ﴾ [الحجر (88)]. أي: أَلِنْ جَانِبك، وتواضع لهم وارفق بهم. وَقالَ تَعَالَى: ﴿مَنْ قَتَلَ نَفْساً بِغَيْرِ نَفْسٍ أَوْ فَسَادٍ فِي الأَرْضِ فَكَأَنَّمَا قَتَلَ النَّاسَ جَمِيعاً وَمَنْ أَحْيَاهَا فَكَأَنَّمَا أَحْيَا النَّاسَ جَمِيعاً﴾ [المائدة (32)]. قوله: ﴿بِغَيْرِ نَفْسٍ﴾، أي: توجب القصاص. ﴿أَوْ فَسَادٍ فِي الأَرْضِ﴾، كالشرك، وقطع الطرق. وثبت بالسُّنَّة رجم الزاني المحصن، وقتل تارك الصلاة ﴿وَمَنْ أَحْيَاهَا﴾، أي: تسبب لبقاء حياتها بعفو، أو منع عن القتل، أو استنقاذ ﴿فَكَأَنَّمَا قَتَلَ النَّاسَ جَمِيعاً﴾. وفيه: تعظيم إثم قاتل النفس وتعظيم أجر من أحياها.

Allah, the Exalted, says:

"And whosoever honors the sacred things of Allah, then that is better for him with his Rubb". (22:30)

"And whosoever honors the Symbols of Allah, then it is truly from the piety of the heart". (22:32)

"And lower your wing for the believers (be courteous to the fellow believers)". (15:88)

"...if anyone killed a person not in retaliation of murder, or (and) to spread mischief in the land - it would be as if he killed all mankind, and if anyone saved a life, it would be as if he saved the life of all mankind". (5:32)

[222] وعن أَبي موسى قَالَ: قَالَ رَسُول الله: «المُؤْمِنُ للْمُؤْمِنِ كَالبُنْيَانِ يَشُدُّ بَعْضُهُ بَعْضَاً» وشَبَّكَ بَيْنَ أَصَابِعِهِ. مُتَّفَقٌ عَلَيهِ. في هذا الحديث: الحضّ على معاونة المؤمن ونصرته، قال الله تعالى: ﴿وَتَعَاوَنُواْ عَلَى الْبِرِّ وَالتَّقْوَى وَلا تَعَاوَنُواْ عَلَى الإِثْمِ وَالْعُدْوَانِ﴾ [المائدة (2)].

222. Abu Musa ﷺ reported: Messenger of Allah ﷺ said, "The relationship of the believer with another believer is like (the bricks of) a building, each strengthens the other." He ﷺ illustrated this by interlacing the fingers of both his hands. [Al-Bukhari and Muslim].

[223] وعنه قَالَ: قَالَ رَسُول الله: «مَنْ مَرَّ في شَيْءٍ مِنْ مَسَاجِدِنا، أَوْ أَسْوَاقِنَا، وَمَعَهُ نَبْلٌ فَلْيُمْسِكْ، أَوْ لِيَقْبِضْ عَلَى نِصَالِهَا بكَفّه؛ أنْ يُصِيبَ أحَداً مِنَ المُسْلِمِينَ مِنْهَا بِشَيْء». مُتَّفَقٌ عَلَيهِ. في هذا الحديث: الأمر بالقبض على نصال النبل، ومثله جفر السيف والسكين والحربة، ونحو ذلك. وأخذ الرصاصة من البندق والفرد مخافة أنْ يصيب أحدًا.

223. Abu Musa ﷺ reported: Messenger of Allah ﷺ said, "Whoever enters our mosque or passes through our market with arrows with him, he should hold them by their heads lest it should injure any of the Muslims". [Al-Bukhari and Muslim].

[224] وعن النعمان بن بشير رضي الله عنهما قَالَ: قَالَ رَسُول الله: «مَثَلُ المُؤْمِنينَ في تَوَادِّهِمْ وتَرَاحُمهمْ وَتَعَاطُفِهِمْ، مَثَلُ الجَسَدِ إِذَا اشْتَكَى مِنْهُ عُضْوٌ تَدَاعَى لَهُ سَائِرُ الجَسَدِ بِالسَّهَرِ والحُمَّى». مُتَّفَقٌ عَلَيهِ. في هذا الحديث: تعظيمُ حقوق المسلمين، والحض على تعاونهم وملاطفة بعضهم بعضًا.

224. Nu'man bin Bashir (May Allah be pleased with them) reported: Messenger of Allah ﷺ said, "The believers in their mutual kindness, compassion and sympathy are just like one body. When one of the limbs suffers, the whole body responds to it with wakefulness and fever". [Al-Bukhari and Muslim].

[225] وعن أَبي هريرة قَالَ: قَبَّلَ النَّبيُّ الحَسَنَ بْنَ عَليٍّ رضي الله عنهما، وَعِنْدَهُ الأَقْرَعُ بْنُ حَابِس، فَقَالَ الأقْرَعُ: إن لِي عَشرَةً مِنَ الوَلَدِ مَا قَبَّلْتُ مِنْهُمْ أحَداً. فَنَظَرَ إِلَيْهِ رَسُول الله فَقَالَ: «مَنْ لا يَرْحَمْ لا يُرْحَمْ !». مُتَّفَقٌ عَلَيهِ.

225. Abu Hurairah ﷺ reported: The Prophet ﷺ kissed his grandson Al-Hasan bin 'Ali (May Allah be pleased with them) in the presence of Al-Aqra' bin Habis. Thereupon he remarked: "I have ten children and I have never kissed any one of them." Messenger of Allah ﷺ looked at him and said, "He who does not show mercy to others will not be shown mercy". [Al-Bukhari and Muslim].

[226] وعـن عائشـة رضي الله عنهـا، قَالَـتْ: قَدِمَ نَاسٌ مِنَ الأَعْرَابِ عَلَى رسولِ اللهِ، فقالوا: أَتُقَبِّلُونَ صِبْيَانَكُمْ؟ فَقَالَ: «نَعَمْ» قالوا: لَكِنَّا واللهِ مَا نُقَبِّلُ! فَقَالَ رَسُولُ اللهِ: «أَوَ أَمْلِكُ إِنْ كَانَ اللهُ نَـزَعَ مِنْ قُلُوبِكُم الرَّحْمَةَ»!. مُتَّفَقٌ عَلَيهِ. في هـذا الحديث: الشفقة عـلى الأولاد، وتقبيلهم ورحمتهم.

226. 'Aishah ﷺ reported: Some Bedouins came to Messenger of Allah ﷺ and asked: "Do you kiss your children?" He said, "Yes". They then said: "By Allah, we do not kiss them." The Prophet ﷺ replied, "I cannot help you if Allah has snatched kindness from your hearts". [Al-Bukhari and Muslim].

[227] وعـن جريـر بـن عبـد الله قَالَ: قَالَ رَسُول الله: «مَنْ لا يَرْحَم النَّـاسَ لا يَرْحَمْهُ الله». مُتَّفَقٌ عَلَيهِ. خصَّ الناس بالرحمة، اهتمامًا بهم وإلا فالرحمة مطلوبة لسائر الحيوانات قـال: «الراحمـون يرحمهـم الرحمـن، ارحموا مـن في الأرض يرحمكم مـن في السـماء».

227. Jarir bin 'Abdullah ﷺ reported: Messenger of Allah ﷺ said, "He who is not merciful to people Allah will not be merciful to him." [Al-Bukhari and Muslim].

[228] وعن أبي هريـرة: أنَّ رَسُولَ اللهِ قَالَ: «إِذَا صَلَّى أَحَدُكُمْ للنَّاسِ فَلْيُخَفِّفْ، فَإِنَّ فيهم الضَّعيفَ والسَّقيمَ والكَبيرَ، وَإِذَا صَلَّى أَحَدُكُمْ لِنَفْسِهِ فَلْيُطَوِّلْ مَا شَاءَ». مُتَّفَقٌ عَلَيهِ. وفي رواية: «وذَا الْحَاجَـةِ». التخفيـف والتطويـل مـن الأمـور الإضافيـة يرجـع إلى فعـل النبي، فلا حجة فيه للنقارين.

228. Abu Hurairah ﷺ reported: Messenger of Allah ﷺ said, "When one of you leads the Salat, he should not prolong it because the congregation includes those who are feeble, ill or old". One version adds: "those who have to attend to work") While

offering prayers alone, you may pray as long as you like". [Al-Bukhari and Muslim].

[229] وعـن عائشـة رضي اللـه عنهـا، قَالَتْ: إنْ كَانَ رَسُـول اللـه لَيَدَعُ العَمَلَ، وَهُـوَ يُحبُّ أنْ يَعْمَلَ بِـهِ؛ خَشْـيَةَ أنْ يَعمَـلَ بِـهِ النَّاسُ فَيُفْرَضَ علَيْهِـمْ. مُتَّفَقٌ عَلَيهِ. في هـذا الحديث: كمال شـفقته عـلى أمتـه، كـما ترك الخـروج في الليلـة الرابعة من رمضـان حتى طلع الفجـر، وقال: «مـا منعنـي إلا خشـية أنْ تفرض عليكـم فتعْجَزوا عنها».

229. 'Aishah ﵂ reported: Messenger of Allah ﷺ would sometimes abstain from doing something he wished to do, lest others should follow him and it might become obligatory upon them. [Al-Bukhari and Muslim].

[230] وَعَنْهَـا رضي اللـه عنهـا قَالَـتْ: نَهَاهُـمُ النَّبـيُّ عـنِ الوِصَـال رَحمَـةً لَهُـمْ، فَقَالُـوا: إنَّـكَ تُوَاصِـلُ ؟ قَـالَ: «إنّي لَسْـتُ كَهَيْئَتِكُمْ، إنِّي أبيتُ يُطْعمُني رَبِّي وَيَسـقِيني». مُتَّفَـقٌ عَليهِ.مَعنَاهُ: يَجْعَـلُ فِيَّ قُـوَّةَ مَـنْ أَكَلَ وَشَرِبَ. في هـذا الحديـث: النهـي عـن الوصـال شـفقة بهـم. وفي الحديـث الآخـر: «فأيكـم أراد أن يواصـل فليواصـل إلى السَّـحَر».

230. 'Aishah ﵂ reported: The Prophet ﷺ prohibited his Companions out of mercy for them, from observing continuous fasting without a break. They said: "But you observe fast continuously". He replied, "I am not like you. I spend the night while my Rubb provides me with food and drink". [Al-Bukhari and Muslim].

(This means that Allah has bestowed upon him the power of endurance like that of a person who eats and drinks).

[231] وعـن أَبي قَتـادةَ الحـارثِ بـن رِبعِي قَالَ: قَالَ رَسُـول الله: «إنِّي لأَقُـومُ إلَى الصَّلاة، وَأُرِيدُ أنْ أُطَـوِّلَ فِيهَـا، فَأسْـمَع بُـكَاءَ الصَّبـيِّ فَأَتَجَـوَّزَ في صَـلاتي كَرَاهيـة أنْ أشُـقَّ عَـلَى أُمِّـهِ». رواه البخـاري. في هـذا الحديـث: شـفقته، ومرعاة أحـوال الكبير منهـم والصغير.

231. Abu Qatadah Al-Harith bin Rib'i ﵁ reported: Messenger of Allah ﷺ said, "I stand up to lead Salat with the intention of prolonging it. Then I hear the crying of an infant and I shorten the Salat lest I should make it burdensome for his mother". [Al-Bukhari].

[232] وعن جندب بن عبد الله قال: قَالَ رَسُول الله: «مَنْ صَلَّى صَلاةَ الصُّبْحِ فَهُوَ في ذِمَّةِ الله فَلا يَطْلُبَنَّكُمُ الله مِنْ ذِمَّته بشَيْءٍ، فَإنَّهُ مَنْ يَطْلُبْهُ منْ ذمَّته بشَيْءٍ يُدْرِكْهُ، ثُمَّ يَكُبُّهُ عَلَى وَجْهِهِ في نَارِ جَهَنَّمَ». رواه مسلم. ذمة الله: أمانه وعهده. وفي رواية: «من صلَّى صلاة الصبح في جماعة». وكأنها خُصَّت بذلك، لأنها أول النهار الذي هو وقت ابتداء انتشار الناس في حوائجهم. وفي الحديث: وعيد شديد لمن تعرض للمصلين بسوء.

232. Jundub bin Abdullah ؓ reported: Messenger of Allah ﷺ said, "When anyone offers the Fajr (dawn) prayer, in congregation, he is in the Protection of Allah. So let not Allah call him to account, withdrawing, in any respect, His Protection. Because, He will get hold of him and throw him down on his face in the Hell-fire." [Muslim]

[233] وعن ابن عمر رضي الله عنهما أنَّ رَسُول الله قَالَ: «المُسْلِمُ أَخُو المُسْلِم، لا يَظْلِمهُ، وَلا يُسْلِمُهُ. مَنْ كَانَ في حَاجَة أخيه، كَانَ اللهُ في حَاجَته، وَمَنْ فَرَّجَ عَنْ مُسْلِم كُرْبَةً، فَرَّجَ اللهُ عَنْهُ بها كُرْبَةً مِنْ كُرَبِ يَومِ القِيَامَةِ، وَمَنْ سَتَرَ مُسْلِماً سَتَرَهُ اللهُ يَومَ القِيامَةِ». مُتَّفَقٌ عَلَيهِ. في هذا الحديث: حضّ المسلمين على التعاون، وشفقة بعضهم على بعض، وترك ظلمهم، وقضاء حوائجهم، وتفريج كرباتهم، وستر عوراتهم وإدخال السرور عليهم. وفي بعض الآثار: (الخلق عيال الله وأحبّهم إلى الله أرفقهم لعياله).

233. Ibn 'Umar (May Allah be pleased with them) reported: Messenger of Allah ﷺ said, "A Muslim is a brother of another Muslim. So he should not oppress him nor should he hand him over to (his Satan or to his self which is inclined to evil). Whoever fulfills the needs of his brother, Allah will fulfill his needs; whoever removes the troubles of his brother, Allah will remove one of his troubles on the Day of Resurrection; and whoever covers up the fault of a Muslim, Allah will cover up his fault on the Day of Resurrection". [Al-Bukhari and Muslim].

[234] وعن أبي هريرة قَالَ: قَالَ رَسُول الله: «المُسْلِمُ أخُو المُسْلِمِ، لا يَخُونُهُ، وَلا يَكْذِبُهُ، وَلا يَخْذُلُهُ، كُلُّ المُسْلِمِ عَلَى المُسْلِم حَرَامٌ عِرْضُهُ وَمَالُهُ وَدَمُهُ، التَّقْوى ها هُنَا، بحَسْبِ امْرِئٍ مِنَ الشَّرِّ أنْ يَحْقِرَ أخَاهُ المُسْلِمَ». رواه الترمذي، وَقالَ: «حديث حسن». في هذا الحديث: تحريم دم المسلم وماله، وعرضه، وتحريم خُذْلانه وخيانته وحقرانه، وأن يحدِّثه كذبًا. وفيه: أن التقوى في القلب.

234. Abu Hurairah ﷺ reported: Messenger of Allah ﷺ said, "A Muslim is a brother to a Muslim. He should neither deceive him nor lie to him, nor leave him without assistance. Everything belonging to a Muslim is inviolable for a Muslim; his honour, his blood and property. Piety is here (and he pointed out to his chest thrice). It is enough for a Muslim to commit evil by despising his Muslim brother." [At-Tirmidhi].

[235] وعنه قَالَ: قَالَ رَسُول الله: «لا تَحَاسَدُوا، وَلا تَنَاجَشُوا، وَلا تَبَاغَضُوا، وَلا تَدَابَرُوا، وَلا يَبِعْ بَعْضُكُمْ عَلَى بَيْعِ بَعْض، وَكُونُوا عِبَادَ الله إخْوَاناً، المُسْلِمُ أخُو المُسْلم: لا يَظْلِمُهُ، وَلا يَحْقِرُهُ، وَلا يَخْذُلُهُ، التَّقْوَى هَا هُنَا - ويشير إِلَى صدره ثلاث مرات - بِحَسْبِ امْرِئٍ مِنَ الشَّرِّ أنْ يَحقِرَ أخَاهُ المُسْلِمَ، كُلُّ المُسْلم عَلَى المُسْلم حَرَامٌ، دَمُهُ وَمَالُهُ وعِرْضُهُ». رواه مسلم. «النَّجْشُ»: أنْ يزيدَ في ثَمَنِ سلْعَة يُنَادَى عَلَيْهَا في السُّوقِ وَنَحْوه، وَلا رَغْبَةَ لَهُ في شرَائهَا بَلْ يَقْصدُ أنْ يَغُرَّ غَيْرَهُ، وهَذَا حَرَامٌ.وَ«التَّدَابُرُ»: أنْ يُعْرِضَ عَنِ الإنْسَان ويَهْجُرَهُ وَيَجْعَلهُ كَالشَّيءِ الَّذِي وَرَاء الظَّهْر وَالدُّبُر. في هذا الحديث: تحريم الحسد وهو تمنّي زوال نعمة المحسود. والحسدُ اعتراض على الله تعالى في فعله. وفيه: تحريم النجش؛ لأنه غش وخداع. وفيه: النهي عن التباغض والتدابر، والنهي عن البيع على البيع، ومثله الشراء على الشراء، بغير إذنه في زمن الخيار؛ لأن ذلك من دواعي النفرة والتباغض. وفيه: أنَّ التقوى إنما تحصل بما يقع في القلب من خشية الله ومراقبته.

235. Abu Hurairah ﷺ reported: Messenger of Allah ﷺ said, "Do not envy one another; do not inflate prices by overbidding against one another; do not hate one another; do not harbour malice against one another; and do not enter into commercial transaction when others have entered into that (transaction); but be you, O slaves of Allah, as brothers. A Muslim is the brother of another Muslim; he neither oppresses him nor does he look down upon him, nor does he humiliate him. Piety is here, (and he pointed to his chest three times). It is enough evil for a Muslim to hold his brother Muslim in contempt. All things of a Muslim are inviolable for his brother-in-faith: his blood, his property and his honour". [Muslim].

[236] وعن أنس عن النَّبيّ قَالَ: «لا يُؤمِنُ أحَدُكُمْ حَتَّى يُحِبَّ لأخِيهِ مَا يُحِبُّ لنَفْسِهِ». مُتَّفَقٌ عَلَيهِ. في هذا الحديث: أنَّ الإيمان الكامل لا يحصل حتى يحب للمسلم من

الطاعـات والمباحـات مـا يحـب لنفسـه؛ لأنَّ المؤمنين كالجسـد الواحد. وفيـه: التحريضُ على التواضـع ومحاسـن الأخـلاق، ولا يحصـل ذلـك إلا بالمجاهـدة، لأنَّـه خـلاف الهوى.

236. Anas ﷺ reported: The Prophet ﷺ said, "No one of you shall become a true believer until he desires for his brother what he desires for himself". [Al-Bukhari and Muslim].

[237] وعنـه قَـالَ: قَـالَ رَسُـول اللـه: «انْـصُرْ أخَـاكَ ظَالمـاً أوْ مَظْلُومـاً» فَقَـالَ رجل: يَا رَسُـول اللـهِ، أنْـصُرُهُ إِذَا كَانَ مَظْلُومـاً، أَرَأَيْـتَ إنْ كَانَ ظَالِـماً كَيْفَ أنْـصُرُهُ ؟ قَالَ: «تحْجُـزُهُ - أَوْ تَمْنَعُهُ - مِـنَ الظُّلْـمِ فَـإِنَّ ذلِـكَ نَـصرُهُ». رواه البخاري. في هـذا الحديث: من وجيـز البلاغة، ومعناه: أنَّ الظـالم مظلـوم في نفسـه؛ لأنـه ظَلَمَ نفسـه بعدم ردعهـا عن الظلم، فوجـب نصره لذلك.

237. Anas ﷺ reported: Messenger of Allah ﷺ said, "Help your brother, whether he is an oppressor or is oppressed". A man enquired: "O Messenger of Allah! I help him when he is oppressed, but how can I help him when he is an oppressor?" He ﷺ said, "You can keep him from committing oppression. That will be your help to him". [Al-Bukhari and Muslim].

[238] وعـن أَبي هريـرة: أنَّ رَسُـول اللـه قَـالَ: «حَـقُّ المُسْلِم عَلَى المُسْـلِم خَمْسٌ: رَدُّ السَّـلامِ، وَعِيَـادَةُ المَريـض، وَاتِّبَـاعُ الجَنَائِـزِ، وَإجَابَـةُ الدَّعْـوَة، وتَشْـميتُ العَاطِـسِ». مُتَّفَـقٌ عَلَيـهِ. وفي روايـة لمسـلم: «حَـقُّ المُسْـلِم عَلَى المُسْـلِم سـتٌّ: إِذَا لَقيتَـهُ فَسَـلِّمْ عَلَيـهِ، وَإِذَا دَعَـاكَ فَأجبْهُ، وإِذَا اسْـتَنْصَحَكَ فَانْصَـحْ لَـهُ، وإِذَا عَطَـسَ فَحَمِـدَ الله فَشَـمِّتْهُ، وَإِذَا مَـرِضَ فَعُـدْهُ، وَإِذَا مَاتَ فَاتَّبِعْـهُ». في هـذا الحديـث: بيـان حق المسـلم على المسـلم، فمنهـا: واجب، ومنهـا: مندوب. ويختلـف ذلـك باختـلاف الأحوال والأشـخاص، واللـه أعلم.

238. Abu Hurairah ﷺ reported: Messenger of Allah ﷺ said, "A believer owes another believer five rights: responding to greetings, visiting him in illness, following his funeral, accepting his invitation, and saying 'Yarhamuk-Allah (May Allah have mercy on you),' when he says 'Al-hamdu lillah (Praise be to Allah)' after sneezing". [Al-Bukhari and Muslim].

Muslim's narration is, "There are six rights of a Muslim upon a Muslim: When you meet him, greet him; when he invites you, respond to him; when he seeks counsel, give him advice; when he sneezes and praises Allah, say to him: 'May Allah have mercy on you (Yarhamuk-Allah)'; when he is sick, visit him; and when he dies, follow his funeral".

[239] وعـن أَبي عُـمَارة الـبراءِ بـن عازب رضي الله عنهما، قَالَ: أمرنا رَسُـول الله بسـبع، ونهانا عـن سـبع: أَمَرَنَـا بعيَادَة المَرِيـض، وَاتِّبَاعِ الجَنَـازَةِ، وتَشْـمِيتِ العَاطسِ، وَإبْرار المُقْسِـم، ونَصْرِ المَظْلُـوم، وَإجَابَةِ الدَّاعِي، وَإفْشَـاءِ السَّـلامِ، ونَهَانَـا عَنْ خَواتِيمِ أَوْ تَخَتُّـمٍ بالذَّهَـبِ، وَعَنْ شُرْبٍ بالفِضَّـةِ، وَعَـن المَيَاثِـرِ الحُمْـرِ، وَعَـن القَسِّيِّ، وَعَـنْ لُبْـسِ الحَرِيرِ والإسْـتبْرَقِ وَالدِّيبَـاجِ. مُتَّفَقٌ عَلَيـهِ. وفي روايـة: وَإنْشَـادِ الضَّالَّةِ في السَّـبْعِ الأَوَل.«المَيَاثِرُ» بياء مثَنَّاة قبـل الألفِ، وثاء مُثَلَّثَة بعدهـا: وهـي جَمْـعُ ميـثَرَة، وهـي شيء يُتَّخَـذُ مِـنْ حريـر وَيُحْـشَى قطنـاً أَوْ غـيره، وَيُجْعَـلُ في الـسَّرْجِ وَكُـور البَعـير يجلـس عَلَيـهِ الراكـب. «القَسِّيُّ» بفتـح القـاف وكسر السـين المهملة المشـددة: وهـي ثياب تنسـج مِنْ حريـر وَكتَّانٍ مختلِطينِ. «وَإنْشَـادُ الضَّالَّـةِ»: تعريفها. قوله: أمرنـا بسـبع، أي: سـبع خصـال، وهـي مـن حقوق المسـلمين بعضهم على بعض. قولـه: ونهانا عـن سـبع، أي: سـبع خصـال. الأولى: المياثـر الحمـر، فـإن كانـت من حريـر فالنهـي للتحريم سـواء كانـت حمـرًا أو غـير حمـر، وإن كانـت مـن غـير، فالنهـي للتنزيـه. والقَـسِيّ: ثيـاب مخلوطـة بحريـر، فـإذا كان غـير الحرير هو الأغلب جـاز عند الجمهور. والإسـتبرق والديباج: صنفـان مـن الحريـر، وعطفهـما عليـه من عطـف الخاص عـلى العام، واللـه أعلم.

239. Al-Bara' bin 'Azib (May Allah be pleased with them) reported: The Prophet ﷺ commanded us to observe seven things and forbade us seven. He ordered us to visit the sick; to follow funeral processions; to respond to a sneezer with 'Yarhamuk-Allah (May Allah have mercy on you)' when he says 'Al-hamdu lillah (Praise be to Allah),' to help the oppressed and to help others to fulfill their oaths, to accept invitation and to promote greeting. He forbade us to wear gold rings, to drink in silver utensils, to use Mayathir (silk carpets placed on saddles), to wear Al-Qassiy (a kind of silk cloth) to wear fine silk brocade. [Al-Bukhari and Muslim].

CHAPTER 28

Covering Faults of the Muslims [240-243 of 1896]

والنهي عن إشاعتها لغير ضرورة قَالَ الله تَعَالَى: ﴿إِنَّ الَّذِينَ يُحِبُّونَ أَنْ تَشِيعَ الْفَاحِشَةُ فِي الَّذِينَ آمَنُوا لَهُمْ عَذَابٌ أَلِيمٌ فِي الدُّنْيَا وَالآخِرَةِ﴾ [النور (19)]. هذه الآية نزلت في الذين رموا عائشة بالإفك. وهي عامة في كل من رمى المحصنين والمحصنات. والعذاب الأليم: هو حد القذف في الدنيا، وفي الآخرة بالنار.

Allah, the Exalted, says:

"Verily, those who like that (the crime of) illegal sexual intercourse should be propagated among those who believe, they will have a painful torment in this world and in the Hereafter." (24:19)

[240] وعن أبي هريرة عن النَّبيّ قَالَ: «لا يَسْتُرُ عَبْدٌ عَبْداً في الدُّنْيَا إلا سَتَرَهُ اللهُ يَوْمَ القِيَامَةِ». رواه مسلم. في هذا الحديث: الحثُّ على ستر المسلم، خصوصًا من كان غير معروف بالشرّ.

240. Abu Hurairah ﷺ reported: The Prophet ﷺ said, "Allah will cover up on the Day of Resurrection the defects (faults) of the one who covers up the faults of the others in this world". [Muslim].

[241] وعنه قَالَ: سمعت رَسُولَ الله يقول: «كُلُّ أُمَّتِي مُعَافى إلا المُجَاهِرِينَ، وَإنَّ مِنَ المُجَاهَرَةِ أنْ يَعْمَلَ الرَّجُلُ بالليلِ عَمَلاً، ثُمَّ يُصْبحُ وَقَدْ سَتَرَهُ اللهُ عَلَيهِ، فيَقُولُ: يَا فُلانُ، عَمِلتُ البَارِحَةَ كَذَا وَكَذَا، وَقَدْ بَاتَ يَسْتُرُهُ رَبُّهُ، وَيُصبحُ يَكْشِفُ سِتْرَ اللهِ عَنْه». مُتَّفَقٌ عَلَيهِ. المجاهر: الذي يظهر معصيته فيتحدَّث بها، وهو استخفاف بحقِّ الله تعالى.

241. Abu Hurairah ﷺ reported: Messenger of Allah ﷺ said, "Every one of my followers will be forgiven except those who expose

(openly) their wrongdoings. An example of this is that of a man who commits a sin at night which Allah has covered for him, and in the morning, he would say (to people): "I committed such and such sin last night,' while Allah had kept it a secret. During the night Allah has covered it up but in the morning he tears up the cover provided by Allah Himself." [Al-Bukhari and Muslim].

[242] وعنه عن النَّبيّ قَالَ: «إذَا زَنَتِ الأَمَةُ فتبيَّنَ زِنَاهَا فَلْيَجْلِدْهَا الحَدَّ، وَلا يُثَرِّبْ عَلَيْهَا، ثُمَّ إنْ زَنَتِ الثَّانِيَةَ فَلْيَجْلِدْهَا الحَدَّ، وَلا يُثَرِّبْ عَلَيْهَا، ثُمَّ إنْ زَنَتِ الثَّالِثَةَ فَلْيَبِعْهَا وَلَوْ بِحَبْل مِنْ شَعَر». مُتَّفَقٌ عَلَيهِ.«التثريب»: التوبيخ. فيه: المسارعة لمفارقة أرباب المعاصي، ويلزمه تبيين العيب للمشتري، ولعلها تتعفف عنده؛ لأنَّه يرجى تبديل الحال عند تبديل المحل.

242. Abu Hurairah ﵁ reported: The Prophet ﷺ said, "When a slave-girl commits fornication and this fact of fornication has become evident, she must be given the penalty of (fifty) lashes without hurling reproaches at her; if she does it again, she must be given the penalty but she should not be rebuked. If she does it for the third time, he should sell her, even for a rope woven from hair (i.e., something worthless)". [Al-Bukhari and Muslim].

[243] وعنه قَالَ: أُتِيَ النَّبيّ برجل قَدْ شَرِبَ خَمْراً، قَالَ: «اضْرِبُوهُ». قَالَ أَبُو هريرة: فَمِنَّا الضَّارِبُ بِيَدِهِ، والضَّارِبُ بِنَعْلِهِ، وَالضَّارِبُ بِثَوبِهِ. فَلَمَّا انْصَرَفَ، قَالَ بَعضُ القَومِ: أخْزَاكَ الله، قَالَ: «لا تَقُولُوا هكَذا، لا تُعِينُوا عَلَيهِ الشَّيْطَانَ». رواه البخاري. في هذا الحديث: أنَّ الضرب باليد، والنعل، والثوب يجزئ في حد الخمر. وفيه: كراهة الدعاء عليه بالخزي ونحوه.

243. Abu Hurairah ﵁ reported: A man who had drunk wine was brought to the Prophet ﷺ and he asked us to beat him; some struck him with their hands, some with their garments (making a whip) and some with their sandals. When he (the drunkard) had gone, some of the people said: "May Allah disgrace you!" He (the Prophet ﷺ) said, "Do not say so. Do not help the devil against him". [Al-Bukhari].

CHAPTER 29

Fulfillment of the needs of the Muslims [244-245 of 1896]

قَالَ اللـه تَعَالَى: ﴿وَافْعَلُوا الْخَيْرَ لَعَلَّكُمْ تُفْلِحُونَ﴾ [الحج (77)]. هـذه الآية عامة في جميع أفعال الخير البدنية، والمالية، وغيرها كصلة الأرحام ومكارم الأخلاق، أي: افعلوا كل ذلك راجين الفلاح من فضل الله.

Allah, the Exalted, says:

"... and do good that you may be successful". (22:77).

[244] وعن ابن عمر رضي الله عنهما أنَّ رَسُولَ الله قَالَ: «المُسْلِمُ أخُو المُسْلِمِ، لا يَظْلِمُهُ، وَلا يُسْلِمُهُ. مَنْ كَانَ في حَاجَة أخِيه، كَانَ اللهُ في حَاجَتِهِ، وَمَنْ فَرَّجَ عَنْ مُسْلِمٍ كُرْبَةً، فَرَّجَ اللهُ عَنْهُ بِهَا كُرْبَةً مِنْ كُرَبِ يَومِ القِيَامَةِ، وَمَنْ سَتَرَ مُسْلِماً سَتَرَهُ اللهُ يَومَ القِيَامَةِ». مُتَّفَقٌ عَلَيهِ. في هذا الحديث: النهي عن ظلم المسلم وإهانته. وفيه: فضل قضاء حاجته، وتفريج كربته، وستر عورته. وفيه: أنَّ الله يعامل العبد بما يعامل به الخلق، كما في الحديث المشهور: «الراحمون يرحمهم الله الرحمن، ارحموا مَنْ في الأرض يرحمكم مَنْ في السماء».

244. Ibn 'Umar (May Allah be pleased with them) reported: Messenger of Allah ﷺ said, "A Muslim is a brother of (another) Muslim, he neither wrongs him nor does hand him over to one who does him wrong. If anyone fulfills his brother's needs, Allah will fulfill his needs; if one relieves a Muslim of his troubles, Allah will relieve his troubles on the Day of Resurrection; and if anyone covers up a Muslim (his sins), Allah will cover him up (his sins) on the Resurrection Day". [Al-Bukhari and Muslim].

[245] وعن أبي هريرة عن النَّبيّ قَالَ: «مَنْ نَفَّسَ عَنْ مُؤْمِنٍ كُرْبَةً مِنْ كُرَبِ الدُّنيا، نَفَّسَ

اللـه عَنْـهُ كُربَـةً مِـنْ كُـرَبِ يَـوْمِ القِيَامَـةِ، وَمَـنْ يَـسَّر عَـلَى مُعْسِرٍ يَـسَّرَ اللـه عَلَيـهِ في الدُّنْيَـا وَالآخِـرَةِ، وَمَـنْ سَـتَرَ مُسْـلِماً سَـتَرَهُ اللـه في الدُّنْيَا وَالآخِـرَةِ، والله في عَـونِ العَبْدِ مَـا كَانَ العَبْدُ في عَـونِ أخِيـهِ، وَمَـنْ سَـلَكَ طَرِيقـاً يَلْتَمِـسُ فِيـهِ عِلْـماً سَـهَّلَ اللـهُ لَـهُ طَرِيقـاً إِلَى الجَنَّـةِ. وَمَا اجْتَمَـعَ قَـوْمٌ في بَيـت مِـنْ بُيُوتِ اللهِ تَعَـالَى، يَتْلُونَ كِتَـابَ اللهِ، وَيَتَدَارَسُـونَهُ بَيْنَهُـمْ إلا نَزَلَتْ عَلَيْهِـمُ السَّـكِينَةُ، وَغَشِـيَتْهُمُ الرَّحْمَـةُ، وَحَفَّتْهُـمُ المَلاَئِكَـةُ، وَذَكَرَهُـمُ اللـه فِيمَـنْ عِنـدَهُ. وَمَنْ بَطَّـأَ بِـهِ عَمَلُـهُ لَـمْ يُـسْرِع بِـهِ نَسَـبُهُ». رواه مسـلم.هذا حديث عظيـم، جليل، جامـع لأنواع مـن العلـوم، والقواعـد، والآداب، والفضائـل، والفوائـد، والأحـكام. وفيه: إشـارة إلى أنَّ الجزاء مـن جنـس العمـل. وفيه: فضـل قضاء حوائج المسـلمين، ونفعهـم بما تيسَّر من علـم، أو مال أو نصح أو دلالـة عـلى خير، وفضل التيسـير على المعسر. وفيه: فضل إعانة المسـلم بما يقدر عليـه ؟ وفيـه: فضـل العلـم الدينـي، وأنـه سـبب لدخـول الجنة. وفيـه: فضـل الاجتماع على مدارسـة القـرآن خصوصًا في المسـاجد.

245. Abu Hurairah ﷺ reported: The Prophet ﷺ said, "He who removes from a believer one of his difficulties of this world, Allah will remove one of his troubles on the Day of Resurrection; and he who finds relief for a hard-pressed person, Allah will make things easy for him on the Day of Resurrection; he who covers up (the faults and sins) of a Muslim, Allah will cover up (his faults and sins) in this world and in the Hereafter. Allah supports His slave as long as the slave is supportive of his brother; and he who treads the path in search of knowledge, Allah makes that path easy, leading to Jannah for him; the people who assemble in one of the houses of Allah, reciting the Book of Allah, learning it and teaching, there descends upon them the tranquillity, and mercy covers them, the angels flock around them, and Allah mentions them in the presence of those near Him; and he who lags behind in doing good deeds, his noble lineage will not make him go ahead." [Muslim]

CHAPTER 30

Intercession [246-247 of 1896]

قَالَ الله تَعَالَى: ﴿مَنْ يَشْفَعْ شَفَاعَةً حَسَنَةً يَكُنْ لَهُ نَصِيبٌ مِنْهَا﴾ [النساء (85)]. الشفاعة الجائزة: هي السؤال بقضاء حاجة أو عفو عن زلة.

Allah, the Exalted, says:

"Whosoever intercedes for a good cause will have the reward thereof." (4:85)

[246] وعن أَبي موسى الأشعري قَالَ: كَانَ النَّبيّ إِذَا أتاهُ طَالِبُ حَاجَةٍ أقبَلَ عَلَى جُلَسَائِهِ، فَقَالَ: «اشْفَعُوا تُؤْجَرُوا، وَيَقْضِي الله عَلَى لِسَانِ نَبِيِّهِ مَا أحبَّ». مُتَّفَقٌ عَلَيهِ.وفي رواية: «مَا شَاءَ». في هذا الحديث: الحضُ على الخير، والتسبُّب إليه بكل وجه، والشفاعة إلى الكبير، ومعونة الضعيف؛ إذ ليس كل أحد يقدر على تبيين حاله للرئيس. وفيه: أنَّ الثواب حاصلٌ بالشفاعة، سواء حصل المشفوع به أم لا، وأنَّه لا مانع لما أعطى الله ولا معطي لم منع.

246. Abu Musa Al-Ash'ari ﷺ reported: Whenever a needy person would come to the Prophet ﷺ, he would turn to those who were present and say, "If you make intercession for him, you will be rewarded, because Allah decreed what He likes by the tongue of His Messenger". [Al-Bukhari and Muslim].

[247] وعن ابن عباس رضي الله عنهما في قِصَّةِ بريرَةَ وَزَوْجِهَا، قَالَ: قَالَ لَهَا النَّبيُّ: «لَوْ رَاجَعْتِهِ ؟» قَالَتْ: يَا رَسُولَ اللهِ تَأمُرُنِي ؟ قَالَ: «إنَّمَا أَشْفَع». قَالَتْ: لا حَاجَةَ لِي فِيهِ. رواه البخاري. في هذا الحديث: استحباب شفاعة الحاكم في الرفق بالخصم، وأنَّ الأَمَة إذا أُعتقت تحت عبد فلها الخيار، وأنَّ المرء إذا خُيِّرَ بين مباحين، فاختار ما ينفعه لم يُلَمْ، ولو أضرَّ ذلك برفيقه.

247. Ibn 'Abbas (May Allah be pleased with them), reported in connection with the case of Barirah ؓ and her husband: The Prophet ﷺ said to her, "It is better for you to go back to your husband." She asked: "O Messenger of Allah, do you order me to do so." He replied, "I only intercede" She then said: "I have no need for him". [Al-Bukhari].

ALSO AVAILABLE BY LIGHT PUBLISHING

www.ingramcontent.com/pod-product-compliance
Lightning Source LLC
Chambersburg PA
CBHW011957090526
44590CB00023B/3760
9781915570369